Les Panzers attaquent

Mai-juin 1940

HEIMDAL

1

Les panzers, rouleau compresseur ou fer de lance ?

Ire partie :
par Georges Bernage

Cette photo en couleurs d'époque montre un Panzer II et un char tchèque, engins rapides, déployés tactiquement en des manœuvres efficaces grâce aux liaisons radio signalées ici par les antennes surmontant ces panzers, mais peu puissants. Ils ont gagné par l'intelligence manœuvrière de leurs chefs mais pas par la puissance de feu. (Coll. Heimdal.)

Page précédente : cette photo en couleurs d'époque illustre bien la propagande allemande du temps. Le tankiste allemand magnifié, sanglé dans sa tenue noire et émergeant ici d'un Panzer IV. (Coll. G.B.)

Les panzers de 1940 sont devenus un mythe. La France n'avait pu être vaincue que par une force blindée largement supérieure. Dans son discours diffusé depuis Londres le 26 juin, et entendu alors par bien peu de Français, le général de Gaulle enracine ce mythe. La France a été battue par une force blindée supérieure, elle sera vaincue à son tour par une force blindée encore bien supérieure...

En fait, le 10 mai 1940, l'armée française, comme le rappelle Jean-Paul Pallud (1), « *dispose de 900 Renault R-35, 800 Hotchkiss H-35 et H-39, près de 280 Somua S-35, 250 Renault B1 bis, 750 automitrailleuses AMR et AMD... Il s'agit bien là des matériels en dotation dans les unités et non des livraisons d'usine. De ce total,* ***2 400*** *chars sont armés de canons de 37 mm (Renault R-35, Hotchkiss H-35 et H-39, FCM 36), de 47 mm (Renault D2, Somua S-35) ou de 75 mm (Renault B1 bis). A noter que ce bilan ne tient compte ni des automitrailleuses, près de 200, ni des chars, près de 400, basés outre-mer...*

En complément, la BEF aligne plus de ***600*** *blindés ! 380 Mark VI, des chars légers de cavalerie, 100 Matilda et 150 Cruisers armés de canons de 40 mm. A ce total doivent s'ajouter les* ***270*** *chars légers belges, pour la plupart des T-13 armés de canons de 47 mm, et les* ***24*** *automitrailleuses Landsverk de l'armée néerlandaise. Pour mémoire, il faut rappeler que près de* ***1 500*** *Renault FT-17 sont encore en service (...)*

De son côté, la Wehrmacht dispose de près de ***3 200*** *engins blindés : plus de 1 500 PzKpfw I et PzKpfw II,* ***350*** *PzKpfw 35 (t) et PzKpfw 38 (t),* ***650*** *PzKpfw III et PzKpfw IV, et 700 automitrailleuses... De nouveau, il s'agit là des matériels en dotation dans les unités et non des livraisons d'usine. De ce total,* ***1 000 chars seulement*** *sont armés de canons de 37 mm (PzKpf III), ou de 75 mm (PzKpfw IV).*

Ainsi la balance des forces n'est pas loin d'être équilibrée et ceux qui ont parlé de 2 500 chars français opposés à plus de 6 000 panzers se sont trompés lourdement... »

Ainsi, face à plus de 4 000 blindés alliés, dont plus de **2 400** chars, la Wehrmacht alignait seulement 3 200 blindés dont seulement **1 000 chars** disposant au moins d'un canon de 37 mm. Les Panzer I et II restent majoritaires !... La différence résidait dans le commandement, l'organisation, l'utilisation, la tactique du *Blitzkrieg* et l'utilisation systématique de la radio, contrairement à l'arme blindée française. Et pourtant, en mai 1940, la *Panzerwaffe* revenait de loin et n'était pas encore prête, comme le démontrera plus tard l'opération *Barbarossa*, des moyens encore insuffisants mais remarquablement utilisés.

Et tout d'abord des chars légers

Peu après la fin de la Première Guerre mondiale, Joseph Vollmer, responsable de la création des premiers blindés allemands, réalisa un véhicule chenillé à des fins civiles, le *WD Raupsenschlepper* fabriqué par la firme Hanomag *(Hannoversche Maschinenbau AG* - société de fabrique de machines de Hanovre). Mais le paragraphe 171 du Traité de

(1) *Blitzkrieg à l'ouest*, Heimdal, 2000, p.53.

Versailles avait strictement interdit à l'Allemagne de posséder des véhicules blindés ou d'en poursuivre l'étude. Tous les véhicules blindés encore disponibles durent être détruits. Cependant, le prototype de Vollmer put être mis à l'abri en Suède sous le nom de *LK II Kampfwagen* ; il y sera essayé et amélioré. Il sera à l'origine d'un blindé suédois léger, le *M21*, introduit en 1921 dans l'armée suédoise. C'est avec cet engin, au sein du *Strijdsvagn Bataillon* que le *Generaloberst* Guderian découvrit les blindés en 1929...

En **1925**, le *Heereswaffenamt* (bureau de l'armement de l'Armée de Terre) entreprit secrètement des recherches sur ces matériels mais sans disposer de l'expérience nécessaire après le grand vide de l'après guerre. On prévoyait alors un engin de 20 tonnes, long de 6 mètres, large de 2,6 mètres et haut de 2,35 mètres au maximum, avec une vitesse maxi de 40 km/h et mini de 3 km/h. Pour des raisons de camouflage, en 1926, ce blindé prototype fut appelé *Traktor*, les projets envisageant un *Grosstraktor* (jusqu'à 28 tonnes) et un *Leichttraktor* (de 10 à 12 tonnes).

En cette année 1925, les prototypes du *Grosstraktor* furent confiés aux firmes Rheinmetall, Krupp/Essen et Daimler-Benz (dont le Dr F. Porsche), les projets de *Leichttraktorien* étant retardés. Il est alors demandé aux industriels de réaliser des prototypes d'engins utilisables à la fois pour l'Armée de Terre et pour l'utilisation civile, dans le cadre du premier programme de motorisation de **1926**. Et pendant l'été et l'automne de cette année, des négociations ont lieu avec l'Union Soviétique concernant l'utilisation par l'armée allemande de l'école des blindés de Kazan ; elles aboutissent à un accord signé le 9 décembre 1926. Mais les Soviétiques ne fournissent pas de blindés et les Allemands n'en ont pas encore à leur disposition et deux ans vont ainsi s'écouler avant de pouvoir utiliser les services de l'école de Kazan !...

Il n'y a encore qu'une chenillette produite en 1926 par la Firme Horch et, en **1927**, dans le plus grand secret, un *Leichttraktor* est réalisé dans un hangar de Rheinmetall à Unterlüss. C'est un engin chenillé équipé d'un canon de 3,7 cm, pièce alors considérée comme l'arme antichar par excellence. On prévoit ainsi d'équiper un total de 20 sections avec 119 engins. Les premiers modèles de *Grosstraktor* sont réalisés en **1928**, par Rheinmetall et Krupp. Daimler-Benz produira à son tour un prototype en 1929. Ces premiers engins sont dotés de moteurs d'avion BMW permettant une vitesse de 40 km/h. Le blindage est de 13 mm d'épaisseur et, finalement, le canon est une pièce 7,5 cm. Ainsi, l'un des engins produits par Rheinmetall et deux autres produits par Krupp partent à l'école des blindés de « Kama » *(Kazan)*. Puis les deux engins produits par Daimler-Benz sont réalisés à leur tour.

Le 14 mars 1928, le *Truppenamt* a étudié le programme de développement des *Traktoren*. Six prototypes de *Grosstraktoren* devaient être livrés à l'été de 1928 et mis à l'essai de 1929 à 1930, la production commençant en 1931 en équipant tout d'abord une compagnie avec 17 engins. Parallèlement est produit le *Kleintraktor* (« petit tracteur ») pour équiper lui aussi une compagnie de 17 engins. A partir de là, on équipera chaque année une nouvelle compagnie de chaque engin.

Pendant ce temps, l'ingénieur Vollmer poursuivait ses recherches, aboutissant en **1930** à un engin associant roues et chenilles, réalisé en Suède chez la firme amie, le *Landsverk 5*. Cette année-là, Krupp réalise un engin blindé chenillé de commandement, le *Bataillon-Führer-Wagen*, qui peut être considéré comme un prototype du Panzer IV. Tous ces essais permet-

1

2

3

1. La chenillette *LK II* conçue par Vollmer peu après la première Guerre mondiale et confiée à la Suède pour expérimentation et où elle équipera le *Strijdsvagn Bataillon* de la Goeta Garde. Elle permettra d'étudier ce type d'engin dans l'après-guerre. (DR.)

2. Le *Leichttraktor* produit seulement comme prototype par la firme Rheinmetall. La tourelle, qui devait être équipée d'un 3,7 cm, était déjà moderne et servira de base aux futures tourelles. (Peinture de Julio López Caerio.)

3. A partir de 1925, trois firmes produisent des prototypes de *Grosstraktor*, similaires entre eux, nous voyons ici celui produit par Rheinmetall. Ils seront essayés en Union Soviétique, à « Kama ». (DR.)

1. Les études des bureaux de la Reichswehr aboutissent aussi à un engin mixte avec roues et chenilles qui sera produit en Suède par AB Landsverk, le *Landsverk 30*. (DR.)

2. Rheinmetall produit aussi à partir de 1933 le *Neubaufahrzeug* (« véhicule de nouvelle réalisation » - nom de code), plus puissant, doté ici sur ce prototype d'une tourelle en acier coulé munie d'une pièce de 75 cm surmontée d'une pièce de 3,7 cm, ce sont deux prototypes parmi les cinq réalisés, essai d'un char plus puissant. (DR.)

3. Les trois autres prototypes sont réalisés par Krupp ; nous voyons ici l'un deux avec sa tourelle rivetée et les deux canons placés l'un à côté de l'autre ! (DR.)

tent de tester tous les systèmes de châssis à chenilles, encore récents à cette époque et qui posent encore pas mal de problèmes à résoudre. Les Russes conseillent l'utilisation du système Carden-Lloyd et deux prototypes de véhicules chenillés de ce type sont fabriqués pour des essais à « Kama ». Le 3 février **1932**, six *Grosstraktoren* sont encore à l'essai, deux de Rheinmetall, deux de Krupp et deux de Daimler-Benz. Quant aux prototypes de *Leichtraktoren*, ils ont été produits par Krupp et Rheinmetall.

C'est l'état encore bien embryonnaire que **Hitler** trouve en arrivant au pouvoir le **30 janvier 1933**. A l'été, l'école de « Kama » est fermée et les blindés qui s'y trouvent sont rapatriés en Allemagne ; ils sont pris en charge par Daimler-Benz AG à Berlin-Marienfelde puis confiés à l'école de tir des panzers de Putlos dans le Holstein. Un exposé a lieu le 14 novembre 1933 au Ministère de la Reichswehr pour envisager l'amélioration de l'armement. Trois contrats sont alors signés avec la Firme Henschel de Kassel pour la production de plus de 150 engins «La S», des chenillettes légères. *Las* est l'abréviation de *Landwirtschaftlicher Schlepper* (tracteur agricole), le secret est encore de rigueur... Comme nous l'avons vu, plusieurs industriels sont engagés dans le projet même si Henschel obtient les principaux contrats. MAN (abréviation signifiant que cette firme fabrique ses véhicules à Munich, Augsburg et Nürnberg), Krupp, Daimler-Benz et Rheinmetall-Borsig avaient aussi travaillé sur un projet de char léger de 5 tonnes. Ainsi, la firme Friedrich Krupp AG d'Essen avait conçu tout le châssis et Daimler-Benz AG de Berlin-Mainenfelde la structure. Et la production est principalement confiée à Henschel & Sohn à Kassel mais aussi à Krupp-Gruson AG à Magdeburg. Les firmes MAN à Nuremberg et Wegmann AG à Kassel seront aussi mises sur les rangs ultérieurement. Quinze prototypes avaient été fournis initialement par les cinq industriels, entre février et avril 1934, de ce qu'on appelait alors aussi le *Krupp Traktor* et surtout le *LaS*, comme nous l'avons vu ; ce premier blindé léger sera appelé ensuite **Panzerkampfwagen I Ausführung A**, *Aüsführung* (*Ausf.* en abrégé) signifiant modèle.

Les trois premiers prototypes avaient été produits par Krupp-Gruson AG dès la fin de l'année 1933 et les premiers essais avaient eu lieu le 3 février 1934, pour ce *I A LaS Krupp*. Il s'agit plus d'une chenillette armée de deux MG13 que d'un char de combat. Sur le châssis du LaS, une superstructure faite de plaques de blindage de 13 mm d'épaisseur a été assemblée de manière asymétrique afin de dégager l'espace pour le poste de pilotage et pour le compartiment moteur où est installé un moteur Krupp M305 de 57 chevaux et une boite de vitesses ZF FG-35 Aphon à cinq rapports avant et un rapport arrière. Ce moteur permet d'atteindre 37 km/h avec une autonomie de 145 kilomètres. Mais, sur les premiers prototypes, le compartiment moteur est mal ventilé et le moteur chauffe ; des prises d'air additionnelles sont alors installées sur le capot moteur. Une tourelle est installée sur cette superstructure, elle est armée de deux MG13 de 7,92 mm. De nombreuses fentes de vision ont été disposées sur la structure et sur la tourelle. Ce char léger n'a que deux hommes d'équipage : le conducteur dans la caisse et un mitrailleur dans la tourelle. Ce n'est encore qu'un engin blindé ouvrant le chemin à l'infanterie.

Ainsi, dès 1931, le *Generalmajor* Oswald Lutz, inspecteur des troupes motorisées de la Reichswehr, et son chef d'état-major, le lieutenant-colonel Heinz Guderian, avaient misé sur le développement futur des troupes blindées allemandes avec la constitution de divisions de chars de combat, les *Panzerdivisionen*. Ils prévoyaient des chars légers, des chars moyens armés de pièces de 50 mm (qui seront finalement des 37 mm, pour les Panzer III) et des chars plus puissants armés d'une pièce de 75 mm pour engager le combat avec les blindés adverses. Mais après les tests effectués, pour monter en puissance sans éveiller la méfiance des vainqueurs de 1918, le char léger restait la première étape permettant de se développer sans subir de représailles. De plus, le petit char léger est bon marché et facile à construi-

Rare uniforme d'un sous-officier de la *Panzer-Abteilung 88 «Drohne»* (alors placée sous les ordres du *Major* Wilhelm Ritter von Thoma) engagée en 1936 par l'Allemagne dans la guerre civile en Espagne, au côté des Nationalistes. L'uniforme est de type tropical (ici avec un marquage de 1938 à l'intérieur). Au-dessus de la poche gauche, insigne métallique pour les *Panzertruppen* de la *Legion Condor* et, audessus de la poche droite, la marque de grade de *Serganto*. Le béret basque est orné d'une swastika métallique et surtout de la tête de mort qui sera celle des panzers. La guerre d'Espagne sera un remarquable terrain d'expérimentation pour les jeunes troupes blindées allemandes. (Hermann Historica.)

re. Même s'il manque de fiabilité, c'est avant tout un char d'instruction voué à l'entraînement en masse. Il n'avait pas été réellement conçu pour affronter le combat mais comme une sorte de *Panzer-Schule*…

Grâce à ses faibles coûts de production, ces petits chars pourront être massivement produits. Au total, **477** exemplaires de l'*Ausführung A* sont réalisés (n° de chassis 10.001 à 10477). Ce modèle pèse 5,4 tonnes et mesure 4,02 mètres de long pour 2,06 mètres de large et 1,72 mètre de haut mais, comme nous l'avons vu plus haut, son moteur n'est pas assez puissant et mal ventilé. Et, pour introduire un moteur Maybach NL38 TR de 100 chevaux, il faut installer un châssis plus long, celui qui avait été conçu pour un char de commandement (voir plus loin). Le nou-

Le premier modèle du *LKA* produit par Krupp en juillet 1932, c'est le prototype du *Panzerkampfwagen I*. (DR.)

A partir de 1933, des masses de Panzer I deviennent incontournables des grandes parades et démonstrations officielles. Ici nous les voyons alignés lors de la fête des moissons *(Erntedankfest)* à Bückeburg. Drôles de machines agricoles, mais les blindés étaient à l'origine camouflés en «chenillettes agricoles» ?… Remarquons le camouflage par taches typique de cette époque. (DR.)

1

1. Berlin, Pariser Platz, 1936. Des Panzer I sont alignés près de la Porte de Brandebourg sur cette place qui marque le début de l'Avenue Unter den Linden ; ils font face à l'Ambassade de France ! Nous reconnaissons au premier plan des modèles B et, à l'arrière, plus courts, quelques modèles A. (Coll. privée.)

2. Ils défilent ensuite sur la Sieges-Allee en trois colonnes après être passés sous la Porte de Brandebourg. (Coll. privée.)

Un *Panzer I Ausf. B* avec son camouflage typique des années 1935-1936. (Peinture Luis Fresno Crespo.)

veau moteur est refroidi par eau, son capot est modifié avec de larges grilles permettant la circulation de

2

Panzerkampfwagen I Ausf.A (Sd.Kfz. 101)

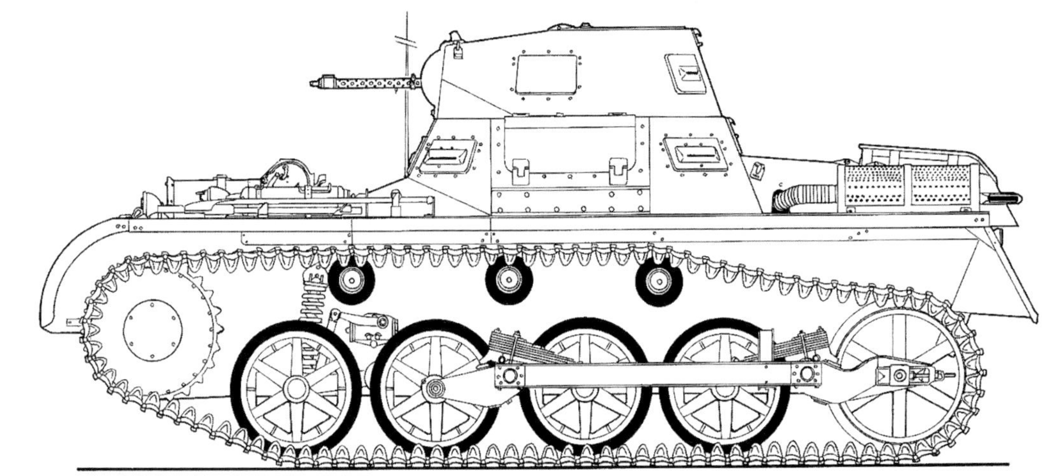

1

Panzerkampfwagen I Ausf. B (Sd.Kfz.101)

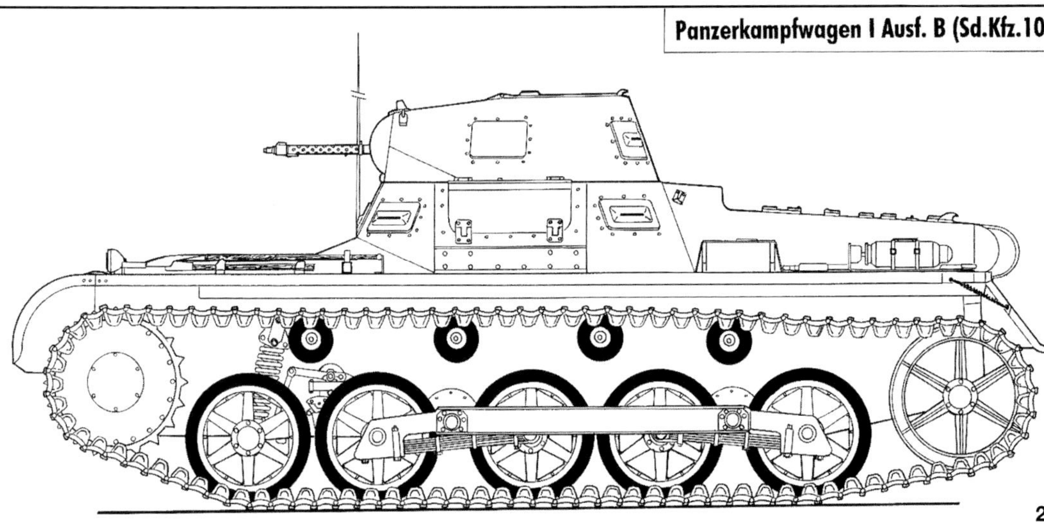

2

Disposition du blindage sur le *Panzer I Ausf. B*

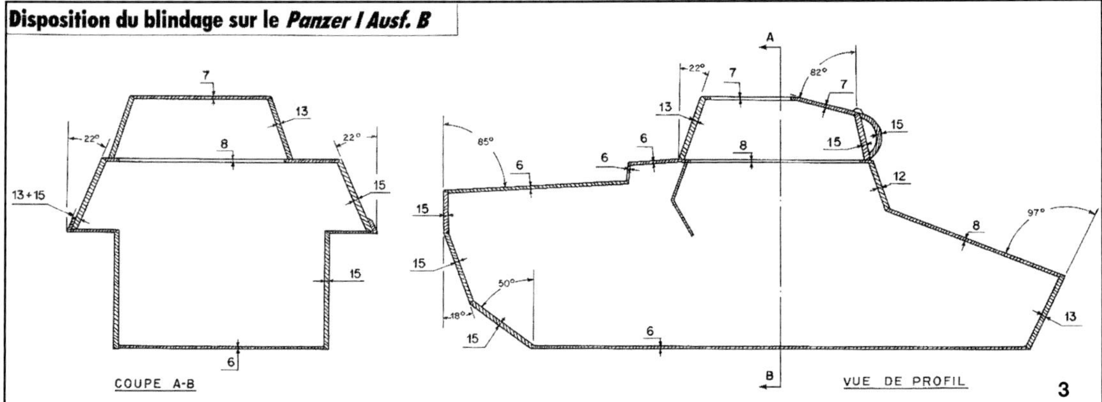

3

1. Le *Panzer I Ausf. A* n'a été produit par Krupp qu'à 477 exemplaires, présentant dès l'origine quelques insuffisances. Il mesure 4,02 mètres de long et dispose d'un moteur Krupp M305 de 57 chevaux lui permettant de rouler à 37 km/h avec une autonomie de 145 km sur route et de 100 km en tout terrain.

2. Le modèle B, produit par Henschel & Sohn GmbH à Kassel doit résoudre ces problèmes. Plus long, il mesure 4,42 mètres ce qui lui permet d'emporter un moteur Maybach NL 38 TR de 100 chevaux lui permettant d'atteindre les 40 km/h pour une autonomie similaire. Son train de roulement de type Carden Loyd présente un galet et un rouleau porteur supplémentaires. Avec un équipage de deux hommes, tous deux sont armés de deux MG 13 Dreyse.

3. Ces coupes montrent que le blindage de ce panzer reste léger.

(Plans Heimdal d'après Spielberger.)

l'air autour des radiateurs. Au lieu de quatre galets, le train de roulement en comporte cinq et il y a quatre rouleaux porteurs au lieu de trois. La longueur est ainsi portée de 4,02 mètres à 4,42 mètres et le poids atteint maintenant 6 tonnes. Ce **PzKpf.Ausf. B** peut atteindre 40 km/h avec une autonomie de 140 kilomètres sur route. La production va grimper très vite en 1935 avec des numéros de châssis allant de 10477 à 15000 et de 15201 à 16500, la firme Daimler-Benz ayant été chargée des améliorations. Krupp en produira 750, Henschel 349 et MAN 128. Au total **1900 Panzer I** seront produits. Certains d'entre eux rejoindront l'Espagne pour participer à la guerre civile au côté des Nationalistes. Le 1er septembre 1939, 1 445 Panzer I seront disponibles et, après la Campagne de Pologne, **523** d'entre eux seront intégrés dans les *Panzerdivisionen* pour participer à l'offensive à l'Ouest.

Dès le début du programme, un panzer de commandement est mis en chantier, ce sera le **kleiner**

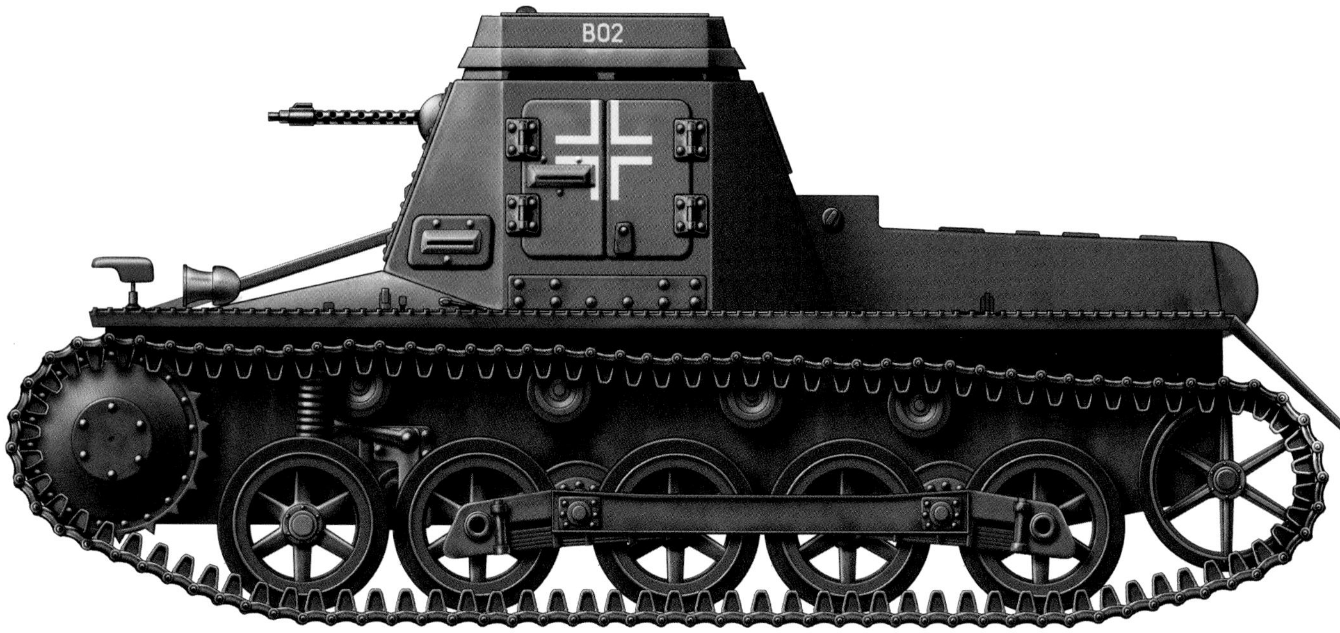

Kleiner Panzerbefehlswagen. (Peinture de Jose Luis Caeiro.)

kleiner Panzerbefehlswagen (Sd.Kfz. 265)

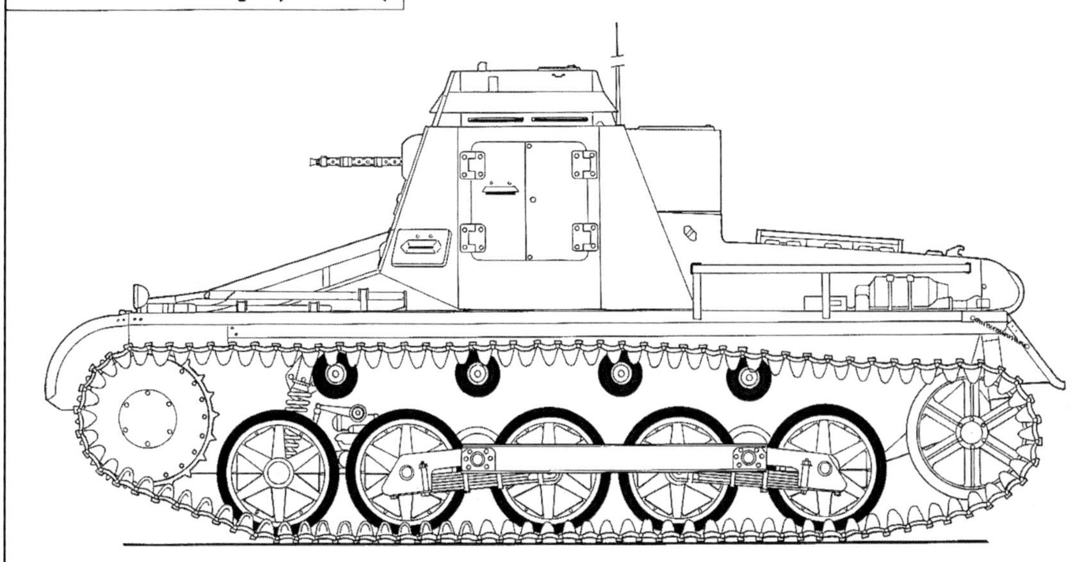

Disposition du blindage sur le *kleiner Panzerbefehlswagen (Panzer I)*

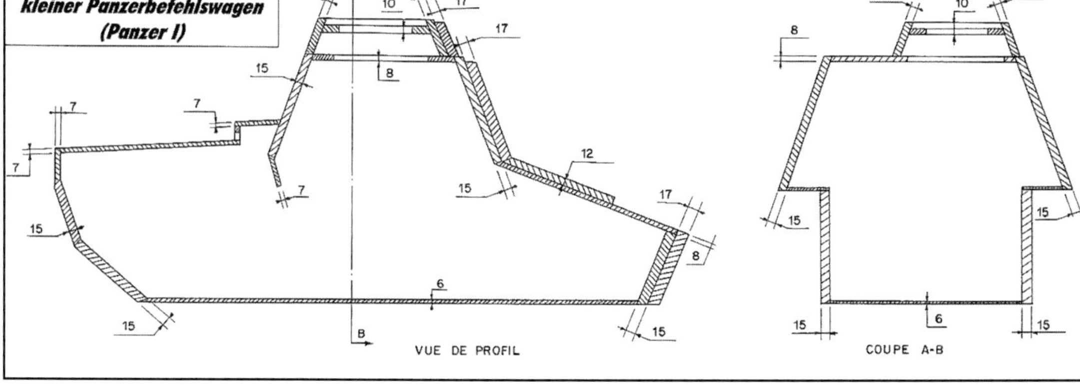

Panzerbefehlswagen (Sd.Kfz.265). Il est qualifié de «petit» car il est conçu à partir du châssis de Panzer I fabriqué par la firme Krupp. Une casemate est réalisée par la firme Daimler-Benz AG sur ce châs-

1. Ce *Kleiner Panzerbefehlswagen* a été transformé en ambulance. On notera comment, à la place de la tourelle, les plaques de blindage des côtés, de l'avant et de l'arrière, ont été placées vers le haut, en casemate, pour créer le compartiment de cet engin. Une croix rouge au centre d'un cercle blanc a été peinte à l'avant et sur chacun des côtés. Cette photo a été prise à Maroilles en mai 1940. L'officier porte déjà un calot à la place du béret. (ECPAD.)

2. En septembre 1939, 51 Panzer I Ausf. A ont été transformés en véhicule blindé de transport de munitions. Krupp et Daimler ont produit ce blindé ravitailleur sur le châssis du *Panzer I Ausf. A.* Il était dénommé *Panzerkampfwagen I (A) Munitionsschlepper (Sd.Kfz.111)*. (DR.)

1

sis, à la place de la tourelle, disposant de trappes sur le dessus et sur le côté gauche (afin d'observer le champ de bataille). Les premiers modèles sont produits à partir de **1936**. La casemate blindée consiste en une structure fixe de plaques d'acier de 14,5 mm d'épaisseur, vissée sur la caisse. Un MG34 est placé à l'avant pour la défense rapprochée. La casemate abrite, dans cette version commandement : un récepteur FuG2 et un émetteur FuG6, avec récepteur d'ondes ultra-courtes et un transmetteur de 20 watts, les deux dans la bande comprise entre 27300 et 33300 kilohertz, et ayant une portée de 11 km en phonie et 14 km en graphie. Quelques-uns de ces panzers ont été dotés d'équipements radio plus puissants, dès la campagne de Mai 1940, mais en nombre très restreint. L'équipage est de trois hommes, outre le conducteur et le chef de bord servant aussi le MG, il comporte un radio. L'engin pèse 5,88 tonnes. La première version est le *1 KlA* sur caisse de modèle A (quelques exemplaires seulement), les versions *2 KlB* et *3 KlB* sont produites sur caisse de modèle B. Au total, entre 1935 et 1937, Daimler-Benz livre 200 engins, numéros de série 9401 à 9430 pour les modèles A et 15001 à 15200 pour les modèles B. Lors de la campagne de Pologne, le blindage à l'avant s'avère trop léger et des plaques additionnelles de 15 mm d'épaisseur sont ajoutées autour de la casemate et de 12 mm à l'avant de l'engin. Les modifications sont effectuées (voir Spielberger, Band 2, p. 70) par les Deutschen Edelstahlwerke AG à Hannover-Linden. A la veille de la Campagne de mai 1940, le *Heer* dispose de **96** de ces engins (Spielberger, *id.)* affectés aux compagnies de commandement de bataillons, de régiments et brigades des unités de panzers. Mais, à la fin de l'année 1940, ils seront retirés des unités de première ligne pour être affectés aux unités de communications et aux observateurs d'artillerie, utilisés aussi comme ambulances ou même comme engin de *Propaganda-Kompanie* abritant une caméra...

La caisse du Panzer I sera aussi utilisée sans tourelle comme blindés pour le transport des munitions, le **Munitionsschlepper I Ausf. A (Sd.Kfz.111)**. Il était devenu nécessaire d'amener des munitions vers les premières lignes. Ainsi, en **septembre 1939**, **51**

2

3

4

3. Nous voyons ici l'un d'eux, détruit en Belgique en mai 1940 ; il appartenait à la *4. Panzer-Division*. (DR.)

4. Un *Ladungsleger auf PzKpfw I Ausf. B* portant une charge de destruction de 50 kilos. Nous voyons ici le bras pivotant permettant de poser la charge à l'avant du char, verrouillé en position arrière ce qui est la position normale lors des déplacements de ce panzer. (BA.)

1

2

PzKpfw.I Ausf. A sont transformés par Krupp et Daimler : la tourelle est supprimée, remplacée par une large trappe circulaire en deux parties, pouvant s'ouvrir dans le sens contraire à la marche pour l'un des volets. Les tourelles récupérées seront installées sur des positions défensives ; vers la fin de la guerre, plus de 500 d'entre elles auront été recyclées.

Par contre, le char poseur de charge, le **Ladungsleger auf PzKpfw.I Ausf. B** est une simple amélioration du Panzer I modèle B sur lequel a été installée une structure métallique à l'arrière. Le char se plaçait «dos» à l'objectif, laissant glisser la charge de cette structure, le panzer ayant le temps de s'éloigner car la charge était dotée d'un dispositif de retardement. A partir de 1940, un autre système est introduit, le Panzer dispose d'un bras articulé double de 2,75 mètres de long, structure installée aussi à l'arrière de l'engin. Le bras articulé déposait vers l'avant la charge explosive de 75 kilos.

Toujours en **1939**, le châssis du Panzer I servira à installer les premières pièces automotrices de l'armée

3

4

allemande ; c'est tout d'abord une arme antichar, l'excellent canon antichar tchèque de 47 mm construit par Skoda, récemment récupéré par l'armée allemande après l'entrée des forces du Reich dans ce qui devient le Protectorat de Bohème Moravie, il passe alors dans la Wehrmacht sous la désignation *Pak 36 (t)*. Il a une grande capacité de pénétration, un débattement horizontal de 17,5° et une élévation comprise entre 8ᵉ et 12°. Il est installé sur un *Panzer I Ausf. B* dont on a enlevé la tourelle et ce canon est protégé par une superstructure blindée de face et sur les côtés. Ce bouclier abrite la pièce et les trois servants, le dessus et l'arrière restant ouverts : 86 obus sont emportés à l'intérieur de l'engin. Il prend le nom de *4,7 cm Pak (t) auf Panzerkampfwagen Ausf. B* ou plus simplement, **Panzerjäger I**. C'est le premier canon antichar blindé de l'armée allemande, le début d'une grande famille… **Cent** de ces engins (près de deux cents seront livrés entre mars 1940 et février 1941) sont disponibles au début de mai 1940. Ils sont attribués aux *Heeres-Panzerjäger-Abteilungen (Sf) 521, 605, 616, 643* et *670*. Ils ne seront retirés du service qu'à la fin de 1943, alors remplacés par des modèles plus modernes et performants.

Une pièce d'artillerie plus lourde est aussi placée sur un châssis de Panzer I Ausf. B à la fin de 1939, une pièce lourde d'infanterie, le *15 cm L/11 sIG 33* (pour ***s**chweres **I**nfanterie-**G**eschütz **33***). Ce lourd assemblage est appelé **15 cm sIG (sf) auf PzKpfw I**. Le petit char semble écrasé sous cette lourde pièce qui est en outre protégée par un haut bouclier blindé sur trois côtés, l'ensemble mesure 2,80 mètres de hauteur, manque de stabilité et de possibilité de dissimulation. Mais le général von Manstein avait insisté sur le fait que l'artillerie devait pouvoir suivre les panzers. Ainsi, une série de **38** de ces pièces est produite à partir de **février 1940**. Ils équiperont les compagnies lourdes d'infanterie des divisions de panzers lors des campagnes de Hollande, de Belgique et de France. Même si cette pièce n'est pas une réussite, le *Panzerjäger I* connaîtra un certain succès, base de succès encore plus grands. Ainsi, ces petits chars légers ont démontré leur rôle, servir à l'entraînement et au développement de l'arme blindée massivement, car peu onéreux. Ils ont permis d'apprendre les capacités de manœuvre et de réaliser de nombreux dérivés, certains ouvriront de vastes perspectives de développement. Mais si elle est manœuvrière, cette arme est encore bien peu puissante avec tous ces modèles qui disparaîtront rapidement du champ de bataille après la Campagne de mai 1940.

5

1. *Ladungsleger auf Panzer I Ausf. B* de la *3./Pionier-Bataillon 58 (7.Panzer-Division)* au début de 1941, portant le nouveau signe tactique de la division tel qu'il sera ensuite arboré lors de l'opération «Barbarossa» à l'Est. (Illustration : Julio Lopez Caeiro.)

2. Photo prise en France au début de 1941, qui a servi de base à l'illustration précédente. (NA.)

3. Des caisses de *Panzer I Ausf. B* ont servi de véhicules de transport blindé. Ici, un véhicule *Ohne Aufbau* (sans structure) *Ausf. B*, converti en ambulance. Une photo prise en mai 1940 montre un véhicule du *Panzer-Regiment 1 (1.Pz.-Div.)* en France. Il est protégé à l'avant et à l'avant des deux côtés par des plaques de blindage. On le mettra en rapport avec le blindé ambulance, photo 1 page 9. (Illustration : Julio Lopez Caeiro.)

4. *4,7 cm Pak (t) auf Panzerkampfwagen I Ausf. B* de la *Heeres-Pz.-Jg.Abt. (Sf) 643*, en France en mai 1940. (Illustration Julio Lopez Caeiro.)

5. Un *4,7 cm Pak (t) auf PzKpfw. I Ausf. B*, plus simplement appelé *Panzerjäger I*, en action. Il est accompagné de fantassins pour réduire les points de résistance adverses, certains étant installés sur son châssis. Ces canons antichars automoteurs étaient affectés aux groupes de chasseurs de chars. (Archives Hist. Militar.)

Le *Panzer I Ausf. A*, char école et d'entraînement, est très souvent présent lors de manœuvres, à partir de 1935, comme ici. Le problème de surchauffe du moteur est bien mis en évidence avec les trappes d'accès au compartiment moteur soulevées. On notera les premiers essais de marquage sur la tourelle avec le losange portant un I indiquant que ce panzer appartient à une *I.Abteilung* d'un régiment. On notera aussi le fantassin monté sur le panzer portant des brodequins à jambières, rareté issue de la Reichswehr. L'autre fantassin, dans une tenue trop large pour lui, porte sur son casque le *Helmband 1932* (bientôt remplacé par le *Helmband 1936*) identifiant le parti rouge lors de la manœuvre. (Archives Historia Militar.)

1

1. Les premiers *PzKpfw. I Ausf. A* présentent encore quelques imperfections mais ils permettent de procéder aux premiers entraînements de la nouvelle arme blindée qui a encore tout à apprendre mais qui est promise à un grand avenir. Nous noterons ici les premiers essais de signes de tactiques à l'arrière des tourelles et aussi la grande capacité tout terrain de ces blindés légers capables de grimper une pente de 30°. (NA.)

2. *15cm sIG 33 (Sf) auf Panzerkampfwagen I Ausf. B*, en dotation dans la *sIG (Sf) Kp. 702* attribuée à la *1.Panzer-Division*, France, mai 1940. (Illustration : Julio Lopez Caeiro.)

2

Panzer II Ausf. C, *3.Panzer-Division*. (Peinture de Julio Lopez Caeiro.)

Le Panzer II

Dans ses mémoires (*Erinnerungen eines Soldaten*, citées par Spielberger, Band 2, p.71), le général Guderian explique le contexte dans lequel fut élaboré le Panzer II : « *... comme l'état d'avancement des projets des modèles principaux (Panzer III et Panzer IV) traînait en longueur, par rapport à ce qui avait été Initialement prévu, le* General *Lutz se décida pour une solution intermédiaire, un Panzer II armé d'un MG et d'un canon de 2cm...* »

Ainsi, en juillet 1934, le *Waffenamt* passe commande d'un char de 10 tonnes aux firmes Friedrich Krupp AG, à Essen, Henschel und Sohn AG, à Kassel, et MAN à Nuremberg. Cette commande est effectuée seulement quelques mois après celle d'une première série de PzKpfw.I. Krupp va donc produire ce nouveau blindé en s'inspirant du précédent ce qui leur donnera « un air de famille ». Et, toujours pour des raisons de camouflage, ce nouveau blindé sera tout d'abord dénommé **LaS 100** (*Landwitschaftlicher Schlepper 100*, tracteur agricoie 100). Le programme est réalisé en quelques mois et les premiers prototypes sont proposés en octobre **1935**. Mais cette courte période ne permet pas de faire aboutir totalement ce matériel qui connaîtra de nombreux problèmes techniques au début. Trois préséries de 25 exemplaires sont alors confiées à ces trois firmes et, finalement, le prototype de MAN est choisi par le *Waffenamt*. Cette firme fabriquera le châssis tandis que Daimler-Benz, à Berlin-Marienfelde, est chargée de la structure. Les premiers blindés sortent des chaînes en **mai 1936** sous le nom de **Panzerkampfwagen II (2cm) (Sd.Kfz.121)** pour être aussitôt confiés à la jeune arme blindée. Ce premier modèle est amélioré à partir des trois préséries : une nouvelle poulie de tension est installée sur l'*Ausf. a/1*, un meilleur accès au moteur, depuis le compartiment principal, est ménagé sur l'*Ausf. a/2*, un nouveau radiateur et des nouveaux ressorts de suspension sont mis en place sur l'*Ausf. a/3*.

Ce premier modèle pèse 7,6 tonnes, mesurant 4,38 mètres de long, 2,14 mètres de large et 1,95 mètres de haut (ce qui est assez proche du Panzer I, respectivement : 4,02 m/4,42 m, 2,06 et 1,72 m). Il dispose d'un moteur Maybach HL57 TR de six cylindres en ligne développant 130 chevaux à 2 600 tours/minute. Le radiateur est prévu pour qu'à plein régime et avec une température extérieure de 35°, la température de l'eau ne monte pas au-delà de 95°. Il peut atteindre 40 km/h pour une autonomie de 120 kilomètres sur route. Il est doté d'un poste radio FuG5, émetteur-récepteur de 10 watts équipant tous les engins blindés. L'armement consiste en une mitrailleuse placée sur le côté droit de la tourelle et un canon KwK 30 de 2 cm placé sur le côté gauche. La trajectoire de ces deux armes est parallèle. Avec cet armement renforcé, l'équipage comprend maintenant trois hommes. Mais le blindage n'a que 13mm d'épaisseur, conçu seulement pour résister à des balles antichars tirées par des fusils ou des mitrailleuses. Le chef de char dispose d'un périscope monté dans le toit de la tourelle pour observer le champ de bataille.

Le train de roulement comprend, de chaque côté, six galets de roulement montés par paires avec ressorts à lames et trois rouleaux porteurs, la transmission se faisant par un barbotin avant et une poulie de tension à l'arrière. Les firmes FAMO (à Breslau), Wegmann (à Kassel), MIAG (à Braunschweig) seront aussi impliquées dans la production. Les dix premiers engins sont livrés par MAN (numéros de châssis 20001 à 20010). Entre mai 1936 et février 1937, les trois préséries sont livrées (jusqu'au numéro de châssis 20075).

Le modèle «a2» (châssis 20011 à 20025) a une trappe d'accès pour le ventilateur, le modèle «a3» (châssis 20026 à 20050 et 20051 à 21000) a une cloison entre le moteur et la radio qui peut être dévissée. Il dispose aussi d'une trappe dans le bas de la caisse permettant de démonter la pompe à carburant et le filtre à huile. Le premier réservoir peut contenir 102 livres de carburant et le second 68 litres.

Un nouveau modèle, l'***Ausführung b*** va sortir des chaînes au début de l'année **1937**. Il profitera de nombreuses améliorations : un moteur Maybach HL62 TR plus puissant, de 140 chevaux, avec un refroidissement du moteur amélioré et de meilleurs pots d'échappement. Quant au châssis, le barbotin et les galets de roulement sont plus larges avec une suspension renforcée. Seuls 25 exemplaires de ce modèle sont livrés, entre février et mars 1937 (n° de châssis 21001 à 21025). Au total, ce sont seulement 100 exemplaires produits des deux premiers modèles...

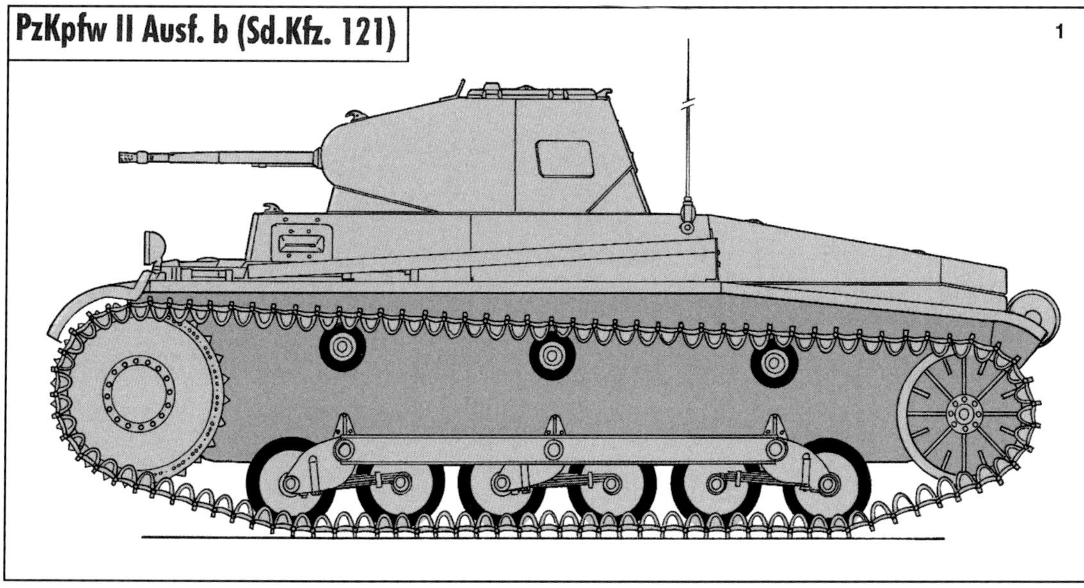

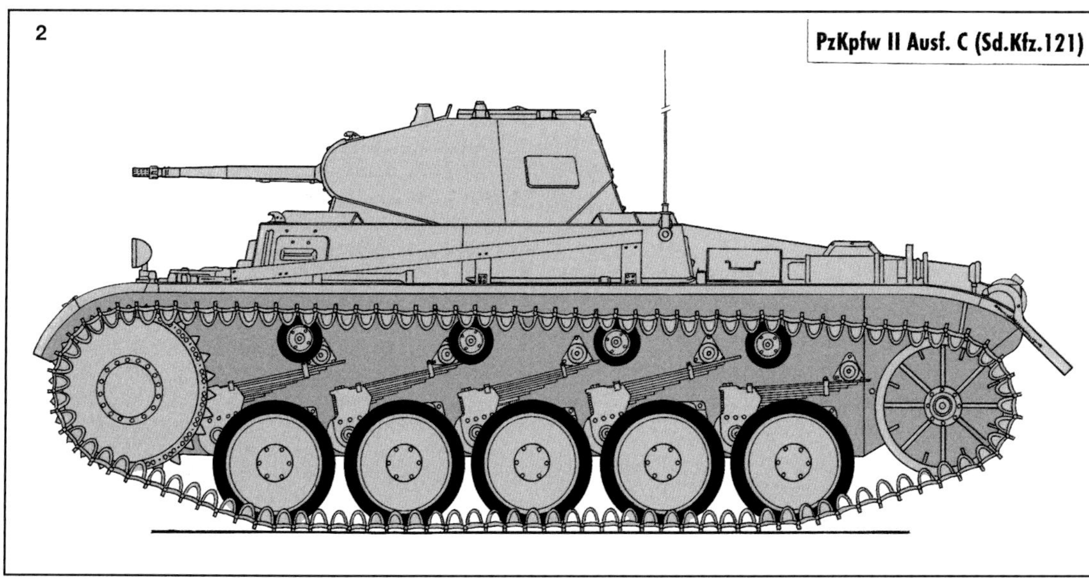

1. Les premiers modèles du Panzer II présentent un train de roulement avec six petits galets montés par paires et trois rouleaux montés par paires. (B.P./Heimdal.)

2. L'Ausf.C va introduire la silhouette classique du Panzer II avec son train de roulement à cinq gros galets montés individuellement sur un ressort à lames et quatre rouleaux porteurs. (B.P./Heimdal.)

En cette même année **1937**, l'*Ausführung* **C** va introduire la production de masse et l'aspect abouti de ce panzer. Il dispose tout d'abord d'une nouvelle suspension qui va le caractériser : cinq plus gros galets de roulement remplacent les six petits galets montés par paires. Ceux-ci sont montés individuellement sur un ressort à lames et il y a quatre rouleaux porteurs au lieu de trois. Et il faut aussi introduire de nouvelles chenilles ce qui entraîne un nouveau barbotin et une nouvelle poulie de tension. Une nouvelle boite de vitesses (ZF SSG 46 Aphon) et une meilleure ventilation du compartiment du moteur sont des améliorations pour la motorisation. Quant au blindage, il est porté à 14,5 mm mais se révèle encore insuffisant après la Campagne de Pologne et, à partir du printemps 1940, des plaques de blindage additionnelles placées à l'avant l'augmenteront de 20 mm. Le poids total est porté à 7,9 tonnes sur les engins portant les numéros de châssis de 21001 à 21100 et à 8,9 tonnes sur les engins portant les numéros de châssis de 21100 à 27000. A partir de 1937 et jusqu'à mars 1938, Henschel participe à la production avec 20 exemplaires par mois. Allkett (Altmärkische Kettenfabrik GmbH, Berlin-Borsigwalde), société sœur de Rheinmetall-Borsig AG, est aussi impliquée dans le montage de 30 de ces panzers en 1938. Elle en produira 300 avant de se consacrer au Panzer III.

Désormais, le **Panzer II Ausf. C** pèse 9,5 tonnes, mesurant 4,81 mètres de long, 2,28 mètres de large et 2,02 mètres de haut. Avec son moteur Maybach, il peut rouler à 40 km/h avec une autonomie maximum de 190 km sur route. Il peut emporter 180 obus dont des obus antichars *PzGr40* capables de percer 20 mm de blindage à 500 mètres et d'atteindre efficacement un blindé jusqu'à 600 mètres, la portée maximum étant de 1200 mètres. Ce panzer sera massivement produit et deviendra l'épine dorsale des divisions de panzers au début de la guerre. Entre mars 1937 et avril 1940, les différentes usines en livreront 1113 (numéros de châssis 21101 à 27000). En mai 1940, **955** *Panzer II* seront en dotation dans ces divisions, prêts à foncer à l'Ouest. Au début, ils sont affectés aux commandants de compagnie ou aux chefs de section des panzers puis, au fur et à mesure, ils sont regroupés en sections de chars de combat mais la Campagne de Pologne montrera les limites de leurs performances et ils seront ensuite plutôt engagés dans des missions de reconnaissance, aux côtés des petits *Panzer I*, comme on le voit sur les photos. Le *Panzer II* sera une base pour d'excellents dérivés, mais à partir de 1941...

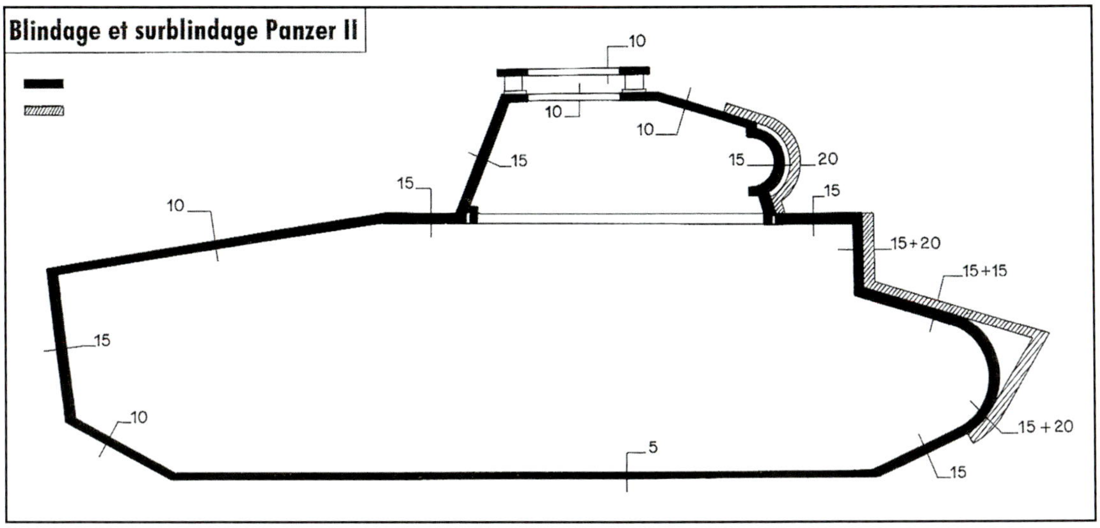

Après la campagne de Pologne, à partir du printemps 1940, des plaques de blindage additionnel (ici en grisé) renforcent le blindage du Panzer II. (B.P./Heimdal.)

Un char moyen - le Panzer III

Le **11 janvier 1934**, presqu'un an après l'arrivée au pouvoir d'Adolf Hitler, à l'issue d'un exposé du chef du *Heereswaffenamt,* présentant le projet d'extension de l'Armée de Terre à 63 divisions (trois fois plus que dans « l'armée de 100 000 hommes »), on évoque aussi l'arme blindée. **Heinz Guderian** avait, dès le début, proposé deux types de chars de combat : - un char possédant une arme de rupture (qui deviendra le *Panzerkampfwagen III*) équipera les trois compagnies légères *(leichte Kompanien)* d'une *Panzer-Abteilung* ; - un char de soutien (le futur *PzKpw IV*) équipera la 4e compagnie de cette *Abteilung*.

Autour de lui, une équipe travaille à définir ce que sera le blindé moderne et ses différents organes de fonctionnement. Elle est alors bien en avance sur son époque. C'est ainsi qu'on précise la composition de l'équipage et son rôle. Il sera constitué de **cinq membres** : le commandant *(Kommandant)*, le pointeur *(Richtschütze)*, le pourvoyeur *(Ladeschütze)*, le radio *(Funker)* et le conducteur *(Fahrer)*. Différence avec certains chars français : le pointeur est distinct du commandant qui doit garder un regard général sur la situation et diriger effectivement les autres membres d'équipage, et il y a un radio ! Cela sera déterminant sur le champ de bataille, face aux tankistes français mais aussi soviétiques. Guderian est à l'origine de ce choix. Il l'imposera, exigeant que chaque blindé soit équipé d'une radio *(Funkgerät)* permettant de recevoir les ordres des chefs de section, des commandants de compagnie et des organes de commandement du bataillon et du régiment. Mais, bien plus, ils seront équipés d'un système de communication de bord *(Bordsprechanlage)* permettant au commandant de communiquer avec tous les membres de son équipage, un immense progrès ! Mais toutes ces études ne se font encore que dans les équipes des bureaux de recherche car, à cette date, l'Allemagne n'a toujours pas le droit de disposer d'une arme blindée et il y a encore loin de la théorie à la pratique permettant de vérifier les études sur la puissance de feu, la mobilité, la protection. Seuls les petits *Panzer I* et *Panzer II* vont tout d'abord contribuer à tester ces recherches, comme nous l'avons vu.

Un Panzer de 15 tonnes est alors commandé. Les premiers prototypes sont livrés à la fin de l'année **1935**. Mais les débuts sont laborieux. Le premier modèle ***(Ausf. A)***, encore camouflé sous le nom de « véhicule expérimental 619 » *(Versuchkraftfahrzeug 619)* fait l'objet d'une présérie de dix engins réalisés par Daimler-Benz tandis que l'OKH a confié à Rheinmetall-Borsig à Düsseldorf la réalisation de la tourelle. Et, dès le départ, surgissent des débats quant à son armement : l'*Inspektion der Artillerie* penche pour un canon de 3,7 cm tandis que les *Panzertruppen* réclament d'emblée une pièce de 5 cm (celles-ci avaient raison car cette pièce sera installée quelques années plus tard) ; le *3,7 cm-Pak* est choisi. Cependant, on prévoit une base de tourelle assez vaste pour monter ultérieurement une pièce plus puissante. Ainsi, ce nouveau char, sera armé d'un canon de *3,7 cm L/45* et de deux mitrailleuses MG34 coaxiales au canon. Une troisième mitrailleuse est montée à l'avant dans la caise, devant le poste du radio. Et il faut maintenant cinq hommes pour constituer l'équipage de ce panzer. Mais cette première série ne sera pas satisfaisante. Tout d'abord, le blindage est trop faible, prévu seulement pour résister aux balles des fusils ou des mitrailleuses : 14,5 mm. Le train de roulement comporte cinq galets de roulement montés sur ressorts de chaque côté. Le moteur Maybach HL108TR de douze cylindres en V développe 250 chevaux à 3000 t/minute, mais ne permet d'atteindre que 38 km/h pour une autonomie de 165 km sur route et une consommation de 280 litres au 100 kilomètres. L'engin pèse 15,4 tonnes.

Le **Panzer III Ausf. B** est mis en chantier par Daimler-Benz pour une série de quinze exemplaires (60201 à 60215). Il utilise un nouveau train de roulement passant de cinq grands galets à huit petits, montés par deux, sur une suspension par ressort à lames et avec trois rouleaux porteurs. Les prises d'air du capot moteur sont améliorées. Mais il présente toujours un blindage trop mince et le train de roulement n'est toujours pas satisfaisant. Ces quinze engins seront eux aussi retirés du service après la Campagne de Pologne, en février 1940.

A la fin de 1937, une nouvelle série de quinze engins est produite par Daimler-Benz de ce char qu'on appelle aussi *Zugführerwagen* (véhicule de chef de section, autre nom de code). Quelques améliorations sont apportées au train de roulement, sur la longueur des lames des ressorts, avec un nouveau barbotin et une nouvelle poulie de tension, ce sera le **PzKpf.III Ausf. C** (60301 à 60315). Mais ces améliorations ne sont pas suffisantes et ils sont retirés du service en février 1940. Ainsi trois petites séries pour un total de **40 engins** auront permis de tester les défauts de jeunesse, le prochain modèle sera une étape.

Le **PzKpfw. III Ausf. D** est produit par Daimler-Benz à partir de **janvier 1938** avec un nouveau train de roulement, assez semblable à celui du modèle B, mais les ressorts portant les premières et dernières paires de galets sont inclinés. Par ailleurs, le blindage est renforcé, porté à 30 mm sur l'avant et les côtés.

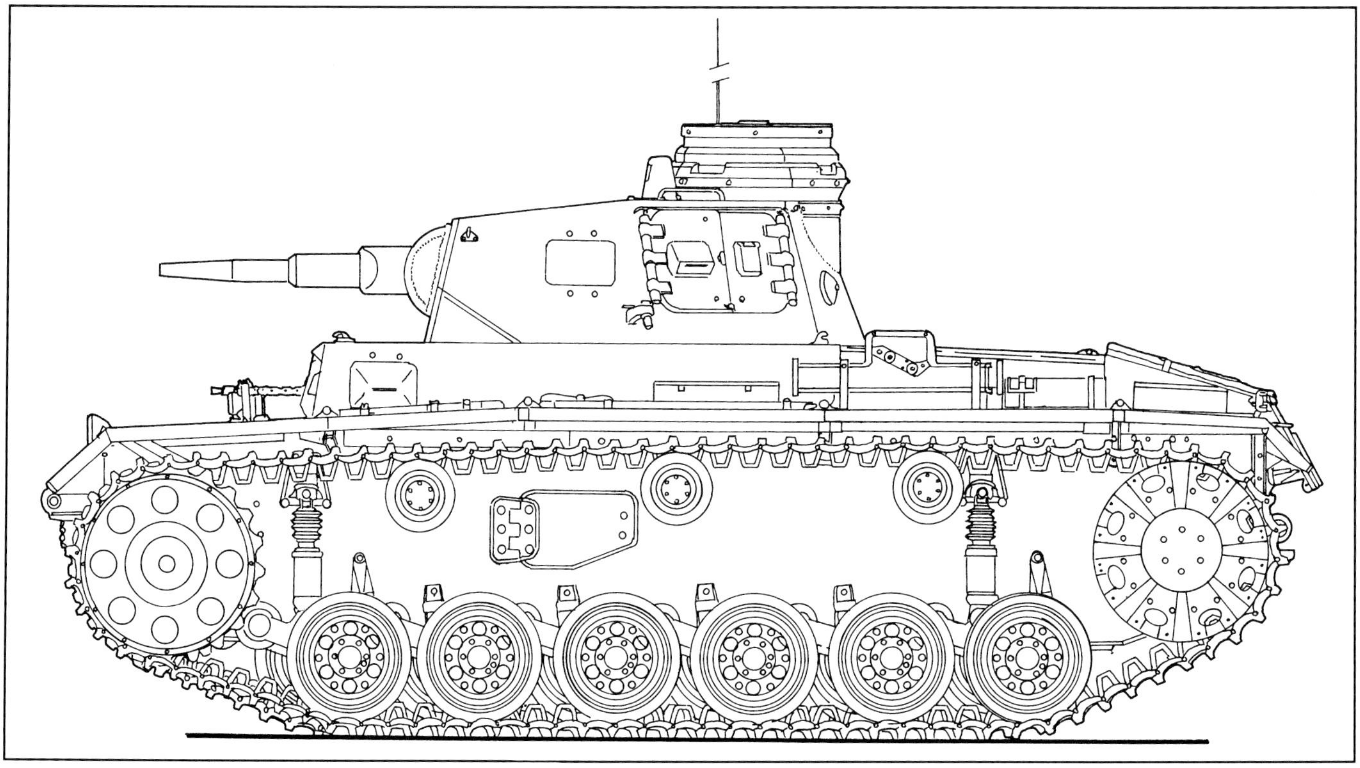

Profil du PzKpfw III Ausf. E. (Heimdal.)

Le tourelleau circulaire avec sa trappe double et ses cinq fentes de vision est aussi amélioré. Mais ce modèle n'est encore produit qu'à **30** exemplaires (60221 à 60225 et 60316 à 60340).

Ces nouveaux blindés, enfin plus puissants, arrivent aux unités alors que l'organisation des *Panzertruppen* est réaménagée : *Dans la compagnie de panzers de type "a" des régiments de panzers, une section est désormais dotée de* PzKpfw. III. *Ainsi, un* Panzer-Regiment *dispose de six* PzKpfw.III, *une* Panzer-Division *(avec deux régiments de panzers), en a douze. Les* PzKpfw.III Ausf. D *prennent part aux combats en Pologne mais, comme les modèles précédents, ils sont retirés du service en février 1940. Certains sont toutefois affectés à la* Panzer-Abteilung z.b.V.40, *une unité ad hoc, qui est engagée en Norvège en avril 1940.* (J.-P. Pallud, *39/45 Magazine* n°178, p.44). Un nouveau modèle va suivre, le fruit de tous ces progrès.

Une quatrième série d'engins est commandée à Daimler-Benz en **janvier 1938**, ce sera le **PzKpfw.III Ausf. E**. Les problèmes de suspension sont enfin résolus avec un train totalement nouveau, comprenant six galets de chaque côté (chacun d'eux étant monté sur une barre de torsion) et trois rouleaux porteurs, avec un nouveau modèle de poulie en tension. Il donne satisfaction. Le moteur est aussi nouveau, un Maybach HL120 TR (remplaçant le Maybach HL 108), plus puissant de 262 (à 2600 tours/min à 300 chevaux (3000 tours/min). Il permet d'atteindre la vitesse de 40 km/h sur route avec une autonomie de 165 km sur route et 95 km en tout terrain, le réservoir pouvant contenir 320 litres de carburant avec une consommation moyenne (selon le terrain) de 187 litres au 100 km. Il peut ainsi grimper une pente de 30° et pèse 19,5 tonnes. Il mesure 5,38 mètres de long, 2,91 de large et 2,44 de haut. Le blindage fait 30 mn d'épaisseur tout autour de la caisse (sauf à l'arrière : 20 mm) et de la tourelle. C'est enfin un panzer qui donne toute satisfaction, produit aussi avec deux nouvelles firmes, Henschel et MAN, venant appuyer Daimler-Benz ; toutes trois en auront produit **96** (60401 à 60496), d'octobre 1938 à octobre 1939.

Un cinquième modèle, le **PzKpfw.III.Ausf. F** est ensuite produit, restant très semblable au modèle précédent, le moteur Maybach HL 120 TR est remplacé par le Maybach HL TRM, de même puissance. Puis, en **janvier 1939**, une commande de 1250 *PzKpfw III*, l'**Ausführung G** est passée. Il est semblable aux modèles E et F, à l'exception du renfort du blindage à l'arrière (passant de 20 à 30 mm), d'une ventilation dans le toit de tourelle pour évacuer les gaz générés par les tirs.

L'avant de l'*Aufsführung E*, photo d'usine. Sur ce modèle, des évents ont été ajoutés à côté des phares pour refroidir les freins de direction. (DR.)

Mais ce modèle arrive trop tard pour l'offensive à l'Ouest ; profitant de l'expérience des combats en Pologne et en France, seuls les cinquante premiers exemplaires sortis des chaînes de fabrication seront équipés du canon de 3,7 cm, les autres seront enfin dotés du canon de 5cm plus puissant (le *5cm KwK 38 L/42)*, et nombre des autres modèles disponibles seront rééquipés de cette pièce aux meilleures performances antichars. Cette mutation avait été prévue par le *Waffenamt* dès le 4 janvier 1938.

Cette photo prise à l'usine Wegmann de Kassel montre une rare vue du Panzer III de la 5e série prise par-dessus. Elle permet de voir distinctement les trappes du chef de char, du radio (à gauche) et du pilote (à droite) ainsi que celles permettant d'accéder au moteur. (DR.)

Ainsi, en mai 1940, les trois premiers modèles n'ont été produits qu'en petites quantités pour des essais laborieux, les modèles principalement en dotation sont les *Ausf. E* et *F*. Jusqu'en 1939, l'*Ausf. E* a permis de commencer une production de masse, définie par le règlement *(Heeres-Verordnungsblatt)* du 27 septembre 1939. L'usine de Spandau *(Werk Spandau)* d'Alkett assumera le gros de cette production, mais les usines de Daimler-Benz AG (usine de Berlin-Marienfelde), FAMO (abréviation de *Fahrzeug-und Motorenbau GmBH,* usine de Breslau), MAN (usine de Nuremberg), MIAG (abréviation de *Mühlenbau und Industrie AG*, usine Amme de Braunschweig), Waggonfabrik Wegmann AG (usine de Kassel), MNH (abréviation de *Maschinenfabrik Niedersachsen-Hannover,* usine de Hannover-Linden) seront aussi impliquées dans cette production. A partir de 1940, MNH livrera 30 exemplaires de « Panzer III » par mois. Au total, à partir de 1939, 100 exemplaires de ce blindé seront livrés chaque mois. Et déjà, l'industrie allemande est impliquée dans une production insuffisante qui aura bientôt des conséquences redoutables. Le **10 mai 1940**, les régiments de panzers disposent seulement de **349 Panzer III** (chiffre donné par Walter J. Spielberger dans son volume 3 consacré au Panzer III, p.26).

Les chars tchèques arrivent à temps…

Cette faiblesse numérique sera en partie comblée par l'apport de chars tchèques. Dans les années précédant la Seconde Guerre mondiale, l'industrie tchèque avait atteint un haut niveau de compétence, la plaçant parmi les meilleurs au monde. En ce qui concerne le domaine de l'armement, la production se répartit entre Skoka à Plzen (Pilsen en allemand), CKD *(Českomaravksa Koben Daněk)* à Prague. En 1934, le ministère de la défense tchécoslovaque avait confié à ces deux firmes l'étude et la production de chars de combat de 15 tonnes. Dès 1933, les usines Škoda avaient conçu un petit char amphibie. Cette firme avait pris de l'avance sur sa concurrente si bien qu'elle réalise dès **1934** le **S-II-a**, *S* pour Škoda, *II* pour léger et *a* pour cavalerie. Avec de larges chenilles, faisant 32 centimètres de large (30 pour le Panzer II), c'est d'abord un engin stable et facile à manœuvrer. Le systématique pneumatique de la boite de direction demande moins d'efforts au pilote. Avec une vitesse moyenne de 25 km/h, il permet des étapes de 190 kilomètres (son autonomie), sans fatigue. D'un poids total de 10,5 tonnes, long de 4,45 mètres, large de 2,14 mètres et haut de 2,20 mètres, il est propulsé par un moteur Škoda T11/0 de 120 chevaux avec quatre cylindres en ligne. Il est armé d'un canon Škoda de 37 mm L/40 et de deux mitrailleuses 7165 CZ 37 de 7,92 mm (une dans la caisse et une dans la tourelle). Son blindage maximum (voir coupe) est de 25 mm à l'avant de la caisse, de la superstructure et de la tourelle, 16 mm sur les côtés de la caisse, de la superstructure et de l'arrière de la caisse, 15 mm sur l'arrière de la superstructure et à l'arrière de la tourelle. Il est réalisé en tôle d'acier avec de gros rivets. Le train de roulement comporte quatre paires de petits galets montés deux par deux sur une suspension à ressorts à lames. Le barbotin est à l'avant et la poulie de tension à l'arrière. Un autre galet guide la chenille à l'avant, sous le barbotin, à l'endroit où elle subit le choc lorsque le blindé aborde un talus. Quatre rouleaux porteurs accompagnent le retour de la chenille. L'équipage est à l'origine de trois hommes : le pilote et le radio/mitrailleur dans la caisse et le chef de bord dans la tourelle. Celui-ci a trop à faire et un pourvoyeur, coincé dans un espace étroit à droite de la tourelle, sera ajouté lorsqu'il sera utilisé par la Wehrmacht. Il est déjà équipé de radio, ce qui est un concept moderne, et l'émetteur tchèque de 10 Watts et son récepteur seront conservés par les Allemands sous la dénomination FuG37 (t).

C'est un engin assez léger et maniable doté du canon Škoda A3 de 37 mm *(3,7 cm KwK 34 (t) L/40* selon la dénomination allemande), capable de percer 37 mm de blindage à 100 mètres et 26 mm à 1000 mètres avec un obus antichar, le blindé emportant 72 obus. Deux prototypes ont été testés en **1935** et une commande de 160 blindés S-II-a sont commandés en octobre à Škoda. Il prend alors la désignation de **LT Vz 35** (char léger modèle 1935) et 400 d'entre eux seront finalement produits, la Roumanie en commande 126. Mais après le rattachement des Sudètes au Reich à partir du 1er octobre 1938, au cours de « la guerre des fleurs », suite aux accords de Munich, la Tchécoslovaquie est finalement démembrée le **15 mars 1939** : la Hongrie récupère des territoires au sud de la Slovaquie, la Pologne au nord de la Moravie et la Slovaquie déclare son indépendance et, ce qui reste de la « Tchéquie », la Bohème et la Moravie, déjà amputées des territoires

Panzerkampfwagen 35 (t)

(Heimdal.)

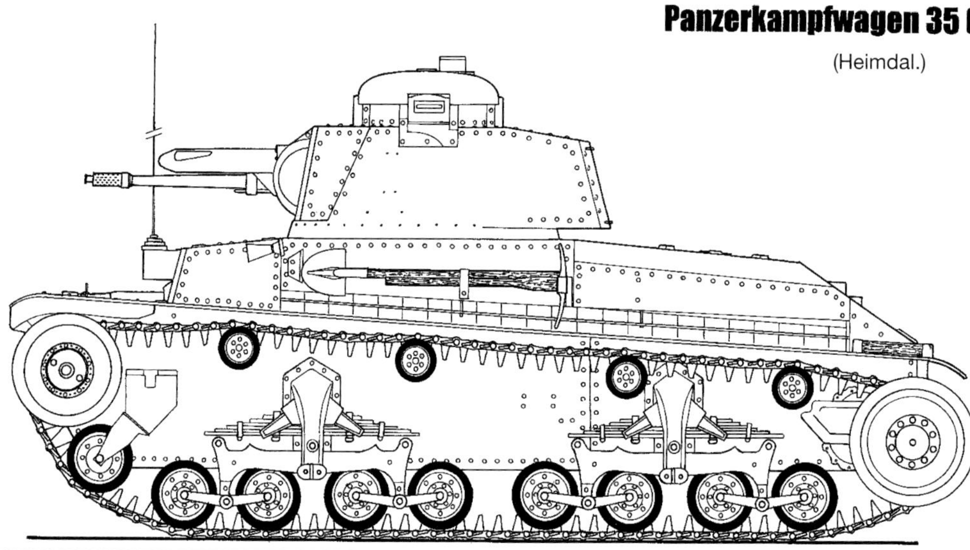

(Heimdal.)

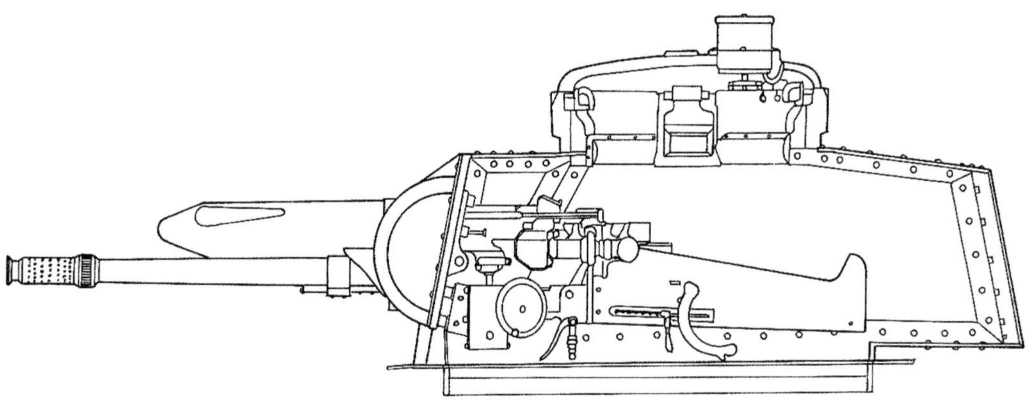

Intérieur de la tourelle du PzKpfw 35 (t)

Blindage du PzKpfw 35 (t)

(Heimdal.)

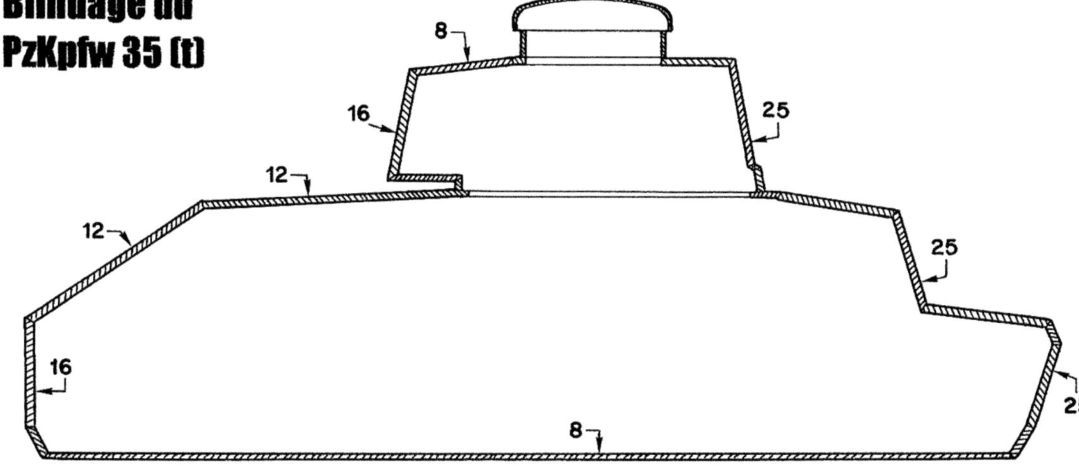

des Sudètes (où vivaient 3 millions d'Allemands), est annexé finalement par le Reich et devient un *Reichsprotektorat*. C'est un événement considérable car les Allemands récupèrent les usines tchèques qui produiront un armement de qualité tout au long de la guerre, principalement l'usine Škoda à Pilsen, et surtout elle récupère les chars disponibles, qui seront dénommés **PzKpfw 35 (t)**. Une douzaine d'entre eux seront transformés un char de commandement avec équipement radio allemand FuG2 et antenne cadre, sous le nom de *Panzerbefehlswagen 35 (t)*. La lettre « t » signifie *tscheschich* (« tchèque ») pour signaler

Panzer 35 (t), *6. Panzer-Division*. Ce char tchèque appartient à la 3e Compagnie (marquage 323 dans un losange sur le côté) du *Panzer-Regiment 65* de la *6.Panzer-Division*. (Peinture de Julio Lopez Caeiro.)

Avec ses larges chenilles (32 cm et 30 cm pour le PzKpfw III), le PzKpfw 35 (t) manœuvre remarquablement en tout terrain mais c'est aussi un petit engin comme nous le montre le pilote émergeant du panzer. On reconnaît à droite l'emblème de la *6.Panzer-Division*, un Y renversé et deux points. (ECPA.)

Ci-contre : tout le blindage du PzKpfw 35 (t) est fait de plaques rivetées. A l'avant droit de la caisse, noter la double trappe s'ouvrant au-dessus de la place du pilote et, sur la tourelle, la trappe d'accès circulaire s'ouvrant sur le sommet du tourelleau. Ces équipages profitent de quelques minutes de repos lors d'une halte. (Coll. H. Ritgen, 6.Panzer-Division.)

Ci-dessous : lors de l'offensive à l'Ouest, pause avant de recevoir l'ordre de repasser à l'attaque. On observera le train de roulement du PzKpfw 35 (t) au premier plan. Celui-ci est suivi par trois PzKpfw IV. Ici, tous ont abandonné le béret et portent le calot feldgrau. Notons aussi le tourelleau du chef de char avec sa trappe en forme de couvercle bombé. (BA 769/236/23.)

La Campagne de Belgique et de France sera l'heure de gloire du PzKpw 35 (t). On aperçoit ici l'un d'eux, suivi par des PzKpfw IV, plus puissants. Ce char tchèque équipe la *6.Panzer-Division*. (BA 769/228/23.)

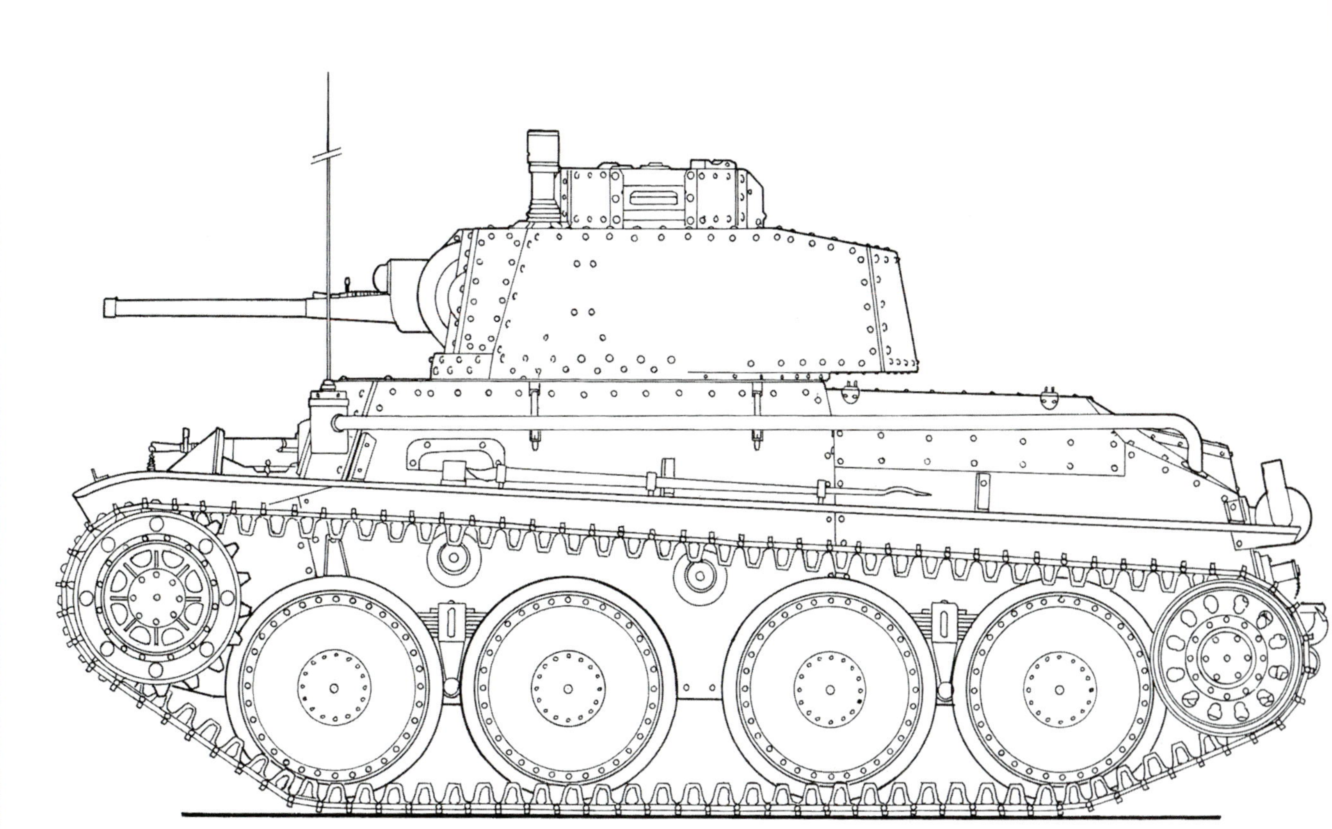

Panzerkampfwagen 38 (t) Ausf.A (Profil Heimdal.)

Le blindage est à l'origine épais de 25 mm à l'avant mais il sera renforcé en 1941 comme nous le montre cette coupe, passant de 25 mm à l'avant en 1939 à 50 mm en 1941. (Heimdal.)

Blindage du PzKpfw 38 (t)

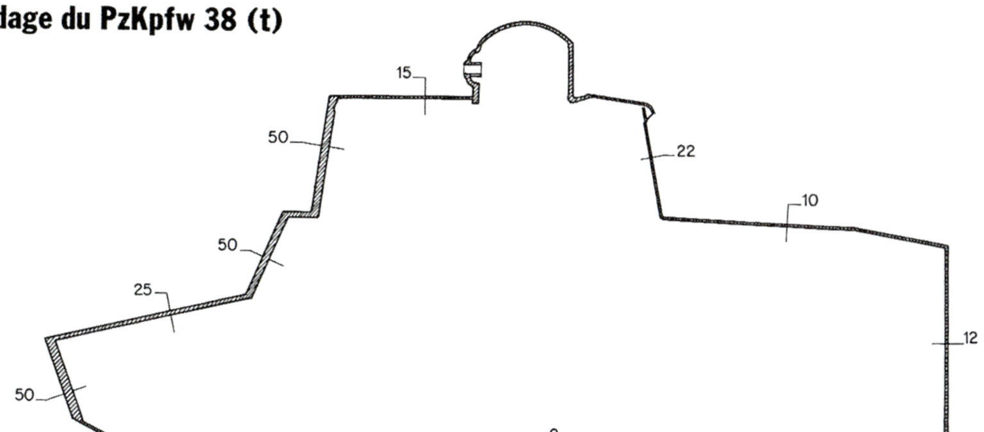

l'origine de l'engin. **196** de ces engins seront en dotation dans la *Wehrmacht* pour le 1er septembre 1939, à la veille de la Campagne de Pologne. Lors de la réorganisation, la *1.Leichte Division* est transformée en **6.Panzer-Division** et la plupart de ces chars encore opérationnels seront en dotation dans cette nouvelle division de panzers, **143** au total à la veille du 10 mai 1940 !

Le PzKpfw 38 (t)

L'usine de Prague, la CKD, avait été aussi engagée dans la réalisation de chars pour l'export, entre 1935 et 1939, des chars RH (en 1935, 50 exemplaires) et TNH (de 1935 à 1937, 50 exemplaires) pour l'Iran, des chars R1 pour la Roumanie (à partir de 1936, 35 exemplaires), des AH-IV pour la Suède (en 1937 et 1938, 50 exemplaires), des LTH pour la Suisse (1936, 26 exemplaires), des LTP pour le Pérou (1938, 24 exemplaires). Près de 200 chars seront ainsi vendus à l'export mais l'armée tchèque souhaitait aussi constituer sa propre force blindée. Comme nous l'avons vu, Škoda avait présenté son modèle, que nous avons étudié, mais aussi Adamov et surtout CKD sont impliqués dans cette production. Cette firme avait aussi conçu un char devant être construit en série. Le prototype avait accompli plus de 5500 kilomètres, sans poser de problèmes majeurs et il présentait une bonne capacité tout terrain. Les modèles, légèrement différents, livrés à l'export, servent de base à ce nouveau char national. En **mars 1937**, le ministère tchèque des armées commande 400 blindés, 160 immédiatement. Ce nouveau modèle est réalisé à partir du LT Vz 34, sur lequel un nouveau moteur a

L'annexion de la Bohème et de la Moravie, en mars 1939, a permis aux Allemands de se saisir des chaînes TNHP, production qu'ils ont aussitôt relancée. Ainsi, à la veille de l'offensive à l'Ouest, la *7.Panzer-Division* et la *8.Panzer-Division* disposent d'un total de 238 PzKpfw 38 (t). Cette photo nous montre, à droite, l'armement de ce char, un canon Škoda A7 de 37 mm (dénommé KwK 38 (t) L/47,8 par les Allemands) et deux mitrailleuses 7165 CZ 37 de 7,92 mm, l'une montée dans la tourelle, coaxiale au canon, et l'autre à l'avant de la caisse. A l'arrière, on voit un PzKpfw II avec sa numérotation à gros chiffres propre à la *7.Panzer-Division*, ce «243» est l'un des chars légers de la 2e compagnie du *Panzer-Regiment 25.* (NA.)

été installé, et à partir du char TNH qui a déjà fait ses preuves pour l'exportation. Les essais de ce prototype ont eu lieu le **25 janvier 1938**, démontrant que c'est alors le meilleur char de combat disponible et, ainsi, le Ministère de la défense nationale confirme le **22 juillet** une commande ferme de 150 exemplaires du TNH à la ČKD : 20 blindés devront être produits chaque mois jusqu'à la fin de l'année 1938 et, à partir de janvier 1939, ce seront 40 blindés par mois. ČKD sera finalement capable de livrer 300 blindés. Ce nouveau char sera désigné officiellement sous le nom de **LT Vz 38** (char léger, modèle 1938). Les premières séries sont disponibles en **février 1939** mais elles ne sont pas encore livrées à l'armée tchèque ; elles ne le seront jamais...

Car le reste de la Bohème-Moravie, majoritairement tchèque, avec des îlots allemands comme la région d'Iglau, est annexé au Reich le **15 mars 1939**. Dès la fin du mois de mars, la société ČKD à Prague est en contact avec le *Heereswaffenamt* ; elle restera indépendante mais fournira dorénavant la production militaire du Reich. Ainsi, tous les modèles disponibles du char LT Vz 38 seront pris en charge par la Wehrmacht sous le nom de **Panzer-Kampfwagen 38 (t)**. Les 150 chars en cours de fabrication sont ainsi livrés à l'Allemagne, une exportation moins lointaine... Ceux-ci seront de l'**Ausführung A**.

C'est un char de 9,73 tonnes, mesurant 4,61 mètres de long, 2,14 mètres de large et 2,25 mètres de hauteur. Le blindage est aussi fait de plaques rivetées, ce qui donne un air de famille aux deux chars tchèques qui seront dorénavant en dotation dans la Wehrmacht. Le blindage ne mesure encore que 25 mm à l'avant de la caisse, de la superstructure et de la tourelle, 15 mm sur les côtés et à l'arrière, sauf à l'arrière de la superstructure où il ne fait que 10 mm. Il atteint 42 km/h avec une autonomie de 230 kilomètres, grâce à un moteur Praga EPA-I de 125 chevaux avec six cylindres en ligne. Le train de roulement aligne quatre grands galets caractéristiques qui sont montés deux par deux sur une suspension à ressort à lames. Cet excellent train de roulement sera utilisé sur bien des dérivés jusqu'à la fin de la guerre (dont pour le Hetzer) et bien au-delà ! Le barbotin a 19 doubles dents et deux rouleaux porteurs accompagnent la chenille en retour ; celle-ci est large de 29 centimètres. Il est armé d'un canon Škoda A7 de 37 mm, appelé *3,7 cm KwK 38 (t) L/47/8* dans la dénomination allemande. Il emporte aussi 72 obus, qui peuvent percer, pour les obus antichars, 41 mm de blindage à 100 mètres et 29 mm à 1000 mètres, ce qui est très légèrement supérieur au canon Škoda équipant le PzKpfw 35 (t). Il dispose aussi de deux mitrailleuses 7165 CZ 37 de 7,92 mm (2400 car-

1. Les pointes du *XV.Armeekorps (mot.)* atteignent rapidement la Meuse, dès le 13 mai. Ici, à Bouvignes, au nord de Dinant, des PzKpfw 38 (t) des *1.Kompanie* et *2.Kompanie* du *Panzer-Regiment 25 (7.Panzer-Division)* attendent d'être chargés sur un ponton afin d'être amenés sur la rive occidentale du fleuve. On notera que les marquages sont différemment placés. Numéro sur le côté et croix à l'arrière pour le «123», numéro à l'arrière de la tourelle et à l'arrière de la caisse pour le «213», et croix sur le côté. Mais la plupart des panzers de la 2e compagnie ont aussi leurs numéros sur le côté de la tourelle. (NA.)

2. Les pointes de la *7.Panzer-Division* passent la frontière française le 16 mai près de Clairfayts, au sud de Maubeuge. Nous voyons ici un PzKpfw 38 (t) de la *5.Kompanie* (le «512») passant le poste frontière à toute allure. Nous voyons distinctement le tourelleau, sa trappe d'accès circulaire et ses quatre épiscopes et, juste devant le tourelleau, le périscope du chef de bord. Celui-ci est coiffé du capot feldgrau, au lieu du béret noir encore réglementaire. (NA.)

touches transportées), dans la caisse et la tourelle. Et, comme son homologue, il ne disposait que de trois hommes d'équipage. Et, là aussi, les Allemands vont ajouter un chargeur mais il faut supprimer trois racks d'obus (soit 18 obus) pour lui faire de la place. Et, de nouveau, l'étroitesse de l'engin posera des problèmes au combat. L'équipement radio est tout aussi identique, renommé FuG 37 (t) par les Allemands. Il est installé devant à gauche (le pilote étant à droite), ce qui donne à l'opérateur un espace très restreint. En fonction de l'antenne utilisée, la portée varie de un à cinq kilomètres. Les interphones étant absents, le chef de char peut transmettre ses ordres au conducteur par l'intermédiaire d'un système utili-

3

3. L'apport de ces blindés tchèques sera déterminant pour les forces allemandes dans l'offensive à l'Ouest et même jusqu'en 1941. Ces PzKpfw 38 (t) représenteront alors près du quart des panzers armant les divisions blindées. Nous voyons ici un char de commandement, le «R01», du *Panzer-Regiment 25* de la *7.Panzer-Division*. (NA.)

4. Deux autres chars de commandement du *Panzer-Regiment 25* de la *7.Panzer-Division*, le «R02» et le «R11». Le premier est similaire au «R01» de la photo précédente, tous deux sont dotés d'un équipement radio complémentaire, le FuG8, dont l'antenne cadre est montée au-dessus du capot moteur. (NA.)

5. Derniers jours de combat en Champagne avant l'armistice pour ces deux PzKpfw 38 (t) de la *2.Kompanie* du *Pz.Rgt.25* de la *7.Panzer-Division*. Le blindage de la tourelle fait de plaques rivetées est à nouveau évident sur cette photo. Notons aussi que ce régiment a été particulièrement photographié, essentiellement ses 1re, 2e compagnies (présentes dans cette double page) et un peu la 3e compagnie. Nous les retrouverons souvent au fil de ces pages. (Coll. B.P.)

6. L'intérieur de ce blindé montrant le poste du radio à gauche et celui du pilote à droite, d'après un manuel technique.

4

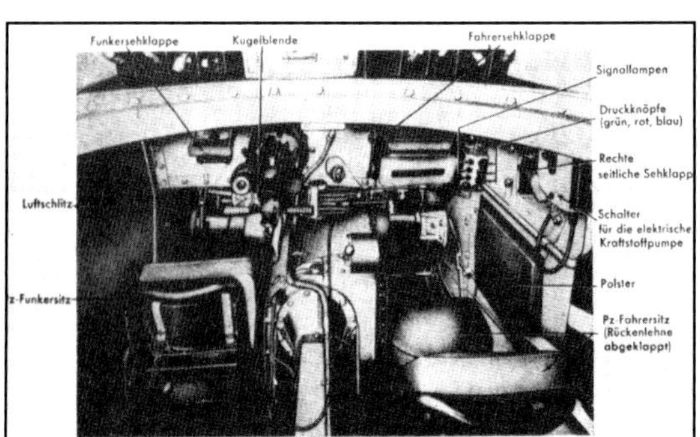

5

sant des lumières de couleur. La tourelle est dotée d'un système giratoire manuel pouvant être débrayé afin d'être manipulée par le chef de char utilisant un point d'appui sur l'épaule. On pointe le canon à l'aide d'une lunette coaxiale, l'élévation du canon se fait aussi à l'aide d'un appui sur l'épaule, l'oscillation variant de -10° à + 25°. La tourelle n'ayant pas de plancher, le chargeur est debout sur le plancher du blindé sauf le chef de char qui a un siège. La coupole de la tourelle dispose de quatre épiscopes.

Les premiers exemplaires du *Pz 38 (t)* ont été mis en service au sein de la *Panzer-Abteilung 67* de la

1

1. Au sud du secteur où opère la *7.Panzer-Division*, l'autre division largement équipée de chars tchèques, la *8.Panzer-Division,* se porte en avant avec le *XXXXI.Armeekorps.* Alors que les Français tiennent encore sur la Meuse pendant trois jours à Monthermé, les Allemands ont forcé les lignes défensives et débouchent sur les arrières de la 9e Armée. Ainsi, au soir du 15 mai, les pointes du *XXXXI.AK* foncent vers l'ouest. Nous voyons ici, un petit Panzer I en pointe, servant à la reconnaissance, suivi par une longue file de PzKpfw 38 (t), fonçant dans la plaine, plein ouest ! (NA.)

2. Après avoir franchi la voie ferrée courant le long de la Somme, les avant-gardes de la *7.Panzer-Division* se rassemblent dans un vallon, avant d'attaquer vers l'ouest, vers la Seine. Nous voyons ici trois PzKpfw 38 (t) en tête, chars moyens, appuyés par un Panzer IV, formant écran devant une quinzaine de Panzer III puis une nuée de véhicules légers. (Collection Heimdal.)

2

3.Leichte Division. En Pologne elle ne perd que 7 chars sur sa dotation de 59, ceux-ci n'ont été qu'endommagés et seront tous réparés. Puis, lors de la mise sur pied des nouvelles divisions de panzers, un total de **238** de ces *Pz 38 (t)* permettra d'amener à pleins effectifs la *7.Panzer-Division* et la *8.Panzer-Division*. Ainsi, sans l'apport essentiel des deux chars tchèques, les trois « divisions légères » n'auraient pu être transformées en *6.Pz.-Div.*, *7.Pz.-Div.* et *8.Pz.-Div.* pour l'offensive à l'Ouest.

Le modèle A donnant satisfaction, avec une très grande fiabilité mécanique, le *Waffenamt* commande un total de 325 chars, ce seront les séries II, III et IV quasiment identiques à l'*Ausführung A*, installation d'un phare Notek, d'un générateur de fumée, d'un poste radio allemand standard (le FuG5). Ainsi, de janvier à novembre 1940 sortiront des chaînes de ČKD, 110 TNHP série II alias *PzKpfw 38 (t) Ausf. B*, et 110 de la série III, alias *Ausf. C* et 105 de la série IV, alias *Ausf. D*. Ces nouvelles séries serviront surtout à équiper les nouvelles divisions de panzers constituées en vue de *Barbarossa*.

Nous verrons en mai 1940 combien ces Panzer 38 (t) pourront être supérieurs au Panzer IV quand il faudra escalader des pentes raides dans la vallée de la Somme. Mais, en URSS, ils montreront leurs limites et seront rapidement retirés du combat même si les Hongrois l'utiliseront plus tardivement dans la version *Turan*. Cependant, son remarquable châssis continuera de rendre de grands services, pour le *Panzerjäger 38 (t)* ou *Marder III* (366 exemplaires) ou pour le *SdKfz 138 Ausf. H* et l'*Ausf. M* (975 exemplaires, dont 350 encore en service en février 1945, ou la *Grille* et surtout le *Hetzer* (2584 exemplaires produits !...) et qui continuera d'être utilisé par les Tchèques et les Suisses après guerre, sans oublier le transport de troupe blindé suédois (Pvb 301) utilisant le même châssis sous licence jusqu'en 1962 ! Et même, toujours en Suède, le Strv m/41, S-II, fabri-

3

3. La *Wehrmacht* vient de lancer l'opération «Rot», la deuxième phase de l'offensive à l'Ouest, perçant rapidement la ligne Weygand. Ici, sur cette photo en couleur, un PzKpfw 38 (t) de la *7.Panzer-Division* franchit la Somme à Condé-Folie et s'éloigne du pont à toute vitesse. (DR.)

4. En Champagne, quelques jours avant l'armistice, ultimes combats à l'Ouest pour ces panzers de la *8.Panzer-Division*. Nous noterons que, sur ce PzKpfw 38 (t), les numérotations sont plus discrètes que celles du *Panzer-Regiment 2* de la *7.Panzer-Division*. Ici, pour ce char du *Panzer-Regiment 19*, ils sont petits, peints en blanc, et très discrets sur le côté de la caisse. (DR.)

4

cation sous licence du TNHP, en service jusqu'en 1957 !...

ČKD continuera de travailler de manière indépendante mais uniquement pour les Allemands, relation étroite avec les usines Hermann Göring. Mais son nom sera changé en octobre 1940 - Kolben étant un nom d'origine juive - devenant la *Českomoravsksé stroji-rny a.s.* Elle passe ensuite sous un plus grand contrôle allemand et prendra le nom de *Firma Böhmisch-Mährische Maschinenfabrik*, puis sera nationalisée en octobre 1945 sous le nom de ČKD n.p., et continuera de produire des blindés dont le Hetzer...

Le Panzer IV

Dès 1930, le cercle de travail de Guderian avait prévu de produire un char de soutien avec un canon plus puissant, un engin de la classe de 18 tonnes, d'abord désigné sous le nom de code de *Bataillonsführerwagen* (BW - « véhicule de chef de bataillon »). Ce secret fut levé en 1935 avec l'abandon des interdictions du Traité de Versailles. Et, dès cette époque, Rheinmetall s'était chargée d'étudier des prototypes du BW. Il était prévu de le doter d'un canon de 7,5 cm et de deux mitrailleuses de bord. Le modèle étudié par Krupp ne présentait pas un canon d'un calibre suffisant. Cependant, les recherches de la firme Krupp aboutissent vers 1935/36 à un prototype qui convenait pour le programme et, finalement, toute la fabrication de ce nouveau char fut confiée à la firme Friedrich Krupp AG à Essen, la Série O est réalisée dans l'usine mère et la production, à partir d'octobre 1937, aux Krupp-Gruson-Werken AG à Magdeburg-Buckau. En **mars 1938**, **35** exemplaires de l'*Ausführung A* ont été livrés. Le modèle est encore désigné *1/BW*. Il pèse 17,3 tonnes avec blindage frontal de 20 mm, les autres parties présentent 14,5 mm d'épaisseur. Le canon est un 7,5 cm et les deux mitrailleuses MG13, de caisse et de tourelle, disposent d'un total de 3000 cartouches. Cette première version, dont le blindage est insuffisant, sera considérée obsolète dès la fin de la Campagne de France.

L'**Ausführung B** la remplace de mars à septembre **1938** mais ne sera fabriquée qu'à **42** exemplaires. Son blindage est renforcé, porté à 30 mm et 20 mm, ce qui permettra une utilisation de ce modèle jusqu'en 1943. Le premier modèle est doté du moteur Maybach HL 108 TR de 230 à 250 chevaux et celui-ci du moteur Maybach HL 120 TR de 265 à 300 chevaux, permettant d'atteindre les 30 km/h pour le premier et les 35 km/h pour le second avec une autonomie de 140 kilomètres sur route et 90 kilomètres en tout terrain. Dans ses grandes lignes, il est assez semblable au Panzer III, y compris dans son train de roulement ; on envisagera d'ailleurs plus tard une forme hybride de Panzer III/Panzer IV, projet qui n'aboutira pas. Les chenilles mesurent 30 cm de large. Mais, outre son canon, la principale réussite de ce nouveau char est sa tourelle spacieuse, contenant l'armement principal et qui pourra être dotée plus tard d'un canon encore plus puissant.

L'**Ausführung C** est la dernière produite avant guerre, entre septembre 1938 et août 1939. 300 exemplaires sont commandés et seulement 134 sont livrés (ils resteront aussi en service jusqu'en 1943). Le moteur est un Maybach HL 120 TRM, de mêmes performances que le précédent (les 40 premiers exemplaires étant encore dotés de ce dernier). Les modèles B et C n'ont plus qu'une mitrailleuse, un MG34.

Le 1er septembre 1939, la Wehrmacht n'aligne que **211** Panzer IV ; elle en perdra 19 pendant la Campagne de Pologne. Mais la production reste trop limitée pour cet engin plus puissant. Ce manque de productivité à cette époque sera un problème qui pèsera lourd pour les futures campagnes.

Ainsi, du 1er septembre 1939 au 31 mars 1940, seulement 46 Panzer III et 12 Panzer IV sont produits, même pas assez pour compenser les pertes de la Campagne de Pologne pour ce dernier. Ils sont encore tous sortis des chaînes de Krupp - Gruson AG à Mageburg-Buckau. Cependant, en mai 1940, leur quantité totale sera montée à **278**. Selon les tables d'organisation, les Panzer I, II, III et IV se côtoient au milieu des compagnies de chars. Après la Campagne de Pologne, une *mittlere Panzer-Kompanie* doit être dotée de 14 Panzer IV et 5 Panzer II, mais on comptera seulement deux bataillons de chars de ce type sur les dix divisions de panzers en mai 1940. Ailleurs, ils sont en petit nombre au milieu des chars légers.

L'**Ausführung D** a été mise en fabrication en janvier 1938 pour 248 exemplaires mais commence seulement à entrer en service à partir d'octobre 1939. En

Le Panzer IV Ausf. D est alors le char le plus puissant utilisé par la Wehrmacht. Son canon de 7,5 cm KwK L/24 ne sera cependant pas assez efficace contre les chars français les plus puissants, comme le B1bis. Ici, le marquage avec des chiffres blancs signale un engin de la *1.Panzer-Division*. (Peinture de Julio Lopez Caerio.)

mai 1941, un total de 229 exemplaires auront été produits mais peu d'entre eux auront rejoint les compagnies de combat avant mai 1940. Ce modèle est à nouveau armé de deux MG.

Ainsi, en mai **1940**, les divisions de panzers alignent : 1077 Panzer I, 1092 Panzer II, 381 Panzer III, 248 Panzer 38 (t), 146 Panzer 35 (t), et seulement 290 Panzer IV ! Soit **2169** chars légers, 775 chars moyens, et 290 chars « lourds ». Sur un total de 3234 panzers, les chars légers représentent les deux tiers. Comme le rappellent Carlos Caballero Jurado et Lucas Molina Franco, concernant l'offensive à l'Ouest : « *Malgré cela, la* Panzerwaffe *accomplit sa mission avec brio, écrasant les forces franco-britanniques, qui pourtant comprenaient plus de chars, pour la plupart mieux armés et mieux blindés. La victoire de la* Panzerwaffe *ne s'explique donc pas par le fait que ses engins aient été supérieurs en nombre et en qualité mais par les magnifiques qualités de commandement de ses chefs, le moral élevé de ses troupes, leur excellent entraînement et de meilleures conceptions tactiques. A cela, il faut ajouter les trois bons outils optiques dont étaient dotés les chars allemands ainsi que leur équipement radio.* » (in *Panzer IV*, Quiron Editions, édition française Heimdal, 2007). Notons aussi que le ravitaillement suivra aussi plus facilement le rythme intense de l'offensive de 1940 grâce à une invention remarquable, le *Kanister* que les Alliés copieront en l'appelant « jerrycan », invention restée secrète avant le début du conflit, mais aussi grâce à des véhicules blindés de ravitaillement en munitions (voir page 9).

Le Panzer IV est le meilleur char de combat allemand alors disponible. Il sera constamment amélioré, principalement avec un canon long, et sera produit jusqu'à la fin de la guerre, pour un total de 8 600 exemplaires. Mais, en 1940, il n'est disponible qu'en petite quantité et, lors de l'offensive à l'Ouest, en raison des insuffisances des chars moyens, il sera le

Ci-contre : cette superbe photo de propagande, nous montre un Panzer IV du *Panzer-Regiment 7,* nous apercevons en effet le profil du bison sur le côté de la tourelle. (Coll. Heimdal.)

Ci-dessous : le Panzer IV Ausf. D du *Panzer-Regiment 7 (10. Panzer-Division)*, avec le marquage spécifique à ce régiment : le bison. C'est le char allemand le plus puissant en 1940. (Peinture de Julio Lopez Caerio.)

1

2

1. Les divisions blindées allemandes n'alignent pas que des véhicules chenillés en 1940, elles disposent de véhicules blindés à roues qui auront aussi un rôle très important dans le « Blitzkrieg ». Nous voyons ici un très beau véhicule de reconnaissance (équipant les *Aufklärungs-Abteilungen* dont les hommes portent aussi des uniformes noirs, avec passepoil jaune d'or), très en avance par rapport au standard de 1940. Ainsi, ce *SdKfz 222*, armé d'un canon de 2 cm et d'une mitrailleuse coaxiale de 7,92 mm en tourelle, restera en service pendant toute la guerre. (Peinture de Julio Lopez Caeiro.)

2. Ce *SdKfz 263* est la version de commandement et de transmission de l'excellent *SdKfz 234* à huit roues. Quoiqu'il ne soit pas fabriqué de nombreux exemplaires, certains seront toujours en service à la fin de la guerre. C'est un véhicule complexe à fabriquer, avec ces deux trains de roulement, donc chers, et ainsi produit en plus petit nombre Les opérateurs radio de ces engins portent le passepoil jaune citron. Celui-ci, avec son antenne cadre, est le véhicule de commandement utilisé par Erwin Rommel pendant la bataille de France. (Peinture de Julio Lopez Caeiro.)

seul à pouvoir affronter les blindés adverses et subira des pertes conséquentes. C'est plus la « vague blindée » qui l'emportera, que la puissance de feu. Les *Panzer-Divisionen* disposeront ainsi de blindés à roues pour les groupes de reconnaissance et les unités de commandement ; ces engins seront décisifs pour accompagner cette « vague blindée », majoritairement composée d'engins légers, assurant aussi la mobilité et la rapidité de la poursuite à travers la Belgique et le Nord de la France.

Bibliographie : Les volumes de Walter J. Spielberger consacrés aux panzers ches Motorbuch Verlag et les articles de J.-P. Pallud dans les n°s 181 à 186 de 39/45 Magazine.

1. Cette image de propagande, extraite du livret *Schnelle Truppen*, nous montre un chef de char à la tourelle d'un Panzer IV. On distingue bien là un des atouts de ce nouveau char : la tourelle est beaucoup plus spacieuse offrant un meilleur exercice du commandement et elle permettra ultérieurement l'introduction d'un canon plus puissant. On notera aussi, de profil, la forme caractéristique du béret de protection, introduction au chapitre suivant consacré aux uniformes. (Coll. B. Jasniak/Heimdal.)

2. Portrait d'un caporal des panzers coiffé de l'imposante *Schutzmütze*. Il semble porter le chiffre « 1 » tissé sur ses pattes d'épaule, dans ce cas le *Panzer-Regiment 1*. (Coll. B. Jasniak/Heimdal.)

3. Les camarades de ce tankiste sont coiffés du disgracieux béret que certains portent de manière peu élégante, manifestant peut-être ainsi le peu d'intérêt pour ce couvre-chef. Ils sont tous chaussés de souliers munis de lacets et non de bottes, le pantalon étant bouffant. (Coll. B. Jasniak/Heimdal.)

2 Le tankiste allemand de mai 1940

Tenue d'un *Oberfeldwebel* du *Panzer-Regiment 4* telle que portée de 1935 à 1941 : veste croisée à col passepoilé, pattes d'épaules cousues à l'emmanchure, aigle de poitrine du 1er Mle, tissé en fil blanc et « *Schutzmütze* » à insignes eux aussi tissés blanc. (Coll. W. Krempel/Photo Roland Glasson/39/45 Magazine.)

Les Belges et Français, qui ont vu surgir les panzers dans les localités submergées par le coup de faux de von Manstein, ont été frappés par « l'allure » des tankistes sanglés dans leurs uniformes noirs bien ajustés, modernes hussards qui chargeaient au milieu d'une armée française qui avait bien souvent équipé ses soldats de tenues peu seyantes et surtout peu pratiques. Cet uniforme noir était associé à un étonnant succès sur des nations qui avaient obtenu la victoire en 1918.

L'armée allemande avait doté ses troupes blindées de cet uniforme spécifique dès le **12 novembre 1934**. Il est noir avec des têtes de mort métalliques sur les pattes de collet. Mais il n'y a pas là de rappel de l'uniforme des *Leibhusaren* de l'armée de Guillaume II.

L'uniforme est tout simplement noir car, dans un char, les risques de salissures sont nombreux et une tenue feldgrau risquait d'être maculée de taches de graisse noirâtres. Quant aux têtes de mort, ce sont celles qui avaient été peintes sur les premiers chars allemands à la fin de la Première Guerre mondiale et elles furent associées aux premières troupes blindées et reprises par la jeune *Panzerwaffe* dès la fin de 1934. Notons que la tête de mort utilisée avant guerre par la SS était similaire et fut ensuite modifiée, « avec une mâchoire ». Cependant, cette analogie causera quelques douloureuses méprises ; des tankistes du *Heer* seront parfois abattus au cours d'exécutions sommaires, étant alors confondus avec des SS, souvent abattus par des soldats soviétiques mais aussi parfois par des soldats alliés occidentaux.

Cette tenue adoptée en 1934 se compose d'une veste croisée *(Feldjacke)*, d'un pantalon *(Feldhose)*, d'un béret rembourré *(Schutzmütze)* et d'une cravate ; tous ces effets sont de couleur noire. S'y ajoute une chemise grise.

La **veste croisée** se caractérise par sa coupe à pans croisés sans poche extérieure. Elle se ferme par quatre gros boutons, cachés, et trois petits boutons, visibles. Elle est en drap de laine, certains tailleurs la réalisent en tricotine. L'intérieur est partiellement doublé de tissu de coton gris, identique à celui de la doublure de la tenue feldgrau. On trouve deux poches à l'intérieur, celle de droite est à ouverture horizontale et celle de gauche est à ouverture verticale, la marque de confectionneur est habituellement cousue au-dessus. Cette veste est courte et cintrée, proche du corps, vêtement pratique permettant de se glisser dans l'espace étroit du panzer. La taille est ajustée par deux sangles intérieures. De dos, elle présente une couture verticale et deux pinces de cintrage, de part et d'autre.

L'**emblème national** *(Hoheitsabzeichen)* **de poitrine**, cousu sur la tenue depuis novembre 1935, est tissé blanc sur fond noir, avec deux variantes connues dans le dessin. Il sera gris souris sur fond noir à partir de 1940. Les officiers sont souvent dotés de l'insigne de la troupe, voire d'un insigne brodé en fil d'aluminium. Les officiers généraux, dans la mesure où par fantaisie ils revêtent la tenue noire, arborent un insigne brodé en fil d'or, toujours sur fond noir. Les **pattes de col** noires sont passepoilées à la couleur d'arme et portent la tête de mort, identique pour la troupe et les officiers. Cependant, les officiers du corps d'état-major des divisions blindées, si d'aventure ils prennent eux aussi la tenue noire, portent les *Litzen* à broderies en épis propres à leur état et les officiers généraux portent assez souvent les broderies à arabesques propres à leur grade *(Larisch-Stickerei)*.

La **couleur d'arme** était le **rose** pour les unités de transport de la *Reichswehr*, ce sera celle des *Kraftfahr-Kampftruppen*, les troupes motorisées de combat du IIIe Reich qui deviendront les *Panzertruppen* (troupes blindées). C'est celle qu'on trouve généralement sur les tenues noires, les *Feldjacken* étant aussi passepoilés autour du col. Mais la tenue noire est aussi portée par les membres des divisions de panzers ou de formations des réserves générales constituant l'équipage d'autres véhicules que les chars de combat : blindés des transmissions et du Génie, automitrailleuses des groupes de reconnaissance,

Casquette d'officier des panzers (passepoil rose) avec broderie canetillée et intérieur du bandeau de transpiration notant qu'elle a été contrôlée *(geprüft)* par la *3./Panzer-Regiment 5*. (Coll. privée - Photos F. Coune/Heimdal.)

Attributs d'uniforme des troupes blindées. De gauche à droite, et de haut en bas :

Rangée 1 : pattes de col de la *Feldjacke* noire, liseré rose - *Litzen* brodées d'officier pour *Feldbluse* feldgrau - pattes de col à têtes de mort et liseré jaune citron d'équipage de radio blindé.

Rangée 2 (pattes d'épaule) : *Unteroffizier* du *Panzer-Regiment 3*, fabrication 33-35 pour vareuse - *Unteroffizier* du *Panzer-Bataillon 20*, fabrication pour *Waffenrock* ou *Rock* passepoilé - *Oberfeldwebel* Mle 35 pour vareuse - *Feldwebel* d'une unité radio blindée (couleur d'arme jaune citron), pour *Feldjacke* noire - *Unteroffizier*, fabrication précoce dénotée par l'emploi du galon de sous-officier abandonné dès avant le début du conflit - *Unterfeldwebel*, fabrication de guerre pour *Feldjacke* noire - *Unteroffizier* avec passant de couleur servant à l'identification des bataillons au sein d'un régiment.

Rangée 3 (pattes d'épaule) : *Panzerschütze* du *Panzer-Regiment 7*, fabrication précoce pour tenue noire - Elève sous-officier du régiment de chars de la «*Grossdeutschland* », fabrication de guerre - *Reiter* d'une unité blindée de reconnaissance issue d'une unité de cavalerie - *Panzerschütze* du *Panzerjäger-Bataillon 47*, pour vareuse -*Reiter* d'une unité de cavalerie blindée de reconnaissance ; la bande jaune indique le IIIe bataillon d'une école de sous-officiers («U» : *Unteroffizier-Schule*) - *Leutnant* du *Panzer-Rgt 1* et *Major* des *Panzer*, ces deux dernières utilisées tant sur la *Feldjacke* noire que sur la *Feldbluse* felgrau.

Rangée 4 (aigles de poitrine) : Mles de troupe, à gauche tissés blanc jusqu'en 1940, à droite tissé gris de 1941 à 1945.

Rangée 5 : aigles d'officiers, tissés et brodés argent, à droite un aigle de général pour *Feldjacke* noire, brodé or sur fond noir. (Coll. W.Krempel - Photos F.Coune/Heimdal.)

canons antichars automoteurs, etc. Dans ce cas, une couleur d'arme différente est portée sur les blousons noirs, sur les pattes d'épaule, passepoils des pattes de col, passepoils autour du col. Ainsi à côté du rose, notons le **jaune d'or** qui est la couleur d'arme des groupes de reconnaissance, issues des unités de cavalerie, mais elle sera aussi celle du *Panzer-Regiment 24* (qui ne sera formé qu'en 1941 et rattaché à la *24.Panzer-Division*). Le **jaune citron** est la couleur des transmissions, le **blanc et noir** (torsadé) celui du Génie adopté en mai 1940. En fait, la couleur d'arme du Génie est le noir mais, pour des raisons visuelles (noir sur fond noir), le passepoil est torsadé noir et blanc autour des pattes de col, autour du col et sur le bonnet de campagne noir. Il reste noir dans tous les autres cas. Le **rouge vif** est la couleur de l'artillerie et des unités antichars. Le passepoil autour du col de la veste croisée noire sera abandonné en 1942, ainsi que le passepoil en V renversé du bonnet, mais continuera toutefois d'être porté après cette date.

La **chemise** *(Trikothemd)* modèle 1934 de couleur gris foncé dispose, contrairement à celle portée dans le reste du *Heer*, d'un col car la *Feldjacke* est quasi systématiquement portée col ouvert. Elle n'a pas de poches (celles-ci apparaîtront en juin 1943) et elle est à demi-boutonnage, généralement quatre boutons de tôle ou de carton compressé.

Le **pantalon** est particulièrement long, se présentant comme un fuseau de ski permettant de blouser sur les bottes, comme un pantalon de golf. Il dispose de quatre poches, deux latérales en biais et deux à l'arrière, fermées par un rabat à un bouton. Une ceinture incorporée de toile noire est fermée par une boucle de métal noirci à trois ardillons.

La **coiffure** est un bonnet de protection, *Schutzmütze*, qui serait inspiré du béret anglais. Il se compose de deux éléments, tout d'abord d'une coiffe qui est rembourrée par du caoutchouc et d'une coiffe amovible. Cette dernière est recouverte de feutre noir. L'intérieur est doublé de toile cirée et comporte en son centre l'étiquette, tissée, du confectionneur, sur les côtés, six évents caoutchoutés et, tout autour, un bandeau de transpiration analogue à celui des casquettes (voir page 34). Le couvre-coiffe, sorte de large béret, est retenu à la coiffe de protection par un élastique de deux centimètres de large. Quant aux **insignes**, on ne trouve à l'origine que la cocarde nationale entourée des feuilles de chêne du modèle initial, soit en aluminium soit brodée directement dans le couvre-coiffe. Mais un ordre du *30 octobre 1935* marque l'adoption de l'emblème national (l'aigle tenant la croix gammée) au-dessus des feuilles de chêne. Ces insignes sont tissés en fil blanc (puis gris souris, *mausgrau)* pour la troupe et en fil d'aluminium pour les sous-officiers.

Ce couvre-chef, lourd et peu élégant, ne suscite pas l'enthousiasme de ceux qui le portent - contrairement à l'uniforme noir - et son insuccès abouti à sa suppression en *janvier 1941*. En mai 1940, il est encore porté car l'intendance ne dispose pas de stocks de couvre-chefs de remplacement. Cependant, les photos de la Campagne de 1940 nous mon-

1

4

Schutzmütze, le béret des tankistes

1. Dès le début de la *Panzertruppe*, les tankistes allemands sont dotés d'un béret de protection, la *Schutzmütze*. Cette couverture d'un magazine, daté du 8 février 1944, présente la photo d'un *Leutnant* des panzers prise vers 1935, il arbore en effet le béret typique des débuts de l'arme blindée retiré (sans regrets) de la dotation en janvier 1941 mais aussi le baudrier, abandonné pour les officiers de panzers à l'issue de la Campagne de Pologne, à la fin de septembre 1939. En cette fin de guerre, cette image exprime la nostalgie des premières et brillantes victoires. (Coll. Heimdal.)

2. Marque de tailleur Erel sur une bande de transpiration de casquette. (Coll. privée - F. Coune/Heimdal.)

3. « Démontage » du béret montrant qu'il est enfilé sur une coiffe de feutre, destinée à amortir les chocs. Celle-ci est munie de six trous d'aération en caoutchouc noir. (Herman Historica.)

4. Intérieur de la coiffe, sexpartite, avec bande de transpiration en cuir. (Hermann Historica.)

5. Insigne BeVo (blanc sur fond noir), l'aigle national et cocarde entourée de feuilles de chêne. (Hermann Historica.)

6. Etiquette de tailleur à l'intérieur d'une coiffe avec mention de *Carl Halfar*, *Berlin N20 Prinzenallee N20*. (Hermann Historica.)

2

5

3

6

8

9

8. Patte de col *(Kragenpatte)* noire avec tête de mort en aluminium, identique pour l'officier et la troupe (mais plusieurs variantes pour le modèle) avec passepoil *(Vorstoss)* rose pour les chars.

9. Détail de la plaquette du cordon de tireur propre aux troupes blindées.

10. Le *Panzerkampfabzeichen* (insigne de combat des chars a été décerné pour trois assauts de char. Ici l'insigne, rare, pour vingt-cinq assauts.

(Coll. privée - photos F. Coune/Heimdal.)

11. Très rare insigne de combat de chars de la Legion Condor. On notera la tête de mort utilisée pour les tankistes allemands lors de la guerre d'Espagne. Voir aussi la tête de mort sur le béret page 5.

12. Titre d'argenture au revers de cet insigne.

(Coll. privée - photos E. Groult/Heimdal.)

10

11

12

trent que le bonnet de campagne *(Feldmütze)* noir est déjà en usage, mais la disponibilité étant encore insuffisante, le bonnet feldgrau modèle 34 est souvent porté à la place, d'autant plus qu'il fait partie de la dotation. Il en est de même pour la casquette à coiffe rigide *(Schirmmütze)* ou molle *(Feldmütze älter Art)*. Ce sont donc cinq modèles de couvre-chefs différents qu'on peut voir sur les têtes des tankistes allemands au printemps de 1940, principalement les trois premiers.

Et, jusqu'à la fin de l'année 1940, l'uniforme noir, pris pour le service dans les engins blindés et en tenue de défilé, ne constitue encore qu'une partie de la garde-robe du tankiste. Il perçoit aussi l'uniforme feldgrau du *Heer* : *Feldbluse*, pantalon, *Feldmütze* et casquette (sous-officiers et officiers), capote, se distinguant par la couleur d'arme. C'est ainsi qu'on voit page 73 un chef de char émergeant de la tourelle d'un panzer, en tenue feldgrau. Il porte aussi, jusqu'au début de la guerre, pour la tenue de sortie, le *Waffenrock* (voir pages 40 à 42). A compter de *la fin de 1940*, seule la capote feldgrau continuera d'être distribuée, les autres pièces de teinte feldgrau seront retirées de sa collection. Notons que le terme *feldgrau* est utilisé par tradition par rapport au terme de la Grande Guerre, la couleur réelle est alors gris-vert *(grüngrau)*.

Bibliographie

- Eric Lefèvre, *La Wehrmacht, insigne et attributs de l'Armée de Terre allemande*, Argout Editions, 1978.

- Wilhelm Krempel, *Le tankiste allemand de 1940,* in 39/45 Magazine n° 18, juin 1987.

- Werner Horn, *Die Uniformen der Panzertruppe und gepanzerten Verbände 1934-1945*, Podzun-Pallas, 2002.

L'auteur remercie E. Lefèvre pour ses conseils.

1

2

3

4

1. Cette *Feldmütze* noire d'officier avec aigle et cocarde nationale brodés canetillés, passepoil argent autour de la coiffe en haut et du revers désignant un officier. Très belle qualité officier d'un bonnet noir de la *Panzertruppe* de 1940. (Coll. privée/Photo F. Coune/Heimdal.)

2. Détail du précédent montrant le passepoil en V rose des panzers dépassant ici, pour un officier, de la couture en bas du calot, il est dit « sous couture » et est typique de l'assemblage d'une *Feldmütze* d'officier ou comme avec le modèle de la page 39. (Coll. privée/Photo F. Coune/Heimdal.)

3. Calot d'officier - à comparer au précédent - en tissu feldgrau. La couleur d'arme est ici noire (un peu passée avec le temps) et désigne le Génie. Chaque division de panzers disposait d'un bataillon du Génie. On verra que la qualité est ici inférieure à celle du précédent : le passepoil noir n'est pas passé sous-couture et les insignes sont simplement tissés. (Coll. privée/Photo F. Coune/Heimdal.)

4. Détail de la même *Feldmütze* montrant les insignes tissés. Les officiers des panzers pouvaient, en mai 1940, porter aussi une casquette ou un bonnet feldgrau, comme celui-ci, mais avec la couleur d'arme rose. (Coll. privée/Photo F. Coune/Heimdal.)

5

6

8

9

7

Deux casquettes d'officier modèle 1934, dites de l'ancien modèle après 1938 *(Feldmütze älter Art)*. Elles sont sans cordelières pour ce modèle. La première **(5** et **6)** présente les passepoils de couleur jaune citron, couleur d'arme des transmissions *(Nachrichten)*. L'intérieur **(7)** de cette casquette avec la marque du fabricant à Kassel et Hanovre et le nom de son ancien propriétaire : R. Schober. L'autre **(8** et **9)** présente la couleur d'arme bleuet (bleu foncé) d'un officier médecin. (Coll. privée - photos F. Coune/Heimdal.)

1

Tenue noire des panzers d'un *Oberleutnant*.

1 et **2.** Le blouson est en tissu de laine noire. Il porte à l'intérieur, sur la doublure, le tampon du magasin d'habillement *(Bekleidungsamt)* de Berlin. Les boutons sont en corne noire. Les pattes de collet sont entourées du passepoil rose des chars et portent des têtes de mort en aluminium. L'aigle tissé est gris sur fond noir. Les pattes d'épaule sont cousues à l'emmanchure comme il est d'usage en début de guerre. Elles sont aussi passepoilées de rose. Le pantalon est aussi en tissu de laine de couleur noire, avec une doublure blanche. (Hermann Historica.)

3. Calot noir des panzers pour les sous-officiers et la troupe. Le passepoil rose (couleur d'arme) en V inversé est rentré avant la couture à la base du calot. (Hermann Historica.)

3

2

3

1

1. Les vieilles traditions des uniformes prussiens remontant au XVIIIe siècle, à l'armée de Frédéric le Grand, ont été réactivées sous le IIIe Reich avec l'uniforme de défilé appelé *Waffenrock.* Cette tenue a ainsi été adoptée le 25 juin 1935 (*H.V.Bl.1935,* n°335 du 23 juin 1935). La dotation complète est prévue pour 1937, s'inspirant du *Waffenrock* royal du modèle adopté en 1842 puis impérial. Lors de l'unité allemande réalisée avec la fondation du IIe Reich, dans la Galerie des Glaces du château de Versailles sous l'égide de la Prusse, ces traditions militaires et uniformologiques de ce royaume à forte tradition militaire vont être adoptées. Elles sont rappelées essentiellement par les tresses *(Litzen)* de collet, typiques du XVIIIe siècle. Ces *Litzen* seront conservées sur les uniformes de la Reichswehr puis du *Heer* dans la Wehrmacht et, après guerre, dans la Volksarmee (restée très « prussienne »...) et dans la Bundeswehr, jusqu'à l'heure actuelle.

Le *Waffenrock* se rapproche le plus possible de la tradition, ainsi les poches, compromis moderne à l'aspect pratique de la tenue de combat, sont bannies de cet uniforme. Outre le collet *(Kragen)* en tissu vert foncé *(bläulichdunkelgrün)* tranchant sur le tissu *feldgrau* (plus précisément vert bleuté pour cette tenue), pour la troupe le tissu est un peu plus fin. Cet uniforme est muni de parements de manche *(Aufschlägen)*. Collet et parements en tissu vert foncé sont décorés de tresses *(Litzen)* aliminium placées sur une patte de tissu à la couleur d'arme *(Waffenfarbe)*, ici le rose *(rosa)* pour les panzers. Les tresses des parements sont munies de boutons ; à l'origine et par tradition, les parements pouvaient être déboutonnés et rabattus sur le haut de la main. La couleur d'arme est aussi présente par des passepoils *(Biesen)* placés autour des pattes d'épaule, le long du rabat de la veste, au bord supérieur des parements et le long du pantalon, ce dernier étant de couleur gris nouveau *(neugrau)*. L'aigle national est tissé en fil d'aluminium sur un tissu vert foncé. C'est ici la tenue d'un sous-officier distingué par un galon aluminium en haut des parements et sur le collet. Sur les autres tenues, le galon de collet est placé vers le bas, pour des raisons pratiques. Ici, par tradition, comme sur les parements, le galonnage est placé vers le haut, ce qui est particulier au *Waffenrock*. Cette tenue était utilisée pour la parade et comme tenue de sortie, mais elle n'était pas très appréciée par les soldats à cause de sa coupe un peu stricte et appelée humoristiquement par la troupe « *Kaiser-Wilhelm-Gedächtnisrock*» (« vareuse en souvenir de l'empereur Guillaume »). On cesse de la confectionner en début de guerre (fabrication arrêtée le 21 mars (*AHM 1940*, n° 427) et elle tombe rapidement en désuétude, conservée dans les armoires de leurs propriétaires jusqu'à la fin de la guerre... Cette tenue a été présentée à la vente le 9 octobre 2009 par Hermann Historica à Munich. (Hermann Historica.)

2. Le détail de cette tenue nous montre qu'elle était portée par un *Feldwebel* (adjudant) qui était encore *Gefreiter* (caporal) lorsqu'il l'a perçue en 1935, comme l'indique l'inscription à l'intérieur d'une poche intérieure, notons la mention sur l'étiquette du tailleur « Eduard zum Felde - Eisenach ». Le chiffre «7» sur la patte d'épaule désigne le *Panzer-Regiment 7*, l'un des régiments de la *10.Panzer-Division*. Cette tunique est doublée à l'intérieur de soie verte. (Hermann Historica.)

3. Ce *Waffenrock* de l'armée impériale daté, vers 1900, nous montre la filiation directe. Celui-ci était attribué à un porte-drapeau de l'*Infanterie-Regiment von Manstein Nr. 84*, un régiment recruté dans le Schleswig. La coupe est identique, y compris la façon de placer les galons de sous-officier, ici un *Vize-Feldwebel.* On remarquera aussi l'aiguillette de tireur de 1re classe. (Hermann Historica.)

2

1

1. Alors que le précédent *Waffenrock* était taillé dans de la *Gabardine* celui-ci est en tissu de laine *feldgrau*. Il s'agit là encore de la tenue d'un sous-officier, un *Unteroffizier* (sergent), avec ses galons sur le collet et les parements de manches. Là encore, les pattes d'épaule sont cousues aux emmanchures. A l'intérieur, sur la doublure en soie brune, une inscription nous renseigne sur l'unité de son propriétaire : *6./Pz.R.2* et la date de 1936. Ainsi, il faisait partie de la *1.Panzer-Division*, de la 6e compagnie de son *Panzer-Regiment 2*, à cette date. (Hermann Historica.)

2. A titre de comparaison, ce *Waffenrock* des années 1900 est d'une coupe identique à celui de la *6./Pz.R.2*. Celui-ci était porté par un officier du Ministère de la guerre. (Hermann Historica.)

Tunique de société de l'ancien modèle *(Rock älterer Vorschrift)*, une coupe remontant aux modèles de la Reichswehr où seules les poches de poitrine sont à soufflets. Ce modèle est dit *geschmückt* (passepoilé), rappelant ainsi le *Waffenrock.* La présence des poches, les parements en tissu feldgrau nous montrent les principales différences entre le *Waffenrock* et le *Rock*. En cette période d'avant-guerre et de début de guerre, un soin tout particulier est encore accordé aux uniformes. La couleur d'arme et le rose des panzers et la mention *A* et *5* sur les pattes d'épaule signalent qu'elle était portée par un membre de l'*Aufklärungs-Abteilung 5*, le groupe de reconnaissance de la *2.Panzer-Division*. Mais si ce n'est pas une tenue de défilé, c'est toutefois une tenue de société élégante car les membres de cette unité portaient aussi au combat la tenue noire des panzers ! (Hermann Historica.)

1

3

2

Le Panzer arme et propagande

Contrainte par les conditions du Traité de Versailles, l'Allemagne n'avait pas droit à une force blindée. Le Panzer I qui n'était qu'une automitrailleuse à chenilles ne pouvait pas inquiéter les vainqueurs de la Grande Guerre et il permettait d'instruire des milliers de tankistes aux subtilités de cette arme nouvelle. Mais ce fut aussi avant tout une arme de propagande. Hitler, qui bénéficiait des recherches de la *Reichswehr* pour doter l'armée de cette arme nouvelle, l'utilisa dans le cadre de parades militaires et des grandes manifestations du parti pour signifier que l'Allemagne pouvait relever la tête et sortir des humiliations du *Diktat* de Versailles.

1 et **2.** Les Panzer I défilent en longues colonnes à l'issue du *Reichsparteitag* de 1938 à Nuremberg pour le *Tag der Wehrmacht* (le jour de la *Wehrmacht*) (Arndt Samml.)

3. Les Panzer I défilent aussi à Vienne sur la Ringstrasse à l'issue de l'annexion de l'Autriche. (Arndt Samml.)

4. Ils défilent aussi devant Hitler à Berlin sur l'Ujazdowski-Allee, le 20 avril 1939, à l'occasion du 50e anniversaire d'Adolf Hitler. Les petits panzers portent déjà les croix blanches qu'ils arboreront cinq mois plus tard lors de la Campagne de Pologne. Mais ces blindés légers ne feront plus longtemps illusion ; ils seront en grande partie retirés du service après la campagne de mai-juin 1940 qui leur procurera encore une grande «chevauchée» à travers les plaines du Nord de la France. (Time Life.)

4

3 Les unités

Une compagnie de panzers s'est disposée pour la parade. Nous voyons là, en première ligne face à la rue, huit Panzer I modèles B avec leurs cinq galets de roulement et leurs quatre rouleaux porteurs et, à droite, cinq Panzer II. Les premières divisions seront tout d'abord équipées avec ces engins simples automitrailleuses à chenilles !... (Coll. privée.)

On estime souvent, à tort, que Hitler est le principal, ou même le seul, responsable du réarmement de l'Allemagne. En fait, celui-ci avait été déjà préparé, comme nous l'avons vu, dans le chapitre concernant les matériels, avant son accession au pouvoir. Et, si Hitler et son parti avaient été balayés politiquement, l'Allemagne aurait continué son réarmement, secrètement tout d'abord. L'humiliation et les conditions d'application du Traité de Versailles, entre autres sur le plan militaire, étaient très mal supportées par l'Allemagne et son armée. Dès 1925, le *Generalstab des Heeres* avait travaillé à un plan portant le nombre de divisions d'infanterie à 21, soit un **triplement des effectifs**. La *Reichswehr* avait entrepris, comme nous l'avons vu, un travail en commun avec l'industrie qui lui octroyait des fonds secrets. Une chance s'était alors présentée. La commission de contrôle interalliée (qui avait exigé en 1924 la dissolution de la «Reichswehr noire») avec ses effectifs clandestins contournant la clause des «100 000 hommes») avait perdu de son efficacité et s'était dissoute. Et, le 1er avril 1930, il avait été décidé de créer 16 nouvelles divisions ! Le programme de développement de l'armée était cependant freiné par la formation des cadres, plus que par la fabrication d'armement. Cependant, «l'armée de 100 000 hommes» avait été un vivier de cadres surinstruits, formés en plus grand nombre par une certaine rotation dans cette armée de métier. Les officiers pourront rapidement gravir les échelons, les sous-officiers rejoindre des formations pour officiers. C'est ainsi, par exemple, qu'en lisant un état des officiers du *14.(Badisches) Infanterie-Regiment* daté du 1er mars 1932, on note que son chef, le colonel Blaskowitz, deviendra chef d'un groupe d'armées (la *Heeresgruppe 3*) dès le 10 novembre 1938 et, en 1944, il commandera la *Heeresgruppe G* qui couvrira la moitié sud de la France. En 1932, son adjoint est le lieutenant-colonel von Vietinghoff-Scheel qui commandera le *XXXXVI.Panzer-Korps* le 1er novembre 1940 ! Ce corps des officiers est alors le meilleur du monde, le niveau des sous-officiers et des hommes du rang y est très élevé. L'armée de 100 000 hommes était réellement une armée de cadres ou de futurs cadres.

Ils étaient prêts à encadrer de nouvelles recrues dans ce plan de développement mais il avait échoué entre 1930 et 1931 car l'armement disponible ne permettait que d'armer les deux tiers des divisions prévues.

En **janvier 1932**, le commandement de l'armée avait repris le dossier visant à tripler le nombre des divisions et il devait s'étaler du 1er avril 1933 au 31 mars 1938 !... C'est la **République** de Weimar et la *Reichswehr* qui ont **mis en route le réarmement** dont Hitler profitera. Il ne fera que le prolonger, dans une totale continuité. Ainsi, le gouvernement a alors débloqué 484 millions de Mark, soit 127 millions pour l'Armée de Terre, 110 millions pour la future Armée de l'Air (déjà !), 187 millions pour les armes, munitions et matériels et 59 millions pour réaliser le réarmement. Par ailleurs, le **11 décembre 1932**, un mois et demi avant l'arrivée au pouvoir de Hitler, la Conférence de Genève a considéré l'Allemagne comme un membre à part entière du système défensif européen. La *Reichswehr* a ainsi obtenu le droit d'augmenter ses effectifs. La décision est aussitôt prise de doubler tous les cadres, officiers et sous-officiers.

Hitler arrive au pouvoir le **30 janvier 1933** et est nommé chancelier. N'est-il pas considéré par les instances gouvernementales et militaires comme l'homme énergique qui pourra mener à terme le plan de cinq ans ? Il lui faudra tout d'abord écarter les contraintes pouvant limiter ce réarmement. Le **17 avril 1934**, le Reich fait savoir qu'il rejette les décisions concernant le désarmement de l'Allemagne. Mais le réarmement restera encore discret. Une première crise est surmontée après la liquidation de Röhm qui souhaitait la création d'une milice populaire constituée par les millions de SA ; l'armée sera formée avec des conscrits. Cette année 1934 sera décisive. Diverses innovations sont mises en route,

1. Maximilian von Weichs commande la *1.Panzer-Division* à sa création puis le *XIII.AK* au début de la guerre. (Coll. J. Charita.)

2. Friedrich Kirchner commande la *1.Schützen-Brigade* dès le 1er mars 1938, puis la *1.Panzer-Division* à partir du 5 novembre 1939. (Coll. J. Charita.)

3. Le *Major* Walther Wenck est *Ia* de la *1.Panzer-Division* en 1939. On le retrouvera à la tête de la *12.Armee*, tentant de dégager Berlin en avril 1945... (Coll. J. Charita.)

comme la création de batteries de Flak et l'incorporation de 50 000 nouvelles recrues (encore des volontaires). Les divisions d'infanterie sont en voie d'être triplées.

Le **16 mars 1935**, Hitler décide que la Wehrmacht remplacera l'ancienne Reichswehr. Elle disposera de trois armes : l'Armée de Terre *(Heer)*, la Marine *(Kriegsmarine)* et l'Armée de l'Air *(Luftwaffe)*. Et, cinq jours plus tard, le **21 mars**, le service militaire obligatoire est rétabli. Ce processus devra fournir à la toute jeune Wehrmacht des effectifs équivalents à ceux de son voisin français, entre autres. Pour encadrer les appelés, 40% des hommes du rang de l'armée de métier seront fournis aux nouvelles unités. La classe 1914 est appelée dans sa totalité. En Prusse Orientale, on incorpore aussi la classe 1910. Le *Heer* compte maintenant 300 000 hommes. Le besoin en officiers est énorme. En 1935, on inscrit 200 élèves officiers dans les écoles. En 1938, on pourra sortir une promotion de 2 000 nouveaux officiers. Des sous-officiers de l'ancienne armée impériale sont réintégrés et 2 500 officiers de la *Landespolizei* sont mutés directement.

Cette année **1935** est aussi celle où l'Allemagne forge ses armes nouvelles : l'aviation et les chars.

Emblèmes de la *1.Panzer-Division*, le second a été utilisé à partir de mai 1940.

La **1.Panzer-Division** est constituée le **15 octobre 1935** à Weimar à partir d'éléments de la *3.Kavallerie-Division*. Elle comprendra le *Panzer-Regiment 1*, le *Panzer-Regiment 2* et l'*Artillerie-Regiment 73* qui formeront ensemble la **1.Panzer-Brigade**. Ainsi, les premières divisions de panzers sont constituées de deux brigades, la brigade blindée (forte de deux régiments de chars) et la brigade d'infanterie motorisée. Cette dernière, la **1.Schützen-Brigade**, est constituée avec le *Schützen-Regiment 1* et le *Krad-schützen-Bataillon 1*. La division comporte des unités d'appui et de services : *Aufklärungs-Abteilung (mot.) 4* (reconnaissance), *Panzer-Jäger-Abteilung 37* (chasseurs de chars), *Panzer-Pionier- Bataillon 37* (Génie), *Panzer-Divisions-Nachrichten-Abteilung 37* (transmissions), *Pz.Div. Nachschub-Truppen 81* (ravitaillement), *Feldersatz-Bataillon 73* (bataillon de dépôt). La division est tout d'abord commandée par le *General der Kavallerie* Maximilian Maria Joseph Reichsfreiherr (baron d'Empire) von Weichs zu Glon et passera sous le commandement du *Generalleutnant* Rudolf Schmidt (le 1er octobre 1937) puis sous celui du *Generalleutnant* Friedrich Kirchner (le 3 novembre 1939), après la campagne de Pologne. Son recrutement est composé de soldats principalement originaires de Saxe et de Thuringe, la principale ville de garnison étant Weimar.

Elle participera en 1938 à l'annexion des Sudètes et à celle de l'Autriche. Lors de la Campagne de Pologne, elle sera engagée au sein de la *10.Armee* (groupe d'Armées Sud) et atteindra les faubourgs de Varsovie en huit jours. Puis elle passera l'hiver 1939-1940 sur le front Ouest, et sera intégrée au *XIX.AK (mot.)* pour l'offensive à l'Ouest.

Notons que le second chef d'unité, le général Rudolf Schmidt, sera promu au commandement *XXXXIX.AK (mot.)* lors de l'offensive à l'Ouest. Quant à son chef en mai 1940, **Friedrich Kirchner**, il est né le 26 mars 1885 à Zöbigker près de Leipzig, en Saxe. Il choisit la carrière des armes, aspirant en 1906, il choisit l'infanterie puis rejoint la cavalerie. Il est *Oberst* (colonel) le 1er novembre 1934, promu *Generalmajor* le 1er novembre 1938, il commande la *1.Schützen-Brigade* avant de prendre celui de la division le 3

3. Werner Mummert commande l'*Aufklärungs-Abteilung 4*, le groupe de reconnaissance de la *1.Panzer-Division*. Il sera titulaire du *Ritterkreuz* (17 août 1942), des feuilles de chêne et des glaives. (Coll. J. Charita.)

4. L'*Oberst* Johannes Nedtwig commande le *Panzer-Regiment 1*. (Coll. J. Charita.)

5. Emblème du Panzer-Regiment 1 aperçu sur des chars en début de guerre.

1. Le *Generalleutnant* Friedrich Krichner commande la *1.Panzer-Division*. Il sera titulaire du *Ritterkreuz* le 20 mai 1940, des feuilles de chêne (qu'il porte ici) puis des glaives. (Photo W. Frentz.)

2. Nous le voyons ici en 1943 sur le front de l'Est. (ECPAD.)

novembre 1939 et sera promu *Generalleutnant* le 1er avril 1940, peu avant l'Offensive à l'Ouest. Il continuera sa carrière dans les troupes blindées, prenant le commandement du *LVII.Panzer-Korps*, du 15 novembre 1941 jusqu'à la fin de la guerre. Il obtiendra la Croix de Chevalier de la Croix de fer le 20 mai 1940, puis les feuilles de chêne (12.2.44) et les glaives (26.1.45). Il décédera à Fulda le 8 avril 1960.

Parmi les jeunes officiers, et ceux s'étant illustrés pendant la Première Guerre mondiale, qui encadrent cette nouvelle arme blindée, nous découvrons des noms qui deviendront célèbres au sein de la *Panzertruppe.* Certains simples commandants ou colonels deviendront plus tard des généraux qui se trouveront à la tête d'un corps ou d'une armée blindée.

Le *Major* **Walther Wenck** est le **Ia,** Ier officier d'état-major de la *1.Panzer-Division*. Né le 18 septembre 1900 à Wittenberg, il est aspirant dans le *Freikorps von Oven* en 1919 puis entre dans la *Reichswehr, Leutnant* d'infanterie en 1923. Il sera *Ia* de la division au début de la guerre, promu *Oberstleutnant* le 1er décembre 1940 puis *Oberst* le 1er juin 1942, enseignant à la *Kriegsakademie* puis sera chef d'état-major du *LVII.Pz.Korps,* titulaire du *Ritterkreuz* et de la Croix allemande en or le 26 janvier 1942. En charge de grands commandements puis *General der Panzertruppe* le 1er avril 1945 avant de commander la *12.Armee* qui devait dégager Berlin...

Werner Mummert commande l'**Aufklärungs-Abteilung 4**, le groupe de reconnaissance de la division. Il est né le 31 mars 1897 à Lüttewitz. Volontaire en

Le comte Strachwitz sera *Major* au sein du *Panzer-Regiment 2* au début de la guerre et deviendra une figure emblématique des troupes blindées. (Coll. J. Charita.)

1914, il est *Leutnant d.Reserve* en 1916. Démobilisé en 1918, il réintègre l'armée en 1936 et prend le commandement de l'*AA4*. Titulaire du *Ritterkreuz* le 17 août 1942, des feuilles de chêne le 28 mars 1944 (n° 429) et des glaives le 23 octobre 1944 (n°107), il sera *Generalmajor d. Reserve* le 1er février 1945, commandant la *Panzer-Division «Müncheberg»* à partir de janvier 1945 et mourra en captivité en URSS, dans le camp de Scuja, le 28 février 1950.

L'*Oberst* **Johannes Nedtwig** commande le **Panzer-Regiment 1**. Né le 7 janvier 1894 à Grammenz en Poméranie, il s'engage en août 1914 et il est promu *Leutnant d. Reserve* en 1916. Il réintègre l'armée en février 1921. *Oberstleutnant*, il commande le régiment et est promu *Oberst* le 1er février 1940. Il rejoindra l'état-major de la *2.Armee* en août puis commandera l'école des blindés à partir du 5 octobre, et il prendra ensuite le commandement de la *5.Panzer-Division* le 1er février 1943. Capturé par les Soviétiques le 22 juillet 1944, il rejoindra l'union des officiers allemands et sera finalement libéré le 6 octobre 1955, un destin singulier pour un ancien Kommandeur du *Panzer-Regiment 1*.

Hyazinth Graf Strachwitz von Gross-Zauche und Camminetz commande le **Panzer-Regiment 2**. Ce comte *(Graf)* de vieille souche aristocratique est né le 30 juillet 1893 à Gross Stein en Haute-Silésie. Il est *Leutnant* dans le prestigieux régiment des Gardes du corps en 1914, terminant la guerre comme *Oberleutnant*. Il va cependant quitter l'armée en 1921 pour la réintégrer en 1935, avec le grade de *Rittmeister der Reserve*, servant dans la cavalerie puis dans les troupes blindées. Il rejoint alors le *Panzer-Regiment 2* en tant que *Major* dès avant la guerre, y demeurant jusqu'à la fin de l'année 1942. Surnommé «*Panzergraf*» («le comte blindé»), il sera blessé treize fois au cours du conflit, titulaire du *Ritterkreuz* le 25 août 1941, puis des feuilles de chêne (13.11.42, n°144), des glaives (28.3.43, n°27) et des brillants (15.4.44, n°11), il commandera le *Pz.Gren.Rgt.«GD»*, sera *Höherer Panzerkommandeur* de la *Heeresgruppe Nord*, puis prendra la tête de la *Panzer-Lehr-Division*. Libéré en 1947, il décédera le 25 avril 1968 à Prien.

Le *Major* **Wend von Wietersheim** (à ne pas confondre avec le *General der Infanterie* Gustav von Wietersheim, chef du *XIV.AK (mot.)*, voir plus loin) commande le **Kradschützen-Bataillon 1**. Il est né le 18 avril 1900 à Neuland/Löwenberg. Aspirant en 1918, il est *Leutnant* de Hussards en 1919, puis continue sa carrière dans la *Reichswehr*. *Major*, il est *Adjutant* à l'EM de la *3.Panzer-Division* en septembre 1939 puis prend le commandement du *Kradschützen-Bataillon 1* le 5 mars 1940. *Oberst* le 1er avril 1942, titulaire du *Ritterkreuz* le 10 février 1942 (puis des feuilles de chêne - 12.1.43 - et des glaives - 26.3.44), *Generalmajor* le 1er novembre 1943, à la tête de la *11.Panzer-Division* (à partir du 10 juillet 1943), *Generalleutnant* le 1er juillet 1944. Prisonnier des Américains le 5 mai 1945, libéré en 1948, il décédera le 19 septembre 1975 à Bonn.

Le *Major* Wend von Wietersheim commande le *Kradschützen-Bataillon 1*. Par la suite, il commandera la *11.Pz.Div.*, titulaire du *Ritterkreuz* avec feuilles de chêne et glaives. (Coll. J. Charita.)

Prestation de serment de la *2.Panzer-Division* le 7 novembre 1935. (F. Steinzer.)

Emblème de la *2.Panzer-Division*.

La **2.Panzer-Division** est aussi créée le 15 octobre 1935, avec Würzburg, dans le nord de la Bavière, comme garnison principale. Elle est placée sous le commandement de l'*Oberst* Heinz Guderian, le créateur de la *Panzerwaffe,* et constituée à partir de membre de l'ancienne *Reichswehr* mais aussi d'effectifs issus de la police régionale, la *Landespolizei*, la «*Lapo*». C'est ainsi que le bataillon de transmissions µde la division est issu de la *Nachrichten-Hundertschaft* (compagnie) *München* (Munich) de cette «*Lapo*» bavaroise. La République de Weimar avait en effet constitué une police militarisée et encasernée pour faire face aux troubles éventuels (après la «terreur rouge» de l'après-guerre), l'équivalent de la gendarmerie mobile française. Et cette «*Lapo*» n'entrait pas dans les effectifs de la *Reichswehr*...

Sous l'autorité d'un tel chef et après les restrictions subies par le *Diktat* de Versailles, l'instruction s'effectua avec «*beaucoup, d'idéalisme et d'enthousiasme*» (Franz Steiner, *Die 2.Panzer-Division*, Podzun-Pallas

Heinz Guderian est le père de l'arme blindée allemande et prend tout naturellement le commandement de la *2.Panzer-Division* le 15 octobre 1935 puis celle du *XVI.AK (mot.)* le 1er avril 1938. Il sera décoré de la Croix de chevalier de la Croix de fer dès le 27 octobre 1939. (Coll. G.B.)

Drapeau de la *I./Pz. AR.74* (l'un des groupes d'artillerie de la *2.Pz.Div.)* à Korneuburg. Ces artilleurs, deux officiers encadrant le porte-drapeau, portent la tenue de parade, le *Waffenrock.* (F. Steinzer.)

Verlag, p. 9). L'utilisation de la radio au sein des unités était alors une innovation révolutionnaire.

La division était constituée sur le même principe d'une *Panzer-Brigade* à deux régiments de panzers, d'une brigade d'infanterie motorisée, et des unités d'appui et des services. Elle aligne ainsi la **2.Panzer-Brigade** avec le *Panzer-Regiment 3* et le *Panzer-Regiment 4*, la **2.Schützen-Brigade** avec le *Schützen-Regiment 2* et le *Kradschützen-Bataillon 2*, puis l'*Aufkl.-Abt. (mot.) 5*, l'*Artillerie-Regiment (mot.) 74*, la *Pz.Abwehr.Abt. 38*, le *Pionier-Batl. 38*, la *Nach. Abt.38*, etc. Mais cette nouvelle division ne dispose pas de toutes les structures nécessaires : de nouvelles casernes doivent être édifiées à Bamberg, Schweinfurt et Würzburg. Cette dernière garnison va abriter l'état-major de la division *(Div. Stab)*, les transmissions *(Nach.Abt.38)* et le Génie *(Pionier-Batl.38)*. A Schweinfurt sont stationnés le *Panzer-Regiment 4* et la *Pz.Abw.Abt.38,* à Bamberg, ce sont le *Panzer-Regiment 3* et des éléments de l'*Art.Rgt.73*, à Meiningen ce sont les *Schützen-Rgt.2* et le gros de l'*Art.Rgt.74*, à Eisenach/Bad Kissingen, le *Kradsch. Btl. 2* est en garnison et l'*Aufkl.Abt.5* à Kornwestheim.

Le colonel **Heinz Guderian** est né le 17 juin 1888 à Kulm, en Prusse Orientale et choisit la carrière des armes, aspirant en 1907. Il est en poste dans différentes unités de transmissions au début de la Première Guerre mondiale puis en état-major. Il termine la Grande Guerre avec le grade de *Hauptmann* (capitaine). On connaît ensuite (Cf. *supra)* son rôle déterminant dans la création de l'arme blindée allemande au côté du général Lutz. Il précisera sa doctrine d'emploi des blindés dans un ouvrage intitulé *Achtung Panzer !* qui sera publié en 1937, un peu moins de deux ans après sa prise de commandement de la *2.Pz.-Div.* Colonel dès le 1er octobre 1933, chef des unités motorisées le 1er juillet 1934, à la tête de la *2.Pz.-Div.* le 15 octobre 1935, il est promu au grade de *Generalmajor* le 1er août 1936, il sera *Generalleutnant* le 10 février 1938 puis *General der Panzertruppe* le 23 novembre de cette même année lorsqu'il aura pris le commandement du *XVI.AK (mot.)* (le 1er avril 1938), puis celui du *XIX.AK (mot.)* (le 26 août 1939) qui deviendra la *Panzer-Gruppe Guderian*, signalée par la lettre G peinte sur les véhicules de cette grande unité qui s'illustrera à l'Ouest (voir plus loin - 2e partie).

Le *Generalmajor* **Rudolf Veiel** lui succède à la tête de la division le 1er mars 1938 (jusqu'au 16 février 1942). Celui-ci est né le 10 décembre 1883 à Stuttgart. Aspirant en 1904, il sera *Leutnant* dans un régiment de Uhlans un an plus tard. Après 1918, il poursuit sa carrière dans la *Reichswehr*, promu *Oberst* le 1er décembre 1933, puis *Generalmajor* le 1er janvier 1937 et *Generalleutnant* le 1er octobre 1938, sept mois après avoir pris le commandement de la division. Il obtiendra la Croix de chevalier de la Croix de fer le 3 juin 1940. Il prendra le commandement du *XXXXVIII.Panzer-Korps* après son départ de la division. Relevé de son commandement (alors celui du *V.AK*) à la suite du complot du 20 juillet 1944, il décédera dans sa ville natale le 7 mars 1956.

Le départ de Guderian (4 février 1938) et l'arrivée de Veiel (1er mars 1938) correspondent au transfert de la division qui va prendre ses quartiers (en **février 1938**) en Autriche qui vient d'être rattachée au Reich ; elle deviendra aussi progressivement une division à recrutement autrichien. Etat-major, transmissions et *Schtz.Rgt.2* prennent leurs quartiers à Vienne, comme le IIIe groupe du régiment d'artillerie (dans l'Albrechts-Kaserne), les deux premiers groupes de l'*Art.Rgt.74* sont installés à Korneuburg, le *Pz.Rgt.3* à Mödling, le *Pz.Rgt.4* à Laxenburg, la *Pz.Abw.Abt.38* à Wöllersdorf, le *Kradsch.Btl.2* à Eisenstadt, le *Pionier-Btl.38* à Klosterneuburg et l'*Aufkl. Abt. 5* à Eggenburg. De nombreux cadres de la division, officiers et sous-officiers doivent prendre alors congé de leurs camarades pour rejoindre leur ancienne garnison de Würzburg où ils vont contribuer à la constitution d'une

1. Heinrich von Prittwitz und Gaffron prend le commandement du *Pz.Rgt.2* le 1er janvier 1936, puis de la *2.Panzer-Brigade* de la *2.Pz.-Div.*. Sur cette photo, il porte la grande Croix de l'Ordre de Malte *(Johanniter-Orden)*. (J. Charita.)

2. L'*Oberst* Heinrich von Prittwitz und Gaffron salue les troupes et prend congé du *Krad-Schützen-Bataillon (K2)* lors du transfert d'Eisenach à Bad Kisingen. (F. Steinzer.)

3. Fête d'adieu sur la place du marché *(Marktplatz)* de Kamenz le 2 octobre 1936. Les petits Panzer I de la *2.Panzer-Division* sont tassés en longues files. (F. Steinzer.)

nouvelle division, la *4.Panzer-Division*. Puis c'est la marche dans les Sudètes (septembre-octobre 1938). Les premières recrues autrichiennes rejoignent la division le 1er décembre, à son retour. En mars 1939, survient une nouvelle « Guerre des fleurs » *(Blumenkrieg)*, ainsi était qualifiée une autre annexion sans effusion de sang, avec l'accueil chaleureux, et avec des fleurs, des populations allemandes locales : c'est l'annexion finale et la constitution du Protectorat de Bohême-Moravie. Jusqu'à Brünn (Bno) et retour trois semaines plus tard. A l'été de 1939, d'autres cadres quittent la division pour aider à la formation de la toute nouvelle *10.Panzer-Division* à Prague. C'est aussi à cette époque que commence à être utilisé le *Wehrmachtkanister* (que les Alliés nommeront «Jerrycan», et qu'ils copieront), autre invention allemande promise à un grand avenir, matériel indispensable et décisif pour ravitailler les divisions motorisées et blindées. Le 20 août 1939, les effets personnels sont laissés dans les casernements, les hommes sont vaccinés, les plaques individuelles sont distribuées, les *Soldbücher* remplacent les *Truppen-ausweise*, l'air sent la poudre. Il faut alors traverser la Moravie face au premier objectif de la Campagne de Pologne, la forteresse de Cracovie, après avoir franchi une partie de Carpathes (col de Jablonka), au sein de la *14.Armee*, jusque dans la région de Rawa Ruska. Le succès est rapide mais avec des pertes sérieuses.

Parmi les officiers qui continueront à s'illustrer, nous remarquons, au sein de la *2.Panzer-Division*, **Heinrich von Prittwitz und Gaffron** qui est né le 4 septembre 1889 à Sitzmannsdorf. Comme la plupart des officiers que nous présentons dans ces pages, il est déjà aspirant peu avant la Grande Guerre, en 1908, et cet officier de tradition sert dans la cavalerie. Il rejoindra naturellement les blindés et, en 1935, il est *Oberstleutnant* (lieutenant-colonel) et prend le commandement du *Panzer-Regiment 2*. Promu *Oberst* le 1er janvier 1936, il passe à la tête de la *2.Panzer-Brigade* qu'il commande au début de la guerre et sera *Generalmajor* dès le 1er octobre 1940, il prendra la tête d'une nouvelle division blindée, la *14.Panzer-Division* puis commandera la *15.Panzer-Division* (à partir du 22 mars 1941) en Afrique et sera tué devant Tobrouk le 10 avril 1941, promu *Generalleutnant* à titre posthume.

Le **Panzer-Regiment 3** a été commandé par l'*Oberst* **Wilhelm Ritter von Thoma**. Celui-ci est né le 11 septembre 1891 à Dachau, en Bavière. Il est aspirant dans l'armée bavaroise en 1912. Pendant la Grande Guerre, son action lui vaut d'être décoré de l'Ordre bavarois de Max-Josef et de recevoir le titre de *Ritter* (chevalier). Il poursuit sa carrière après guerre, particulièrement au sein des *Schnelle Truppen* (troupes rapides). Il est promu *Oberst* le 1er avril 1938 et prend le commandement du *Panzer-Regiment 3*. Il le quittera le 5 mars 1940 pour prendre le commandement des *Schnelle Truppen* à l'OKH. Promu *Generalmajor* le 1er août 1940, il prendra le commandement de la *17.Panzer-Brigade* (16.12.40) puis de la *6.Pz.-Div.* (juin 1941) et de la *20.Pz.-Div.* (14.10.41), titulaire du *Ritterkreuz* le 31 décembre 1941, de nouveau à la tête des *Schnelle Truppen* (23.5.42), puis chef de l'*Afrikakorps* (1.9.42), capturé par les Britanniques deux mois plus tard. Il décédera à Dachau le 30 avril 1948.

L'*Oberst* Wilhelm Ritter von Thoma commandera le *Panzer-Regiment 3 (2.Pz.Div.)* jusqu'au 5 mars 1940. Il sera capturé par les Britanniques en novembre 1942 alors qu'il commandait l'*Afrika-Korps*. (Coll. J. Charita.)

Panzer II, *2.Panzer-Division*. Cette division traverse ici la Forêt des Ardennes. Nous voyons tout d'abord un Panzer II, armé de son canon KwK30 de 20 mm sur la gauche et d'une mitrailleuse en tourelle. Le marquage R02 (dans un losange) signale qu'il s'agit du char de l'adjoint *(Adjutant)* du commandant du régiment. A côté, les deux points signalant la *2.Panzer-Division*. Nous remarquons aussi le périscope du chef de bord sur le dessus de la tourelle et la plaque de blindage additionnelle montée à l'avant. Ce char de commandement est suivi par un Panzer I. (BA 382/248/33a.)

Emblème de la *3.Panzer-Division*

La **3.Panzer-Division** est attachée à la capitale du Reich. Elle est aussi créée le **15 octobre 1935** à l'ouest de Berlin, sur le terrain de manœuvres de Wünsdorf avec des recrues essentiellement prussiennes au cœur de ce Brandebourg qui a vu s'entraîner autrefois les troupes de Frédéric Le Grand. Elle a été constituée à l'issue de manœuvres se déroulant sur le terrain de Wünsdorf. La *3.Infanterie-Division (mot.)* lui a fourni ses premiers éléments. La **3.Panzer-Brigade «Berlin»** rassemble les *Panzer-Regiment 5 «Wünsdorf»* et le *Panzer-Regiment 6 «Eberswalde»*. La **3.Schützen-Brigade «Neuruppin»** aligne le *Schützen-Regiment 3* et le *Kradschützen-Bataillon 3*. Elle dispose aussi de l'*Aufkl.Abt. (mot.) 3*, de l'*Art.Rgt. (mot.) 75*, de la *Pz.Jäg.Abt.39*, du *Pz.Pi. Btl.39*, de la *Pz.Nachr.Abt.39*, des *Div.Nasch.Tr. 83* et du *Feders.Btl.83*.

Elle est liée à la ville de Berlin, par son numéro, le «3» qui est celui du *Wehrkreis* (région militaire), du corps d'armée lui correspondant *(III.Armee-Korps)* et des deux divisions qui en dépendent vers 1935 *(3.Inf.-Div.* et *13.Inf.Div.)*. Mais elle sera liée aussi à l'ancienne capitale de la Prusse devenue la capitale du Reich par les emblèmes qui orneront ses véhicules : une sorte de «peigne» symbolisant la Porte de Brandebourg au début de la guerre puis l'ours arboré sur le blason de la ville et qui sera peint sur les panzers quand la division combattra au cœur de l'URSS. Elle intervient tout d'abord au moment de l'annexion de l'Autriche, l'*Anschluss*. Au début de la guerre, en septembre 1939, elle fait partie du *XIX.AK (mot.)*, commandé par le général Heinz Guderian et rattaché à la *4.Armee*. Elle lance son attaque à partir de la Poméranie, au nord-est de Berlin et à l'ouest de la ville libre de Danzig, qui est alors la pomme de discorde entre l'Allemagne et la Pologne. Elle se dirige alors vers Thorn (nom allemand de Torún) puis parvient au sud de Brest Litovsk, dans un territoire polonais qui sera annexé par l'Union soviétique dans le cadre de l'attaque commune germano-russe contre la Pologne. En mai 1940, elle sera tout d'abord rattachée au *XV.AK (mot.)* du général Hoepner.

Elle est tout d'abord placée sous le commandement du *Generalleutnant* Ernst Essmann, jusqu'au 30 septembre 1937 puis sous celui du *Generalleutnant* **Leo Freiherr Geyr von Schweppenburg**, du 1er octobre 1937 au 6 octobre 1939. Ce baron *(Freiherr)* est né le 2 mars 1886 à Potsdam, au sud-ouest de Berlin, cité de garnison aux portes de la capitale de la Prusse. Cet aristocrate fait partie de la même génération que la quasi totalité des grands chefs des panzers, formés sous l'Empereur Guillaume II, il est aspirant en 1905 et participe à la Grande Guerre comme officier de cavalerie et dans différents états-majors, obtenant le grade de *Rittmeister* en 1915. En 1932, il est *Oberst* puis *Generalmajor* le 1er septembre 1935 et *Generalleutnant* à partir du 1er octobre 1937 (le jour où il prend le commandement de la *3.Panzer-Division*). Après avoir quitté ce commandement, le 6 octobre 1939, il prend celui du *XXIV.AK* le 15 février 1940 et sera promu *General der Panzertruppe* le 4 juin 1941, prenant successivement des commandements de corps d'armée blindés et sera chef de la *Panzergruppe West* au moment du débarquement allié en Normandie, devenant ensuite inspecteur des

Horst Stumpff, *Oberst*, commande la *3.Panzer-Brigade* en 1938 puis la *3. Panzer-Division* le 15 février 1940, *Generalmajor* le 1er mars 1939. (Coll. J. Charita.)

Le *Generalleutnant* von Schweppenburg. (Coll. J. Charita.)

troupes blindées de l'*Ersatzheer* (le 7 août 1944). Capturé par l'*US Army*, il sera libéré en 1947 et décédera le 27 janvier 1974 à Ischenhausen, âgé de 78 ans. Ce chef prestigieux aura été titulaire de la Croix de chevalier de la Croix de fer le 9 juillet 1941.

La division passe ensuite, le 7 octobre 1939 (et jusqu'en septembre 1940 puis du 5 octobre au 12 novembre 1940) sous le commandement du *Generalmajor* **Horst Stumpff**. Celui-ci est né le 20 novembre 1887 à Giessen, dans la Hesse. Toujours la même classe ! Il est aspirant en 1907 puis *Leutnant* dans un régiment d'infanterie en 1908. Après 1918, il poursuit sa carrière dans la *Reichswehr*. Il est ainsi *Oberst* le 1er juillet 1935 et commande la *3.Panzer-Brigade* puis, promu *Generalmajor* le 1er mars 1939, il commande toujours cette brigade de chars avant de prendre celui de la *3.Panzer-Division* le 15 février 1940, puis celui de la *20.Panzer-Division* le 13 novembre 1940, titulaire de la Croix de chevalier de la Croix de fer le 29 septembre 1941, inspecteur général des troupes blindées de l'armée de réserve en 1944, il décède le 25 novembre 1958.

Le commandement de la **3.Panzer-Brigade** est assuré, dès le 15 février 1940, par l'*Oberst* **Friedrich Kühn** qui sera *Generalmajor* le 1er juillet 1940, titulaire du *Ritterkreuz* trois jours plus tard, et qui commandera la *3.Panzer-Division* par intérim de septembre au 4 octobre 1940, puis prendra le commandement de la nouvelle *15.Panzer-Division* dès sa création quelques jours plus tard, puis celui de la *14.Panzer-Division*. Né le 7 août 1889 à Eutin, aspirant en 1909, combattant dans l'infanterie pendant la Grande Guerre, il fit carrière dans la *Reichswehr*, dans les troupes blindées à partir du 1er août 1936.

Ernst Wellmann sert dans le **Schützen-Regiment 3** depuis 1932. Il sera titulaire du *Ritterkreuz* avec feuilles de chêne, obtenus respectivement en 1942

1. Friedrich Kühn commande la *3.Panzer-Brigade (3.Pz.-Div.)* dès le 15 février 1940. Titulaire du *Ritterkreuz* le 4 juillet 1940, il commandera plusieurs divisions blindées. (Coll. J. Charita.)

2. Panzer I, Ausf. B, *3.Panzer-Division*. Le 14 juin, ces panzers viennent de franchir la Seine près de Nogent-sur-Seine. Ce Panzer I porte le numéro *I05*, signalant qu'il appartient à la *I.Abteilung* et qu'il est le char 05, le 5e, un blindé de reconnaissance de ce bataillon, en théorie. Notons aussi le symbole à trois dents (un «E couché»), identifiant la *3.Panzer-Division* et symbolisant aussi la Porte de Brandebourg. (NA.)

Titulaire du *Ritterkreuz* en 1942 et des feuilles de chêne en 1943, Ernst Wellmann a servi dans le *Schützen-Regiment 3* dès 1932 et jusqu'en 1942. (Coll. J.Charita.)

et 1943. Il sera à la tête de la *Panzer-Division «Holstein»* du 28 février au 25 mars 1945. Il décédera à Karlsruhe le 17 juillet 1970.

Les nouvelles divisions

En **1938**, après l'annexion de l'Autriche, l'armée allemande s'enrichit des effectifs et du corps des officiers, riches d'une grande tradition, de l'armée autrichienne. Le transfert de la *2.Panzer-Division* (cf. *supra*) laisse la place pour la création d'une nouvelle division de panzers : la **4.Panzer-Division**, constituée à Würzburg, le **10 novembre 1938**, en partie avec des effectifs provenant de la *2.Panzer-Division*. Elle comportera la **5.Panzer-Brigade** avec le *Panzer-Regiment 35*, le *Panzer-Regiment 36*, et l'*Artillerie-Regiment 103.* La **4.Schützen-Brigade** aligne deux régiments d'infanterie motorisée, le *Schützen-Regiment 12* et le *Schützen-Regiment 33*. Les autres unités sont la *Pz.Aufkl.Abt. (mot.) 7*, la *Pz.Jg.Abt. 49*, le *Pz.Pi.Btl.9*, la *Pz.Nachr.Abt.79*, les *Div.Naschsch .Tr.290* et le *Felders.Btl.84*.

Emblème de la *4.Panzer-Division*

Elle est commandée à partir du 10 novembre 1938 par le *Generalmajor* **Georg-Hans Reinhardt**. Celui-ci est né le 1er mars 1887 à Bautzen, en Saxe. Il est aussi aspirant en 1907 puis *Leutnant*, dans l'infanterie, en 1908. Après la Grande Guerre, il poursuit sa carrière dans la *Reichswehr* et est promu *Oberst* le 1er février 1934 puis *Generalmajor* le 1er avril 1937, avant de prendre le commandement de la division qu'il quitte le 4 février 1939, avant d'être promu *Generalleutnant* le 1er octobre de cette année et exercera divers commandements avant de prendre celui de la *Heeresgruppe Mitte* le 16 août 1944. Capturé par les Américains, condamné à quinze ans de prison, il est finalement libéré en juin 1952 et décède à Tegernsee le 23 novembre 1963. Il avait été titulaire de la Croix de chevalier de la Croix de fer le 27 octobre 1939, des feuilles de chêne le 17 février 1942 puis des glaives le 26 mai 1944, 68e soldat à les recevoir.

La division passe ensuite sous le commandement du *Generalmajor* Ludwig Ritter (chevalier) **von Radlmeier**, du 4 février 1939 au 10 février 1940. Celui-ci est né le 27 octobre 1887 à Freising, en Bavière. Il est aspirant dans l'armée bavaroise en 1906, servant ensuite dans l'infanterie. Il est *Oberst* le 1er avril 1935 puis *Generalmajor* le 1er juin 1938 et prend le commandement de la *6.Panzer-Brigade*, créée le 10 novembre de cette année, qui sera attribuée à la *1.Leichte Division*. Il restera à la tête de cette brigade au début de la Seconde Guerre mondiale. Il sera ensuite à la tête de la *5.Panzer-Brigade* le 23 octobre 1939 puis à celle de la *4.Panzer-Division* du 5 février au 8 juin 1941. Il décédera à l'hôpital de Tegernsee le 18 octobre 1943.

Le *Generalmajor* **Johann Joachim Stever** lui succède le 11 février 1940. Il est né le 27 avril 1889 à Berlin, aspirant en 1908 et *Leutnant* dans un régiment de chasseurs à pied en 1909. Après la Grande Guerre, il poursuit sa carrière dans la *Reichswehr* puis est *Oberst* le 1er décembre 1935, *Generalmajor* le 1er juin 1939, devient chef d'état-major du *XV.AK*, avant de rejoindre la *4.Pz.Div.* le 10 février 1940. Après avoir quitté le commandement de la division, le 23 juillet 1940, il prendra d'autres fonctions, quittant l'armée le 30 avril 1944 et décédera en mai 1945.

La *I./Panzer-Regiment 35* est commandée par le *Major* **Meinrad von Lauchert**. Né le 29 août 1905 à Potsdam, il n'entre dans la *Reichswehr* comme aspirant qu'en 1924, *Leutnant* dans un régiment de cavalerie en 1931. Dès 1938, il commande une compagnie du *Panzer-Regiment 35* puis se trouve à la tête de la **I./35** au début de la guerre. Il commandera le *Pz.Rgt.15* à partir du 7 août 1943 puis la *2.Panzer-Division* à partir du 15 décembre 1944, *Generalmajor* le 1er mars 1945 alors qu'il a à peine 40 ans. Il sera titulaire du *Ritterkreuz* le 8 septembre 1941 auquel s'ajouteront les feuilles de chêne le 12 février

(suite page 58)

Meinrad von Lauchert commande la *I./Pz.Rgt. 35 (4.Pz.-Div.)* au début de la guerre. Il sera *Generalmajor* le 1er mars 1945, il sera alors, âgé d'à peine 40 ans, titulaire du *Ritterkreuz* dès le 8 septembre 1941. (Coll. J. Charita.)

Willy Langkeit est *Hauptmann* et commande une compagnie du *Panzer-Regiment 36 (4.Pz.-Div.)* au début de la guerre. Il sera l'un des plus jeunes généraux de la *Wehrmacht*, *Generalmajor* le 20 avril 1945, âgé de 38 ans, après ses commandements successifs au sein des troupes blindées. (Coll. J. Charita.)

4.Panzer-Division

1. Panzer I Ausf. B (au premier plan), *4.Panzer-Division*. Les panzers légers, véritable cavalerie, légère foncent dans la plaine en Belgique, dans la trouée de Gembloux. Ces chars légers appartiennent à la 1re compagnie de la division. Les chiffres ont été grossièrement peints sur la tourelle du Panzer I au premier plan. (ECPAD.)

2. Panzer Ausf. A, *4.Panzer-Division.* Le 19 mai, ce Panzer I. Ausf. A franchit la Sambre à Montigny, au sud-ouest de Charleroi alors que la division se rabat vers le sud. Nous voyons ici le problème dont souffre ce premier modèle : la surchauffe du moteur. Une meilleure ventilation est assurée ici en laissant largement ouvertes les trappes d'accès à ce moteur. Les chiffres de cet engin de la 4e compagnie sont fins et peints en blanc. L'emblème de la division est visible entre les deux trappes du moteur. (NA.)

3

3. Panzer I Ausf. B, *4.Panzer-Division*. Les panzers subiront de lourdes pertes, particulièrement ces chars légers. Nous voyons ici l'un d'eux qui a été mis hors combat. Cette vue nous permet de voir plusieurs marquages, tout d'abord l'emblème de la division à l'arrière gauche, une rune de la vie dans un cercle. Sur la tourelle : II L5. Il signale le bataillon, L qu'il est léger *(leichte)* et 5 étant le numéro de l'engin à l'état-major du bataillon. Il appartient au *Panzer-Regiment 36*. (NA.)

Ci-dessous : emblème de la *4.Panzer-Division.*

4. Panzer I et Panzer II, *4.Panzer-Division*. Le 13 juin, les panzers de la *Gruppe Kleist* foncent dans l'intérieur de la France. Nous apercevons un Panzer I à droite et, devant, l'arrière d'un Panzer II portant le numéro 216 ainsi que l'emblème de la division, la rune de vie. Ces engins appartiennent au *Panzer-Regiment 36.* (BA 87/51/33.)

4

1

2

1. Panzer II, *4.Panzer-Division (Panzer-Regiment 35)*. 16 juin, Romilly, après le franchissement de la Seine, des panzers marquent une pause. Le chef de char a installé une chaise longue à l'arrière de la caisse, sur le capot moteur, pour profiter du soleil. Il s'agit d'un des premiers modèles de Panzer II. On aperçoit un Panzer III un peu plus loin sur la droite. (BA 85/43/14A.)

2. L'*Oberst* Hermann Breith commande la *5.Panzer-Brigade* à partir du 15 février 1940, puis la *3.Panzer-Division* le 22 octobre 1941. Il sera *General der Panzertruppe* le 1er mars 1943, titulaire du *Ritterkreuz* avec feuilles de chênes et glaives. (W. Frentz.)

1944 (n° 396), la croix allemande en or lui sera attribuée le 5 septembre 1943. Capturé par les Français le 8 mai 1945, libéré trois ans plus tard, il décédera à Stuttgart en 1987.

Né le 2 juin 1907 à Schuchten, quand d'autres étaient déjà aspirants, **Willy Langkeit** s'est engagé dans l'armée en 1924 et commande une compagnie du **Panzer-Regiment 36** au début de la guerre, avec le grade de *Hauptmann*. Il prendra ensuite le commandement du *Panzer-Regiment 36* (après avoir commandé son Ier bataillon) le 1er septembre 1942, recevant le *Ritterkreuz* le 9 décembre. Il prendra ensuite le commandement du *Panzer-Regiment «Grossdeutschland»* le 1er mars 1944 puis celui de l'*Ersatz-Brigade «GD»* et de la *Pz.Div. «Kurmark»*, ayant reçu les feuilles de chêne le 7 décembre 1943 (n°348). Il sera *Generalmajor* le 20 avril 1945, âgé de 38 ans, l'un des plus jeunes généraux de la *Wehrmacht* alors qu'il n'était que commandant de compagnie en 1940. Il décédera à Bad Bramstedt le 27 octobre 1969.

Notons aussi **Hermann Breith** qui est né le 5 mai 1892 à Pirmasens en Rhénanie, aspirant en 1910 dans l'infanterie, *Leutnant* à la fin de la Grande Guerre puis dans la *Reichswehr*, *Oberst* le 1er janvier 1939. Il commande le *Panzer-Regiment 36* au début de la guerre puis la *5.Panzer-Brigade* à partir du 15 février 1940, puis la *3.Pz.Div.* à partir du 22 octobre 1941. Il est titulaire du *Ritterkreuz* le 3 juin 1940 puis des feuilles de chêne (31.1.42, n°69) et des glaives (21.2.44, n°48). Il commandera le *III.Pz.K* à partir du 3 janvier 1941. Il décédera le 3 septembre 1964 à Pech.

3

4

3. Le *Generalleutnant* von Vietinghoff gen. Scheel.

4. Le *Generalleutnant* von Hartlieb gen. Walsporn.

Emblème de la *5.Panzer-Division*

La **5.Panzer-Division** est créée deux semaines plus tard, le **24 novembre 1938**, peu après le rattachement des Sudètes (effectué le 1er octobre 1938). Les trois millions d'Allemands des Sudètes, dont ceux du *Freikorps* local, fourniront des dizaines de milliers de nouvelles recrues et cette nouvelle division est ainsi constituée à Oppeln en Silésie, dans le *Wehrkreis VIII*, avec des recrues originaires majoritairement de Silésie et des Sudètes. Sa **8.Panzer-Brigade** est formée avec le *Panzer-Regiment 15* et le *Panzer-Regiment 31*, sa **5.Schützen-Brigade** est formée avec le *Schützen-Regiment 13* et le *Schützen-Regiment 14*. Elle aligne aussi l'*Aufkl.Abt. (mot.) 8*, la *Pz.Jäg.Abt. 53*, l'*Art.Rgt.(mot.) 116,* le *Pz.Pi.Btl.89*,

1. Le *Generalleutnant* Joachim Lemelsen commandait encore la *29.ID (mot.)* au début de l'offensive puis prend le commandement de la *5.Panzer-Division* au milieu de la bataille, le 29 mai 1940. (W. Frentz.)

2. L'*Oberst* Oswin Grolig commande le groupe de reconnaissance *(AA8)* de la *5.Panzer-Division*. Il commandera ultérieurement plusieurs divisions blindées, décédera dans un accident le 18 août 1944. (Coll. J. Charita.)

la *Pz.nachr.Abt.77*, les *Div.Nachsch.Tr.85* et le *Felders.Btl.85*.

Elle est tout d'abord placée sous le commandement du *Generalleutnant* **Heinrich von Vietinghoff genannt Scheel**. Il est né le 6 décembre 1887 à Mainz. Aspirant lui aussi en 1906, il est *Leutnant* dans un régiment de grenadiers en 1907 puis poursuit sa carrière et est promu *Oberst* le 1er avril 1933. *Generalmajor* le 1er avril 1936 puis *Generalleutnant* le 1er mars 1938, il se trouve à la tête de la division sept mois et demi plus tard, jusqu'au début de la guerre. Il la quitte le 17 octobre pour prendre le commandement du *XIII.AK* (le 26 octobre 1939) et sera décoré de la Croix de chevalier de la Croix de fer le 24 juin 1940. Il prendra d'autres commandements, dont le *XXXXVI.Pz.K* le 1er novembre 1940, commandera des Armées *(15.Armee* le 1.12.42, *10.Armee* le 15.8.43), le Groupe d'Armées «*Kurland*» (29.1.45). Il aura reçu les feuilles de chêne le 16 avril 1944 et décédera, après une carrière bien remplie, en 1952 à Pfronten.

Le *Generalleutnant* **Max von Hartlieb gen. Walsporn** (*genannt, gen.* en abrégé, signifie « nommé », nous dirions donc en français von Hartlieb dit Walsporn, il en est de même pour Vietinghoff, précédemment) prend le commandement de la division le 18 octobre 1939, après la Campagne de Pologne. Il est né le 20 octobre 1883 à Hienheim. Engagé en 1904, il est *Leutnant* dans un régiment d'infanterie en 1906. Il servira dans les unités rapides dès 1934, en prenant le commandement du *Schützen-Regiment 2 (2.Pz.-Div.). Oberst* le 1er avril 1934, *Generalmajor* le 1er avril 1937, il grimpe les échelons de la division, il sera tout d'abord à la tête de la *5.Panzer-Brigade* au début de la guerre. Il quitte la division le 21 mai 1940. Après avoir pris le commandement de la *179.Div.* (20 juin 1940), il n'aura ensuite que des commandements de l'arrière : *Korück 585, OFK 226, Div.St.z.b.V.601* et *602*. Il décédera à Starnberg le 25 juillet 1959.

Le *Generalleutnant* **Joachim Lemelsen** lui succède le 22 mai 1940. Né le 26 septembre 1888 à Berlin, il est aspirant en 1907 (lui aussi !), poursuivant sa carrière dans la *Reichswehr*, *Oberst* le 1er avril 1934, *Generalmajor* (1.4.37) puis *Generalleutnant* (1.4.39). Commandant tout d'abord la *29.Inf.-Div.(mot.)* au début de la guerre, on lui confie la *5.Panzer-Division* lors de l'offensive à l'Ouest et il recevra le *Ritterkreuz* le 27 juillet 1941. Il quittera la *5.Pz.-Div.* pour prendre le commandement du *XXXXVII.Panzer-Korps* (le 25 novembre 1940) puis de la *10.Armee*, de la *1.Armee* et de la *14.Armee*, titulaire des feuilles de chêne (7 septembre 1943), il est capturé par les Britanniques en mai 1945, libéré le 16 mai 1948. Il est décédé le 30 mars 1954 à Göttingen.

L'**Aufklärungs-Abteilung 8** est commandée par l'*Oberstleutnant* **Oswin Grolig.** Celui-ci est né le 6 janvier 1894 à Altona, près de Hambourg. Aspirant en 1913, *Leutnant* en 1914, il sert dans la cavalerie pendant la Grande Guerre. Il continue ensuite sa carrière dans la cavalerie puis dans des unités de reconnaissance. En septembre 1939, il est à la tête de l'*Aufkl.Abt.8* avec le grade d'*Oberstleutnant*. Il prendra le commandement du *Schützen-Regiment 33* le 24 juillet 1940, *Oberst* le 1er janvier 1941, titulaire de la Croix allemande en or le 2 janvier 1942, à la tête de la *1.Schützen-Brigade* le 15 février, et de la *1.Pz.-Gren.Brig.* le 5 juillet, dans la réserve le 15 décembre. Rappelé en septembre 1943, il prend le commandement de la *Panzertruppen Schule II* de Krampnitz en septembre 1943, *Generalmajor* le 1er novembre. A la tête de la *21.Panzer-Panzer-Division* le 15 janvier 1944 puis de la *25.Panzer-Division* le 1er juin, il décède dans un accident près de Litzmannstadt le 18 août 1944.

Signalons aussi **Johannes Streich**, né le 16 avril 1891 à Augustenburg dans le Holstein, aspirant en 1911, *Leutnant* en 1913, poursuivant sa carrière après la Grande Guerre, *Oberstleutnant* en 1935, prenant le commandement du tout nouveau *Panzer-Regiment 15*, *Oberst* le 1er avril 1938 et toujours à la tête du régiment au début de la guerre. Titulaire du *Ritterkreuz* (Croix de chevalier) le 31 janvier 1941, il prendra la tête de la *5.Panzer-Brigade* en janvier 1941 puis de la *5.Leichte-Division* en Libye le 7 février 1941, *Generalmajor* (7.2.41) puis *Generalleutnant* (1.10.43). Il deviendra inspecteur des troupes rapides (1er juin 1942) puis du *WKII* (1.6.43) et du *WKI* (avril 1945). Il décédera le 20 août 1977.

Ci-contre : l'*Oberst* Johannes Streich commande le *Panzer-Regiment 15* de la *5.Pz.Div.* Il sera titulaire du *Ritterkreuz* le 31 janvier 1941. (Coll. J. Charita.)

Ci-dessous : Panzer II, *5.Panzer-Division*. Rouen, cet engin marque une pause devant l'abbatiale Saint-Ouen alors que d'autres panzers de la division tentent de forcer un passage sur la Seine. Celui, avec son marquage de chiffres blancs et fins, appartient à la 1re compagnie. (BA 767/74/9C.)

Panzer I, Ausf. B, *5.Panzer-Division*. Dans le centre de Rouen, des immeubles sont en feu dans le quartier proche de la Seine, au nord du fleuve que la division tente de franchir. En tenue noire, le caporal émergeant de la tourelle porte un calot feldgrau, troisième solution pour un couvre-chef. On notera les cinq galets de roulement et les quatre rouleaux porteurs typiques du modèle B. (NA.)

Les divisions légères

Heinz Guderian avait proposé la création de nouvelles divisions blindées pour renforcer ces cinq premières divisions, mais des moyens insuffisants aboutissent à la création de « divisions légères » *(Leichte Divisionen)* qui sont en fait des divisions d'infanterie motorisée renforcées par un bataillon de chars. Ainsi, la **Leichte Division** possède deux régiments d'infanterie portés (appelées ici *Kavallerie-Schützen-Regiment*). Leurs effectifs ont été en partie réalisés avec ceux des divisions de cavalerie dissoutes et l'esprit de la cavalerie est présent dans la dénomination de ces régiments et dans l'utilisation de ces divisions : elles seront utilisées pour poursuivre l'ennemi rapidement après la percée des chars. Trois premières divisions ont tout d'abord été créées, une quatrième le sera après l'annexion de l'Autriche.

La **1.Leichte Division** est constituée le **1er avril 1938** à Wuppertal, en Rhénanie, dans le *Wehrkreis VI* avec la *Panzer-Abteilung 65*, le *Kav.Schtz.Rgt.4*, la *Krad-Schtz.Abt.6*, l'*AA6*, l'*Art.Rgt. 76.* Elle est tout d'abord placée sous le commandement du *Generalleutnant* Erich Hoepner (du 1er octobre au 23 novembre 1938) puis du Gen.Maj. Wilhelm von Loeper (du 24.11.38 au 9.10.39). Elle participera à la Campagne de Pologne au sein de la *10.Armee*. Nous la retrouverons, devenant *6.Pz.Div.*

La **2.Leichte Division** est constituée le 10 novembre 1938 en Thuringe, à Gera, sous les ordres du *Generalleutnant* Georg Stumme et aligne, en août 1939, la *Panzer-Abteilung 66,* le *Kav.Schtz.Rgt.6* et le *Kav.Schtz.Rgt.7* ainsi que l'*AA7*, l'*Art.Rgt.78* et la *Pz.Abt.42*. Elle participera aussi à la Campagne de Pologne au sein de la *10.Armee (XV.AK).*

La **3.Leichte Division** est constituée à Cottbus dans le Brandebourg *(WKIII)*, le 10 novembre 1938, avec la *Panzer-Abteilung 67* et les *K.S.R.8* et *K.S.R.9*, sous les ordres du *Generalmajor* Adolf Kuntzen. Elle participe aussi, comme la précédente, à la Campagne de Pologne, au sein du *XV.AK* de la *10.Armee*.

La **4.Leichte Division** est constituée à Vienne, *(WK XVII)*, le 1er avril 1938, peu après l'*Anschluss*, sous le commandement du *Generalmajor Dr* Alfred *Ritter* von Hubicki, avec la *Panzer-Abteilung 33*, le *K.S.R. 10* et le *K.S.R.11*. Elle participera à la Campagne de Pologne avec le *XVIII.AK* de la *14.Armee*.

mais aussi...

Emblème de la *10.Panzer-Division*

Une nouvelle *Panzer-Division* est toutefois alors mise sur pied : la **10.Panzer-Division** est constituée à Prague le **1er avril 1939** avec des éléments provenant encore de la *2.Panzer-Division* mais aussi avec des conscrits levés parmi les Allemands des Sudètes. Mais elle ne pourra participer à la Campagne de Pologne car elle est en cours de constitution au début de la guerre et sera placée en réserve. Elle est tout d'abord placée sous le commandement du *Generalmajor* Georg Gawantka (du 1er mai au 14 juillet 1939) puis du *Generalleutnant* **Ferdinand Schaal** (du 1er août 1939 au 2 août 1941). Celui-ci est né le 7 février 1889 à Fribourg dans le Pays de Bade. Il est aspirant en 1908 et *Leutnant* de dragons en 1909. Il restera dans la cavalerie en poursuivant sa carrière dans la *Reichswehr*. *Oberst* le 1er août 1934, *Generalmajor* le 1er janvier 1938, *Generalleutnant* le 1er avril 1939, c'est donc un général de 50 ans qui prend le commandement de la division, la menant au succès lors de l'offensive à l'Ouest, comme nous le verrons. Il sera récompensé par le *Ritterkreuz* remis le 13 juillet 1940 puis il prendra le commandement du *XXXIV.AK* (1.9.41), du *LVI.Pz.K.* (13.9.41). Il abandonnera tout commandement opérationnel le 1er août 1943 pour terminer la guerre comme commandant du *Wehrkreis* de Bohême-Moravie. Il décédera le 10 novembre 1962.

Ferdinand Schaal, *Generalmajor* le 1er janvier 1938 et *Generalleutnant* le 1er avril 1939, il commande alors la *10.Panzer-Division.*

Kurt Freiherr von Liebenstein est *Ia* de la *10.Panzer-Division* à partir du 25 février 1940. Capturé en Tunisie, il servira dans la Bundeswehr après guerre. (Coll. J. Charita.)

Kurt Freiherr von Liebenstein est né le 28 février 1899, aspirant en 1916, *Leutnant* de Dragons en février 1918 puis restera dans l'armée et sera *Oberstleutnant* en 1939. Il devient **Ia**, Ier officier d'état-major

(suite page 64)

1

1. Le *General der Panzertruppen* Ferdinand Schaal (1889-1962) commanda la *10.Panzer-Division*, avec le grade de *Generalleutnant*, du 1er août 1939 au 2 août 1941. (Hermann Historica.)

2. Sa vareuse passepoilée *(Geschmückte Feldbluse)* taillée dans une fine *Gabardine* (tissu de laine de qualité au tissage serré) *feldgrau* avec un collet vert foncé sur lequel sont cousus ses pattes de collet de général rouge vif *(hochrot)* avec broderies dorées, boutons dorés, aigle national brodé doré. Les rubans du rappel de la croix de fer de 1914 avec agraffe 1939 et de l'*Ostmedaille* sont encore en place ; trous de fixation pour l'EK I sur la poche gauche. Sur la doublure verte, étiquette de tailleur : *Berger, Collani & Co Berlin* - ainsi que l'étiquette donnant le nom de son propriétaire et la date d'acquisition : *Gen. Maj. F. Schaal - 27 Jan. 1938*. (Hermann Historica.)

2

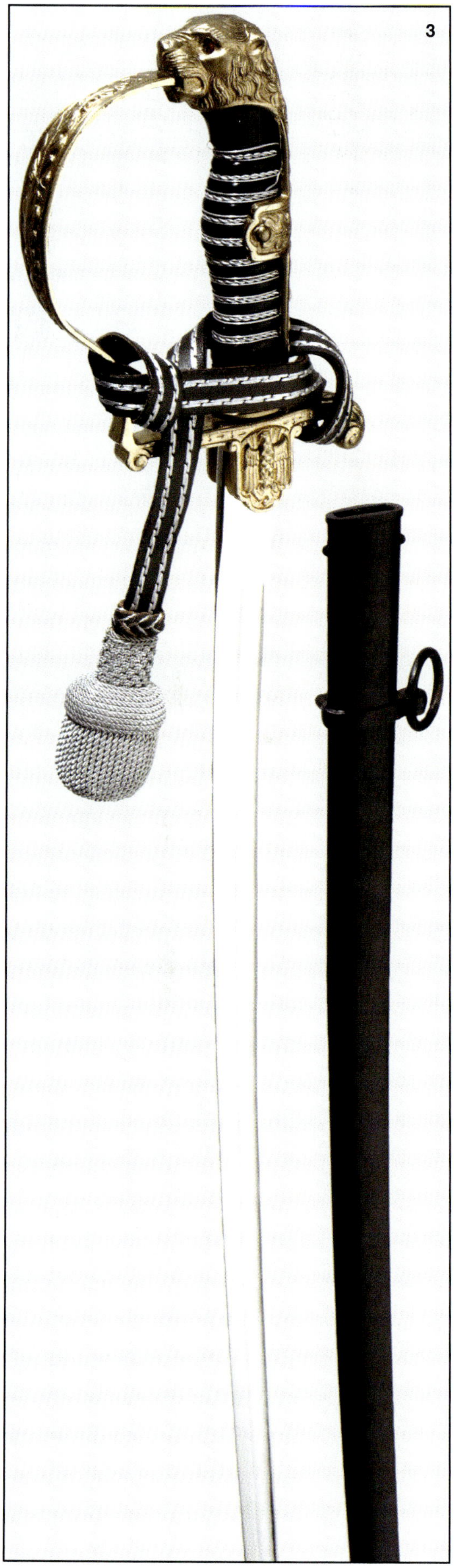

3

4

3. Sabre du général Schaal à tête de lion, *Löwenkopfsäbel «Scharnhorst»*, produit par la *Eickhorn Feldmarschallserie*. La lame nickelée est à gorge, avec la marque Eickhorn. Le pommeau à tête de lion est doré comme la monture et la garde, monogramme gothique FS sur la poignée, dragonne *(Offiziersportepee)*, fourreau en acier noir laqué de 102 cm de long. Belle qualité d'avant-guerre. (Hermann Historica.)

4. *Feldbinde* (ceinturon de grande tenue d'officier) avec son étui en cuir avec initiales FS. (Hermann Historica.)

5. Aiguillette dorée *(Fangschnur)*. (Hermann Historica.)

6. Etui à cigarettes en argent du général Schaal, portant ses initiales, des têtes de mort des Panzers et une croix gammée. (Hermann Historica.)

5

Franz Landgraf est *Oberst* et commande le *Panzer-Regiment 7 (10. Pz.Div.)* au début de la guerre. Il sera titulaire du *Ritterkreuz* dès le 16 juin 1940 et *Generalmajor* dès le 1er septembre 1940. (Coll. J. Charita.)

de la *10.Panzer-Division,* le 25 février 1940. Il sera chef d'état-major de la *Pz.Gr.2* le 1er février 1941, à la tête du *Pz.Rgt.6*, de la *3.Pz.Brig.* puis de la *164.Leichte Afrika Division*, capturé en Tunisie le 12 mai 1943. Titulaire du *Ritterkreuz* le 10 mai 1943, il servira dans la *Bundeswehr* et décédera le 3 juin 1975.

Cette division est toujours constituée d'une brigade de chars, la **4.Panzer-Brigade** avec le *Panzer-Regiment 7* et le *Panzer-Regiment 8*, et de la **10.Schützen-Brigade** avec le *Schützen-Regiment 69* et le *Schützen-Regiment 86*. Elle aligne aussi la *Pz.Aufkl. Abt.90*, la *Pz.Jäg.Abt.90*, l'*Art.Rgt. (mot.) 90*, le *Pz.Pi.Btl.49*, la *Pz;Nachr.Abt.90* et les *Div.Nasch.Tr.9 0*.

La *4.Panzer-Brigade* est tout d'abord commandée par Werner Kempf, *Oberst* le 1er avril 1935 puis *Generalmajor* le 18 janvier 1939. Nous le retrouverons à la tête de la *6.Panzer-Division.*

Franz Landgraf est né le 16 mars 1888 à Munich, aspirant dans l'armée bavaroise en 1909, *Leutnant* à la fin de la guerre. Continuant sa carrière militaire dans la *Reichswehr*, il est *Oberst* le 1er août 1936 et commande le **Panzer-Regiment 7** au début de la guerre, titulaire du *Ritterkreuz* dès le 16 juin 1940. Il sera promu *Generalmajor* le 1er septembre 1940 et commandera la *6.Panzer-Division* (à partir du 6.1.41) puis la *155.Res.Pz.Div.* Il décédera à Stuttgart le 19 avril 1944.

Ainsi l'Armée de Terre *(Heer)* avait disposé de divisions d'infanterie de première vague *(1.Welle)* constituée de 1934 à 1938, trente-neuf divisions d'active dont quatre d'infanterie motorisée, et les divisions de réserve (deuxième vague - seize divisions), troisième vague (treize divisions - disponibles au sixième jour de mobilisation), et quatrième vague (huit autres divisions - disponibles le même jour). A ces divisions s'ajoutaient, le 1er septembre 1939, les cinq divisions blindées, les quatre divisions légères, une division blindée en cours de constitution (la 10e) et des troupes de montagne.

Mais il apparaît alors que l'armée allemande n'est pas prête à affronter une guerre longue. Elle a remarquablement réussi l'expansion spectaculaire de son armée de terre en augmentant considérablement le nombre de ses divisions d'infanterie. Mais les divisions motorisées sont peu nombreuses et les divisions de panzers sont encore équipées, ce 1er septembre 1939, d'une majorité de chars légers (Panzer I et Panzer II) qui subiront de lourdes pertes en Pologne et ne feront pas le poids quelques mois plus tard, face aux B1bis et chars Somua français. Ils seront déjà dépassés et seuls les **116 Panzer IV**, qui seront alors disponibles, seront capables de les affronter. L'arme blindée allemande ne disposera pas encore en quantité des blindés dont elle aura besoin, ceux-ci seront construits pendant les années de guerre.

On peut donc rectifier plusieurs erreurs fréquemment présentées : - La *Wehrmacht* disposait en 1939 d'une force blindée considérable, supérieure à celle des Français et des Britanniques. Faux. Elle était équivalente en quantité et l'Armée Française disposait d'un nombre beaucoup plus élevé de chars moyens et lourds. C'est grâce à un excellent corps des officiers, à l'intelligence tactique, à l'utilisation des moyens dont elle disposait dans le cadre du « Blitzkrieg » que la *Wehrmacht* a pu gagner en 1939 et en 1940 face à un adversaire équivalent ou même supérieur en hommes et en matériel. C'est aussi un matériel encore très standardisé qui a contribué à ce succès. - Du beurre ou des canons ! Un professeur d'Histoire de classe de terminale affirmait à l'auteur de ces lignes, il y a trente-trois ans : « *L'Allemagne a résorbé son chômage par une industrie de guerre et cela aboutissait inévitablement à la guerre* », soit « *des canons plutôt que du beurre* ». Les idées toutes faites n'ont pas beaucoup évolué depuis. En fait, l'Allemagne était un pays pauvre et ruiné pendant les dix ans qui ont suivi la Grande Guerre. L'effort d'armement fut important si l'on considère que l'Allemagne est encore un pays relativement pauvre entre 1930 et 1940 mais il n'est pas beaucoup supérieur à l'effort militaire réalisé par la France dans les années qui précèdent la guerre. En fait, et cela sera encore vrai jusqu'en 1942, le gouvernement allemand **armera au minimum** pour réaliser une guerre éclair de courte durée qui ne demande pas de très gros moyens en matériel, jouant sur le bien-être matériel de la population. Le calcul était le suivant : le bon moral de la population entraîne son adhésion à l'effort de guerre. A partir de 1942, le changement est radical et la production de l'armement progresse très vite : la fabrication du Panzer III est de plus de 800 exemplaires en 1940, 1 713 en 1941, 2 446 en 1942, celle du Panzer IV est de 255 en 1940, 480 en 1941, 935 en 1942, 2 437 en 1943, celle du Panther sera de 3 858 exemplaires en 1944. Malgré le bombardement intensif du bassin industriel allemand, l'année 1944 verra les sommets de sa production de matériel de guerre, mais il est trop tard. Les Etats-Unis sont entrés dans le conflit.

En septembre 1939, l'armée allemande a réussi un extraordinaire redressement mais elle arrive relativement sous-armée dans la guerre : des chars moyens et lourds trop peu nombreux, une marine faible, une aviation qui ne pourra faire face à une guerre longue. Tout se joue sur le pari d'une guerre courte et peu coûteuse en hommes et en matériel, grâce à une guerre éclair qui permet, par une tactique habile de vaincre un adversaire équivalent ou même plus fort. Ce pari sera gagné jusqu'à l'été 1941 dans tous les cas. Il faillit réussir aussi en Russie mais échouera à l'hiver de 1941 face à un espace russe immense et quasiment dépourvu de routes. L'Allemagne perdra devant Moscou à cause de son *sous-armement* ! Un millier de chars supplémentaires et plusieurs milliers de camions chenillés auraient pro-

Panzer I Ausf. A, *10.Panzer-Division*. Cet engin est photographié lors d'une pause au Luxembourg. Il appartient à la 2e compagnie *(242)* du *Panzer-Regiment 8* (emblème du *Wolfsangel*) et au II.Bataillon *(II)* de ce régiment. (ECPA.)

Le même Panzer I. (Peinture de Jose Lopez Julio Caeiro.)

bablement permis un nouveau succès. Le 1er septembre 1939, la *Wehrmacht* est encore sous-équipée, elle a déjà perdu la guerre. Elle a misé sur l'intelligence de son état-major et de ses officiers, sur le courage de ses hommes et sur la bonne utilisation d'un matériel encore standardisé mais elle a oublié qu'au XXe siècle une industrie puissante et moderne pèse plus que l'intelligence et que le courage. Les Etats-Unis gagneront parce qu'ils auront lancé à plein régime une colossale industrie de guerre, une production d'armement qui atteindra des sommets ahurissants.

La Campagne de Pologne a montré toutes les limites de ce sous-armement. La mise sous protectorat de la Bohème-Moravie va en partie le résoudre et aussi permettre de transformer les « divisions légères » en divisions de panzers avant la grande offensive à l'Ouest. Le répit laissé par l'inertie de l'armée française lors de la « Drôle de Guerre » va laisser sept mois à la *Wehrmacht* pour restructurer ses unités blindées. La France a manqué le rendez-vous avec la victoire ; une attaque française en Sarre et dans le Palatinat alors que la *Wehrmacht* était occupée en Pologne aurait pu être très dangereuse pour l'armée allemande…

Quatre nouvelles divisions de panzers

Emblème de la *6.Panzer-Division*

Ci-dessus : à Paderborn en 1938, revue du *Panzer-Regiment 11 (6.Pz.Div.)*. On remarquera ici les tenues noires des panzers avec le béret, avec aiguillettes et gants blancs en tenue de parade pour la garde d'honneur du régiment. (Coll. privée.)

Ci-dessous : Richard Koll commande la *II./Pz.Rgt.11 (6.PD)* puis tout le régiment à partir du 1er janvier 1940. Il sera titulaire du *Ritterkreuz* le 15 juillet 1941. (Coll. J. Charita.)

La **6. Panzer-Division** est constituée le **18 octobre 1939** à partir de la *1.Leichte Division*, grâce au renfort de chars tchèques incorporés à la division, ce qui permet de porter la *Panzer-Abteilung 65* à un régiment plein : le *Panzer-Regiment 65* et même d'y adjoindre un second régiment, le *Panzer-Regiment*

Ci-dessus : Friedrich-Wilhelm von Loeper commande la *1.Leichte Division* puis la *6.Panzer-Division* jusqu'au 9 octobre 1939, titulaire du *Ritterkreuz* le 29 septembre 1941. (Coll. J. Charita.)

Ci-contre : Le *Generalmajor* Werner Kempf commande la *6.Panzer-Division*. Titulaire du *Ritterkreuz* dès le 3 juin 1940, il prendra le commandement du *XXXXVIII.Pz.Korps* le 6 janvier 1941 puis celui de la *8.Armee*. (Coll. J. Charita.)

11, qui avait été constitué dès le 12 octobre 1937. Ainsi cette division, comme les trois suivantes, n'a plus la structure de la *Panzer-Brigade* mais elle dispose toutefois de ses deux régiments de chars. Elle aligne donc les *Panzer-Regiment 11* et *Panzer-Regiment 65*, la **8.Schützen-Brigade** avec le *Schützen-Regiment 4* et le *Kradschützen-Bataillon 6*, mais aussi l'*Aufklärungs-Abteilung 57*, la *Pz.Jäg.Abt.41*, l'*Art.Rgt. (mot.) 76,* les *Pz.Div.Nachr.Tr.57* et le *Felders.Btl.57*.

Elle est commandée par le *Generalmajor* **Werner Kempf** succédant au *Generalmajor* Friedrich Wilhelm Loeper, qui avait commandé la *1.Leichte Division*. Le *Generalmajor* Kempf est né le 9 mars 1918 à Königsberg, en Prusse Orientale. Aspirant dans l'infanterie, lui aussi en 1906 (!), il sera *Hauptmann* et officier d'état-major à la fin de la Grande Guerre, puis il servira dans divers états-majors, en restant dans la *Reichswehr*. Il intègre très rapidement les troupes motorisées devenant chef d'état-major de l'inspection des troupes motorisées dès 1934, puis inspecteur des troupes motorisées en 1936, promu entre-temps *Oberst*, le 1er avril 1935. Il commande la *4.Panzer-Brigade (10.Panzer-Division)*, promu *Generalmajor* le 18 janvier 1939, il prend le commandement de la *6.Panzer-Division* le 1er octobre 1939 et sera titulaire du *Ritterkreuz* dès le 3 juin 1940 (recevant les feuilles de chêne le 10 août 1942, n°111). Il prendra la tête du *XXXXVIII.Pz.K* (6.1.41) puis de l'*Armee-Abteilung «Kempf»* (31.1.42), de la *8.Armee* (30.9.42 au 18.8.43) et enfin de la *Heeresgruppe Nord.* Il décédera le 6 janvier 1964 à Bad Harzburg.

L'*Oberstleutnant* (lieutenant-colonel) **Richard Koll** commande le **Panzer-Regiment 11**. Né le 7 avril 1887 à Kolberg, en Poméranie ; il est aspirant peu avant la Grande Guerre, promu *Leutnant*. Il continuera sa carrière dans la *Reichswehr*, rejoignant les *Schnelle Truppen,* les troupes rapides. Il est promu *Oberstleutnant* en septembre 1939, se trouvant à la tête de la *II./Pz.Rgt.11* puis prend le commandement de tout le régiment le 1er janvier 1940. Après la Campagne de France, il sera promu *Oberst* le 1er décembre 1940, titulaire du *Ritterkreuz* le 15 juillet 1941 et rejoindra l'OKW le 1er juillet 1943, comme chef des véhicules de combat, retrouvant un commandement opérationnel le 1er janvier 1944, avec la *1.Panzer-Division*, revenant ensuite à l'OKW le 25 février, *Generalmajor* le 1er août 1943 puis *Generalleutnant* le 1er janvier 1945. Il décédera le 13 mai 1963 à Bad Godesberg, en Rhénanie.

Emblème de la *7.Panzer-Division*

La **7.Panzer-Division** est constituée le **18 octobre 1939**, à partir de la *2.Leichte Division*, à Gera, dans le *Wehrkreis IX*. Elle ne dispose plus d'une *Panzer-Brigade* et alignait seulement la *Panzer-Abteilung 66*, forte d'une soixantaine de panzers au sein de la *2.Leichte Division.* Elle a été renforcée et fondue en un nouveau régiment de chars, le **Panzer-Regiment 25**. Lorsque le général Rommel prend le commandement de cette *7.Panzer-Division*, en février 1940, elle aligne : 37 Panzer I, 72 Panzer II - soit 109 chars légers ! - aucun Panzer III, seulement 23 Panzer IV et 48 chars moyens, tchèques, des *Panzer 38 (t)*, soit 180 panzers au total... Ce chiffre est trois fois plus important que le contingent de chars de la *2.Leichte Division*, mais il est encore insuffisant. Il sera finalement porté à **218** panzers dans les mois suivants. Notons toutefois que la *5.Panzer-Division*, constituée selon le schéma initial, est plus puissante, avec **324** panzers.

Le *Generalleutnant* Georg Stumme a commandé la *7.Panzer-Division* puis prend la tête du *XXXX.AK (mot.)* le 15 février 1940. Il décédera d'une crise cardiaque à El Alamein le 19 juillet 1940 alors qu'il se trouvait à la tête de la *Panzer-Armee «Afrika»*. (Coll. J. Charita.)

Au 10 mai 1940, le *Panzer-Regiment 25* sera au complet, sous le commandement de l'*Oberst* **Rothenburg**. Le régiment se répartit en trois bataillons dont la numérotation est un reflet de son historique : *66, I./23* et *I./25*. Chaque bataillon *(Abteilung)* comprend trois compagnies de combat et une compagnie de commandement. Chaque compagnie comporte trois sections de quatre panzers chacune.

La **Schützen-Brigade 7** (sous les ordres de l'*Oberst* Fürst), forte d'environ 400 hommes, aligne le *Schützen-Regiment 6* et le *Schützen-Regiment 7*, et la compagnie de canons automoteurs, la *sIG Kompanie 705*, dotée de six *15 cm sIG auf PzKpf I Ausf. B* (voir page 13). Le *Kradschützen-Bataillon 7*, bataillon motocycliste, faisant office d'unité de reconnaissance, est aussi rattaché à la brigade. Il est commandé par le *Major* Steinkeller.

Le groupe de reconnaissance est l'*Aufklärungs-Abteilung (mot.) 37*. Elle aligne une cinquantaine de véhicules blindés sous les ordres du *Major* Erdmann. - La *Panzerjäger-Abteilung 42* aligne 36 canons antichars de 37 mm sous les ordres de l'*Oberst* Mickl. - La *Leichte Flak-Abteilung 59* aligne des canons antiaériens légers automoteurs, commandés par le *Major* Schröder. - L'*Artillerie-Regiment 78* aligne 36 canons et obusiers de 105 mm, répartis en trois groupes, sous le commandement de l'*Oberst* Frölich - Le *Pionier-Bataillon 58* (Génie) aligne 950 sapeurs, un char et un pont mobile, sous les ordres du *Major* Binkau. La *Nachrichten-Abteilung 83* (transmissions) aligne 600 hommes sous les ordres du *Major* Müller.

La division est tout d'abord commandée par l'ancien chef de la *2.Leichte Division*, le *Generalleutnant* **Georg Stumme**. Celui-ci est né le 29 juillet 1886 à

Le *PzKpfw 38 (t)* équipe massivement la *7.Panzer-Division*. Nous voyons ici l'un d'eux avec des marquages signalant qu'il s'agit du 3e engin de la 2e section de la 1re compagnie. (Peinture Julio-Lopez Caeiro.)

Halberstadt, devient aspirant en 1906, lui aussi, puis *Leutnant* en 1907, poursuivant sa carrière dans la *Reichswehr*, *Oberst* le 1er août 1933. Il est ensuite promu *Generalmajor* le 1er août 1936, *Generalleutnant* le 1er avril 1938 et prend le commandement de la *2.Leichte Division* le 1er octobre. Il la mènera au combat en Pologne, participera à sa transformation en *Panzer-Division* pour la quitter le 14 février 1940 et prendre la tête du *XXXX.AK (mot.)* le 15 février 1940, titulaire du *Ritterkreuz* le 19 juillet 1940. Il prendra le commandement de la *Panzer-Armee «Afrika»* le 20 septembre 1942, décédant d'une crise cardiaque, un mois plus tard, le 24 octobre, près d'El Alamein.

Ainsi, le *Generalmajor* **Erwin Rommel** lui succède le 15 février 1940. Celui-ci est né le 15 novembre 1891 à Heidenheim, aspirant en 1910 puis *Leutnant* dans un régiment d'infanterie wurtembourgeois en 1942. Il se distingue tout particulièrement par sa bravoure lors de la Grande Guerre, en particulier lors de la bataille de l'Isonzo face aux Italiens, ce qui lui vaut la prestigieuse décoration *«Pour le mérite»*. Il poursuit ensuite sa carrière dans la *Reichswehr*, auréolé de sa gloire, auteur du livre *Die Infanterie greift an* (« L'infanterie attaque »), professeur pour de jeunes officiers, *Oberst* le 1er août 1937 et promu *Generalmajor* le 1er août 1939, occupant alors le poste de

L'*Oberst* Rothenburg commande le *Panzer-Regiment 25*. Nous le voyons ici en tenue noire et calot feldgrau en Belgique lors de l'offensive. (Coll.Heimdal.)

commandant du bataillon d'escorte du *Führer*. En poste auprès de Hitler, il obtient le commandement de cette nouvelle division de panzers qu'il conduira au combat avec beaucoup d'allant. Titulaire de la croix «*Pour le Mérite*» depuis le 10 décembre 1917, il recevra le *Ritterkreuz* dès le 27 mai 1940, les feuilles de chêne le 20 mars 1941 (n°10), les glaives le 20 janvier 1942 (n°6) et les brillants le 11 mars 1943 (n°6). On connaît le reste de sa fulgurante carrière jusqu'à sa mort tragique le 14 octobre 1944.

Le *Generalmajor* Erwin Rommel, arborant la prestigieuse croix *Pour le Mérite* autour du cou avec son *Ritterkreuz*. (Coll. Heimdal.)

1

2

L'état-major de la *7.Panzer-Division*

1. Le général Erwin Rommel, auréolé de son prestige dû à ses exploits lors de la Première Guerre mondiale, symbolisés par l'Ordre *Pour le Mérite (der Blaue Max)* pendant à son col comme le *Ritterkreuz* qui lui est déjà attribué.

2. Le général Rommel s'adresse à son Ia, son premier officier d'état-major, le *Major i.G.* Heidkämper, photo prise à Cherbourg à la fin de la campagne.

3. Lunettes de motocycliste sur la casquette, un repas très vite pris debout à quelques pas d'un des panzers de la 5e compagnie du *Panzer-Regiment 25*, cette photo symbolise bien la vitesse incroyable de cette division lors de la campagne de 1940, ce qui lui vaudra le surnom de division fantôme, *Gespenster-Division*. On distingue un prisonnier français à l'arrière-plan.

Emblème de la *7.Panzer-Division* peint sur les véhicules.

3

4. Rommel fait le point sur le terrain, au milieu des panzers marquant une pause lors de la progression. Il est entouré par l'état-major de son *Panzer-Regiment 25*.

5. Il s'adresse maintenant à l'*Oberst* Rothenburg, le chef du *Panzer-Regiment 25*. Il est coiffé d'un calot feldgrau alors que l'officier à côté de lui est coiffé du calot noir des panzers.

(Photos : National Archives, coll. G. Bernage.)

2

1

La 7.Panzer-Division

Engins et marquages

1. Nous voyons ici l'un des chars tchèques de la 1re compagnie du *Pz.Rgt.25*, le «114». Ses chiffres sont grands, peints en rouge avec un liseré blanc, type de numérotation propre à cette division.

2. Ces photos sont un témoignage du sous-armement des panzers de cette division. Ici, un autre char tchèque, le «212». Le 1er chiffre désigne la compagnie, le 2e la section, et le 3e l'ordre dans cette section. Ainsi celui-ci est le 2e char de la 1re section de la 2e compagnie.

3 et **4.** Deux Panzer II de cette même compagnie, le «241» et le «243», même séquence à la sortie d'un bois.

5. Cette autre photo, prise dans les plaines de Picardie, nous montre un Panzer IV, le «322». Notons la taille des chiffres sur la tourelle. Nous retrouverons un Panzer IV de la même section sur la photo suivante. Toutes ces photos proviennent de la «collection Rommel».

6. L'un des rares Panzer IV de la division, le «323», équipant la 3e compagnie. On notera que le chef de char ne porte pas la tenue des panzers et que deux des autres tankistes sont coiffés du calot feldgrau et non du béret noir, déjà en voie de disparition.

(Toutes ces photos : NA/Coll. Heimdal.)

3

4

5

6

7. La carcasse calcinée d'un blindé de reconnaissance, un SdKfz 221, détruit à Vis-en-Artois, près d'Arras. On remarquera la taille de la croix sur le flanc du véhicule et surtout le signe tactique à l'arrière indiquant que ce véhicule appartenait à la 1re compagnie de l'*Aufkl.Abt.37.* Notons aussi, que tous les coffres ont été ouverts pour récupérer le matériel qui s'y trouvait. (NA/Heimdal.)

7

1. *7.Panzer-Division*. Un groupe de commandement de cette division marque une pause après la traversée de la Meuse près de Dinant. Au premier plan, un Panzer II avec une tourelle encore dotée de nombreuses trappes de vision. Puis nous apercevons un *Panzerbefehlswagen* sur châssis de Panzer I. Les véhicules de commandement sont identifiables par leurs hautes antennes. On remarquera ici les numéros blancs, différents de ceux utilisés dans le reste de la division. (ECPAD.)

2. Panzer I Ausf., *7.Panzer-Division*. Les pointes de cette division entrent en France, comme nous le voyons avec cette photo très symbolique, prise à l'est d'Avesnes, près de Sivry, après avoir franchi la Meuse. Nous voyons le marquage en gros chiffres rouges bordés de blanc de cet engin de la 1re compagnie. Le code de la division est noté par Y renversé suivi de trois points. On notera l'arrière de la tourelle avec la large grille permettant une meilleure circulation de l'air autour des radiateurs. (NA.)

7.Panzer-Division

3

3. Panzer II (au premier plan) de la *7.Panzer-Division*. Les pointes de la division se préparent à franchir la Somme près de Condé-Folie. Sur l'arrière du Panzer II au premier plan, un des premiers modèles avec plusieurs trappes de vision, l'emblème de la division, un Y renversé et trois points. Du matériel est placé sur le dessus de la caisse à gauche et notons un drapeau à croix gammée pour signaler le panzer à l'aviation amie. (NA.)

4. Panzer I, *7.Panzer-Division*. Le coup de faux a maintenant tranché en deux les armées françaises, cette photo a été prise à Arras. Ces hommes donnent bien une idée de la petite taille de l'engin. Sous la trappe de vision, nous voyons le signe tactique de la division : un Y renversé suivi de trois petits points. (NA.)

4

5

5. Panzer II, *7.Panzer-Division*. A Saint-Valéry-en-Caux, le général Rommel a obtenu la capitulation de troupes françaises et britanniques. Un Panzer II de la *7.Pz.-Div.* ramène deux prisonniers britanniques de la *51st Highland Division*. Plus loin, on aperçoit un infirmier français. (NA.)

Les chars tchèques de la *7.Panzer-Division* jouent un rôle essentiel dans les plaines du Nord de la France. Nous retrouvons ici le «123». Cette photo a été prise depuis un véhicule blindé de commandement avec antenne cadre. (Coll. Heimdal.)

Emblème de la *8.Panzer-Division*

Adolf Kuntzen commande la *3.Leichte Division* devenue la *8.Panzer-Division*. Il est *Generalleutnant* le 1er avril 1940. Titulaire du *Ritterkreuz* dès le 3 juin 1940. On remarque sa signature sur cette photo dédicacée. (Coll. J. Charita.)

La **8.Panzer-Division** est constituée le **16 octobre 1939** à Cottbus, dans le *Wehrkreis III*, à partir de la *3.Leichte Division*. Son régiment de panzers, le **Panzer-Regiment 19** est constituée à partir de la *Panzer-Abteilung 67*, issue de la *3.Leichte Division*. La **8.Schützen-Brigade** est constituée avec le *Schützen-Regiment 8* et le *Kradschützen-Bataillon 8*. La division aligne aussi l'*Aufkl.Abt.59*, la *Pz.Jäg.Abt.13*, l'*Art.Rgt. (mot.) 80*, le *Pz.Pi.Btl.59*, la *Pz.Nachr.Abt.84*, les *Div.Nasch. Tr.59* et le *Felders.Btl.59.*

Elle est commandée par le *Generalleutnant* **Adolf Kuntzen** depuis le 1er octobre 1939. Celui-ci est né le 26 juillet 1889 à Magdeburg, aspirant dans la cavalerie en 1909 puis *Leutnant* dans les Hussards en 1910, il reste ensuite dans la *Reichswehr*, *Oberst* le 1er octobre 1934. Il commande la *3.Leichte Division* dès le 10 novembre 1938 et, tout naturellement, il conserve son commandement lors de la formation de la *6.Pz.Div.*, il le gardera jusqu'au 19 février 1941. *Generalleutnant* le 1er avril 1940, il sera titulaire du *Ritterkreuz* dès le 3 juin. *General der Panzertruppe*, il prendra le commandement du *LVII.Pz.Korps* le 15 mars 1941 puis d'autres commandements *(XXXII.AK, LXXXI.AK)* et quittera l'armée le 9 juillet 1964. Il décédera le 9 juillet 1964.

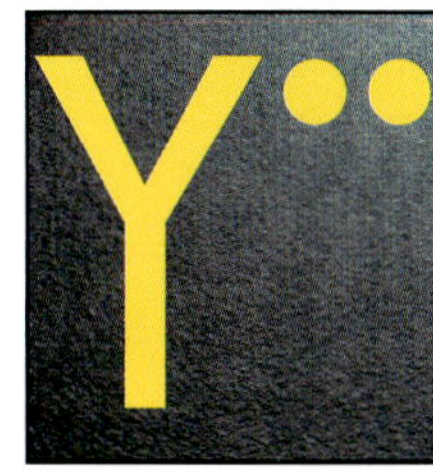

Emblème de la *9.Panzer-Division*

La **9.Panzer-Division** est constituée trois mois plus tard, le **3 janvier 1940**, à partir de la *4.Leichte Division*. Cette dernière disposait de la *Panzer-Abteilung 33*, ce bataillon deviendra un régiment, le **Panzer-Regiment 33**, avec la nouvelle division. N'ayant plus de Panzer-Brigade, elle dispose toutefois de la **9.Schützen-Brigade** avec le *Schützen-Regiment 12*, le *Schützen-Regiment 331* et le *Kradschützen-Bataillon 59*. Elle aligne aussi les unités habituelles : *Aufklärungs-Abteilung (mot.) 9, Panzerjäger-Abteilung (mot.) 9, Heeres-Flak-Artillerie-Abteilung 287, Panzer-Pionier-Bataillon 86, Panzer-Artillerie-Regiment (mot.) 102, Nachrichten-Abteilung 60, Pz.Div.Nachsch.Tr.60, Felders.Btl.160.*

Elle est commandée par le *Generalmajor* **Alfred Ritter von Hubicki**. Celui-ci est né le 5 février 1887 à Friedrichsdorf en Hongrie. Il est aspirant dans l'armée de l'Empire austro-hongrois en 1905, la Grande Guerre et il poursuit sa carrière dans l'armée autrichienne, *Generalmajor* le 24 décembre 1935, à la tête d'une division motorisée. Intégré à la *Wehrmacht* en 1938, il devient chef de la *4.Leichte-Division* qui est transformée en *9.Panzer-Division*. Il suivra le destin de l'unité jusqu'au 14 avril 1942. Promu entre-temps *Generalleutnant* (le 1er août 1940), puis *General der Panzertruppe* le 1er octobre 1942, après avoir pris le commandement du *Korps Schelde* le 1er août 1942, et du *LXXXIX.Pz.-Korps* le 24 octobre. Il avait été titulaire du *Ritterkreuz* le 20 avril 1941 et de la Croix allemande en or le 22 avril 1942. Il passera ensuite

Alfred Ritter von Hubicki. (J.Charita.)

à l'OKH avant de devenir chef de la mission militaire allemande en Slovaquie (le 26 juillet 1944). Il prendra sa retraite de l'armée en 1945 et décédera le 14 juillet 1971.

Ainsi les trois dernières divisions de panzers constituées ne disposent dorénavant que d'un seul régiment de chars ce qui sera le lot de toutes les divisions dans quelques mois. Avant le lancement de l'Opération *«Barbarossa»*, les brigades de panzers disparaîtront pour faire place à des divisions disposant toutes d'un seul régiment de panzers. Les sept régiments ainsi libérés serviront à constituer de nouvelles divisions, plus d'unités mais moins de puissance pour chacune. Ainsi, la *11.Panzer-Division*, constituée le 1er août 1940, peu après la victoire à l'Ouest, sera mise sur pied avec le *Panzer-Regiment 15* issu de la *5.Panzer-Division*. La *13.Panzer-Division,* constituée le 11 octobre 1940, sera mise sur pied avec le *Panzer-Regiment 4* issu de la *2.Panzer-Division*. La *14.Panzer-Division,* constituée le 15 août 1940, sera mise sur pied avec le *Panzer-Regiment 36* issu de la *4.Panzer-Division*. La *15.Panzer-Division,* constituée le 1er novembre 1940, sera mise sur pied avec le *Panzer-Regiment 8* issu de la *10.Panzer-Division*. La *16.Panzer-Division,* constituée le 1er novembre 1940, est mise sur pied avec le *Panzer-Regiment 2* issu de la *1.Panzer-Division.*

L'ordre de bataille le 10 mai 1940

La veille de l'offensive, neuf des dix divisions blindées sont réparties dans quatre corps d'armée motorisés.

Les panzers au sein de la *Heeresgruppe A*

Le coup de faux à travers les Ardennes et le Luxembourg sera mené par la *Heeresgruppe A* placée sous le commandement du *Generaloberst* Gerd von Rundstedt. C'est le fer de lance du plan de von Manstein et la **Gruppe von Kleist** en est le poing d'acier qui doit percer le front français, il rassemble la moitié des divisions de panzers réparties en deux corps d'armée (XIXe et XXXXIe), le troisième corps (XIVe) rassemble trois divisions d'infanterie motorisée, une force considérable.

Il est placé sous le commandement du *General der Kavallerie* **Ewald von Kleist**. Né le 8 août 1881 à Braunfels an der Lahn, en Hesse, il porte un nom célèbre ; il suffit d'évoquer Ewald Christian von Kleist (1715-1759), poète, et surtout Heinrich von Kleist (1777-1811), petit neveu du précédent, militaire puis écrivain, auteur d'ouvrages célèbres *(La cruche cassée, Katherine de Heilbronn, La Bataille d'Hermann* et surtout *Le Prince de Hombourg).* Aspirant en 1900, *Leutnant* en 1902, il étudie à la *Kriegsakademie* de Berlin à partir d'octobre 1910 puis sert dans le *Husaren-Regiment 14* à partir d'avril 1912, devient *Hauptmann*, commandant un escadron du *Leibhusaren-Regiment 1*. Lors de la Grande Guerre, il participe à la bataille de Tannenberg, devient officier d'état-major *(Ia)* au sein du *XVII.AK*. A l'issue de la défaite allemande, il combat avec les Corps Francs puis entre dans la *Reichswehr.* Promu *Major* le 1er février 1922, il est professeur de tactique à l'école de cavalerie de Hanovre. Promu successivement *Oberstleutnant* le 1er décembre 1926 et *Oberst* le 1er octobre 1929, il est chef d'état-major de la *2.Kavallerie-Division* (de janvier à juin 1929), chef d'état-major de la *3.Infanterie-Division* (de juillet 1929 à janvier 1931). Il commande ensuite l'*Infanterie-Regiment 9* puis, à partir de février 1932, la *2.Kavallerie-Division*, promu *Generalmajor* le 1er octobre, puis *Gene-*

Ci-dessus : Von Kleist est à la tête d'une *Panzergruppe* dont les exploits seront magnifiés. Il finira sa vie dans un camp de prisonniers en URSS. (W. Frentz.)

Ci-contre : Ewald von Kleist, porte un nom célèbre de l'histoire littéraire mais surtout de la Prusse. *Generalmajor* dès le 1er octobre 1932, occupe de hautes fonctions et sera à la tête du groupe blindé portant son nom lors de l'offensive à l'Ouest, sera promu *Generalmajor* le 19 juillet 1940, *Generalfeldmarschall* le 1er février 1943, commandant un Groupe d'Armées. Il décédera le 16 octobre 1954, prisonnier des Soviétiques, âgé de 73 ans. (Coll. J. Charita.)

Ci-dessus : le *General der Panzertruppe* Heinz Guderian disposera du plus puissant corps blindé à l'Ouest. (W. Frentz.)

Ci-contre : le *General der Panzertruppe* Georg Hans Reinhardt avait commandé la *4.Panzer-Division*, il est à la tête du *XXXXI.AK (mot.)* le 10 mai 1940. (Coll. J. Charita.)

ralleutnant le 1er décembre 1933 et *General der Kavallerie* en août 1936, commandant le *VIII.Armee-Korps* de mai 1935 à février 1938. Il est alors mis en réserve puis rejoint le service actif à la veille de la guerre, commandant le *XXII.Armee-Korps* lors de la Campagne de Pologne. C'est ainsi qu'il se trouve à la tête de la ***«Panzergruppe Kleist»*** lors de l'offensive de mai 1940. Il reçoit le *Ritterkreuz* le 15 mai 1940 et est promu *Generaloberst* le 19 juillet.

Lors de la Campagne des Balkans, il est toujours à la tête de la *Panzergruppe 1*, qui deviendra *1.Panzer-Armee* et qu'il commandera jusqu'en septembre 1943. On lui confiera alors le commandement de la *Heeresgruppe A* et il est promu *Generalfeldmarschall* le 1er février 1943, prenant ensuite le commandement de la *Heeresgruppe Südukraine* le 9 mars 1943. Il avait reçu les feuilles de chêne le 17 février 1943 (n°72) et recevra les glaives le 30 mars 1944 (n°60) mais sera limogé le lendemain. Son destin tragique commence alors. Capturé par les Britanniques à la fin de la guerre, ceux-ci le livrent à Tito, qui le réclament pour crimes de guerre - il avait dirigé l'offensive dans les Balkans - et les Yougoslaves le condamneront à quinze ans de captivité, ce qui reste «modéré» en considérant les milliers d'exécutions qu'ils ont perpétrées... Les Soviétiques le réclament à leur tour et Tito leur livrera le maréchal von Kleist qui sera prisonnier dans le camp de Wladimirovka, situé à 300 km au sud-est de Moscou ; il y décédera le 16 octobre 1954, âgé de 73 ans.

Le **XIX.Armee-Korps (mot.)** dispose des *1.Panzer-Division*, *2.Panzer-Division* et *10.Panzer-Division*. C'est le plus puissant, par le nombre de ses divisions de panzers et toutes ses divisions sont à deux régiments de chars. Il aligne ainsi 521 chars légers (Panzer I et Panzer II) et seulement 278 chars moyens et lourds.

Il a été constitué à Vienne le 1er juillet 1939, contrôlant alors la *2.Panzer-Division* et la *4.Leichte Division*. Il est placé sous le commandement du *General der Panzertruppe* **Heinz Guderian** le 26 août 1939. Ce corps d'armée prendra le nom de **Panzergruppe Guderian** et la lettre «G» peinte sur ses véhicules signalera ce rattachement.

Le **XXXXI (r.41) Armee-Korps (mot)**, seconde composante de la *Panzergruppe Kleist*, est placé sous le commandement du *General der Panzertruppe* **Georg Hans Reinhardt**. Il a été présenté dans la notice concernant la *4.Panzer-Division*, unité qu'il avait commandée jusqu'au 4 février 1939.

Ce second corps d'armée aligne la *6.Panzer-Division* (*Generalmajor* Werner Kempf), forte de 59 chars légers et 159 chars moyens et lourds, et de la *8.Panzer-Division* (*Generalmajor* Adolf Kuntzen), forte de 58 chars légers et 154 chars moyens et lourds.

Le **XIV.Armee-Korps (mot.)** est placé sous le commandement du *General der Panzertruppe* **Gustav Anton von Wietersheim**. Il est né le 11 février 1884 à Breslau en Silésie. Aspirant en 1902, *Leutnant* dans un régiment de grenadiers en 1903, il poursuit sa carrière dans la *Reichswehr*, *Oberst* le 1er novembre 1932, *Generalmajor* le 1er juillet 1934, *Generalleutnant* le 1er avril 1936, il prend le commandement de la *29.Infanterie-Division* le 6 octobre. *General der Infanterie* le 1er février 1938, il commande le *XIV.AK (mot.)* au début de la guerre ; il conservera ce commandement jusqu'en septembre 1942, mis alors à la retraite, titulaire du *Ritterkreuz* le 20 avril 1941. Il décédera le 25 avril 1974 à Göttingen.

Trois divisions d'infanterie motorisées sont placées sous son commandement : la *2.Infanterie-Division (mot.)*, recrutée en Poméranie, la *13.Infanterie-Division (mot.)*, recrutée dans le Brandebourg et la *29.Infanterie-Division (mot.)*, recrutée en Thuringe.

La **4.Armee**, autre composante de la *Heeresgruppe A*, est placée sous le commandement du *Generaloberst* Hans Günther von Kluge, elle dispose de quatre corps d'armée dont le **XV.Armee-Korps (mot.)** commandé par le *General der Panzertruppe* **Hermann Hoth**. Celui-ci est né le 12 avril 1885 à Neuruppin, aspirant en 1904, *Leutnant* dans le *72.Infanterie-Regiment* en 1905, la Grande Guerre puis la *Reichswehr, Oberst* le 1er février 1932, à la tête du *17.Inf.-Rgt.* puis prend le commandement de la Place de Lübeck, *Generalmajor* le 1er octobre 1934, à la tête de la *18.Infanterie-Division* le 1er octobre 1935, puis *Generalleutnant* le 1er octobre 1936, *General der Infanterie* le 1er novembre 1938, à la tête du *XV.AK (mot.)* à partir de septembre 1939, titulaire du *Ritterkreuz* le 27 octobre 1939 (feuilles de chêne, le 17.7.41, n°25, glaives le 15.9.43, n°35). Il commandera la *3.Pz.Armee* puis la *4.Pz.Armee* jusqu'à son limogeage le 30 novembre 1943. Il décédera le 25 janvier 1970 à Goslar.

Ce corps d'armée dispose d'une division d'infanterie *(62.ID)* et de la **5.Panzer-Division** puis la **7.Panzer-Division** du général Rommel (qui avait été provisoirement placée à sa disposition du *II.AK* du général Strauss. Ces deux bonnes divisions de panzers joueront un rôle important, comme nous le verrons.

Plus au nord, au sein de la **Heeresgruppe B** (*Generaloberst* Fedor von Bock, la **6.Armee** (von Reichenau) dispose du *XVI. Armee-Korps (mot.)* placé sous le commandement du *General der Panzertruppe* **Erich Hoepner**. Né le 14 septembre 1889 à Francfort sur Oder, il est aspirant dès 1905, *Leutnant* dans un régiment de Dragons en 1906. Après la Grande Guerre, il est dans la *Reichswehr*, *Oberst* le 1er février 1933, *Generalmajor* le 1er janvier 1936, *Generalleutnant* le 30 janvier 1938, à la tête de la *1.Leichte Division* le 1er janvier 1939. Il est titulaire du *Ritterkreuz* dès le 27 octobre 1939, à l'issue de la Campagne de Pologne. Il est alors promu *General der Kavallerie*, à la tête du *XVI.AK*, qui devient *XVI.AK (mot.)*. Il sera, du 22 juin 1941 au 8 janvier 1942, à la tête de la *4.Panzer-Armee,* qui marchera à travers les Pays Baltes vers Leningrad. Il est alors limogé et sera impliqué dans le complot contre Hitler et sera pendu le 8 août 1944. Il a la **3.Panzer-Division** sous ses ordres. La **4.Panzer-Division** dépend de la même armée.

Quant à la **9.Panzer-Division**, elle appuiera la progression dans les Pays-Bas au sein de la **18.Armee.**

Le *General der Panzertruppe* Hermann Hoth commande le *XV.AK (mot.)* rassemblant la *5.Pz.Div.* et la *7.Pz.Div.*. (W. Frentz.)

Gustav von Wietersheim, *General der Infanterie* le 1er février 1938, commande le *XIV.AK (mot.)*. (Coll. J. Charita.)

Erich Hoepner, *Generalmajor* dès le 1er janvier 1936, commandera la *1.Lei.Div.* puis prendra la tête du *XVI.AK (mot.)*. Impliqué dans le complot du 20 juillet 1944, il sera pendu le 8 août 1944. (Coll. G.B.)

Les *Panzer-Divisionen* en mai 1940

1. Panzer-Division

1. Schützen-Brigade
– Schützen-Rgt. 1
– Kradschtz.Btl. 1

1. Panzer-Brigade
– Pz.Rgt. 1
– Pz.Rgt. 2

– Aufkl.Abt. (mot) 4
– Pz.Jg.Abt. 37
– Pi.Btl. 37
– Art.Rgt. 73

Unités divisionnaires numérotées en 37
Attachée : s.I.G. Kompanie 702

Les Pz.Rgt. 1 et Pz.Rgt. 2 disposent de 161 chars légers ou de commandement et de 98 chars armés de canons.

2. Panzer-Division

2. Schützen-Brigade
– Schützen-Rgt. 2
– Kradschtz.Btl. 2

2. Panzer-Brigade
– Pz.Rgt. 3
– Pz.Rgt. 4

– Aufkl.Abt. (mot) 5
– Pz.Jg.Abt. 38
– Pi.Btl. 38
– Art.Rgt. 74

Unités divisionnaires numérotées en 38
Attachée : s.I.G. Kompanie 703

Les Pz.Rgt. 3 et Pz.Rgt. 4 disposent de 175 chars légers ou de commandement et de 90 chars armés de canons.

3. Panzer-Division

3. Schützen-Brigade
– Schützen-Rgt. 3
– Kradschtz.Btl. 3

3. Panzer-Brigade
– Pz.Rgt. 5
– Pz.Rgt. 6

– Aufkl.Abt. (mot) 3
– Pz.Jg.Abt. 39
– Pi.Btl. 39
– Art.Rgt. 75

Unités divisionnaires numérotées en 39

Les Pz.Rgt. 5 et Pz.Rgt. 6 disposent de 273 chars légers ou de commandement et de 68 chars armés de canons.

4. Panzer-Division

4. Schützen-Brigade
– Schützen-Rgt. 12

5. Panzer-Brigade
– Pz.Rgt. 35
– Pz.Rgt. 36

– Aufkl.Abt. (mot) 7
– Pz.Abw.Abt. 49
– Pi.Btl. 79
– Art.Rgt. 103

Unités divisionnaires numérotées en 84

Les Pz.Rgt. 35 et Pz.Rgt. 36 disposent de 259 chars légers ou de commandement et de 64 chars armés de canons.

5. Panzer-Division

5. Schützen-Brigade
Schützen-Rgt. 13
Schützen.Rgt. 14

8. Panzer-Brigade
Pz.Rgt. 15
Pz.Rgt. 31

Aufkl.Abt. (mot) 8
Pz.Abw.Abt. 53
Pi.Btl. 89
Art.Rgt. 116

Unités divisionnaires numérotées en 85
Attachée : s.I.G. Kompanie 704

Les Pz.Rgt. 15 et Pz.Rgt. 31 disposent de 243 chars légers ou de commandement et de 84 chars armés de canons.

6. Panzer-Division

6. Schützen-Brigade
– Schützen-Rgt. 4
– Kradschtz.Btl. 6
– Pz.Rgt. 11
– Pz.Abt. 65

– Aufkl.Abt. 57
– Pz.Abw.Abt. 41
– Pi.Btl. 57
– Art.Rgt. 76

Unités divisionnaires numérotées en 57

Les Pz.Rgt. 11 et Pz.Abt. 65 disposent de 59 chars légers ou de commandement et de 159 chars armés de canons.

7. Panzer-Division

7. Schützen-Brigade
– Schützen-Rgt. 6
– Schützen-Rgt. 7
– Kradschtz.Btl. 7
– Pz.Rgt. 25
– Pz.Abt. 66

– Aufkl.Abt. 37
– Pz.Jg.Abt. 42
– Pi.Btl. 58
– Art.Rgt. 78

Unités divisionnaires numérotées en 58
Attachée : s.I.G. Kompanie 705

Les Pz.Rgt. 25 et Pz.Abt. 66 disposent de 109 chars légers ou de commandement et de 110 chars armés de canons.

8. Panzer-Division

8. Schützen-Brigade
– Schützen-Rgt. 8
– Kradschtz.Btl. 8
– Pz.Rgt. 10
– Pz.Abt. 67

– Aufkl.Abt. 59
– Pz.Jg.Abt. 43
– Pi.Btl. 59
– Art.Rgt. 80

Unités divisionnaires numérotées en 59

Les Pz.Rgt. 10 et Pz.Abt. 67 disposent de 58 chars légers ou de commandement et de 154 chars armés de canons.

9. Panzer-Division

9. Schützen-Brigade
– Schützen-Rgt. 10
– Schützen-Rgt. 11
– Kradschtz.Btl. 59
– Pz.Rgt. 33

– Aufkl.Abt. 9
– Pz.Jg.Abt. 50
– Pi.Btl. 86
– Art.Rgt. 102

Unités divisionnaires numérotées en 60
Attachée : s.I.G. Kompanie 701

Le Pz.Rgt. 33 dispose de 97 chars légers ou de commandement et de 56 chars armés de canons.

10. Panzer-Division

10. Schützen-Brigade
– Schützen-Rgt. 69
– Schützen-Rgt. 86

4. Panzer-Brigade
– Pz.Rgt. 7
– Pz.Rgt. 8

– Aufkl.Abt. 90
– Pz.Abw.Abt. 90
– Pi.Btl. 49
– Art.Rgt. 90

Unités divisionnaires numérotées en 90
Attachée : s.I.G. Kompanie 706

Les Pz.Rgt. 7 et Pz.Rgt. 8 disposent de 185 chars légers ou de commandement et de 90 chars armés de canons.

(D'après J.-P. Pallud, *Blitzkrieg à l'Ouest*, Heimdal.)

2e partie : L'offensive à l'Ouest

par Jean-Yves Mary

Déploiement de chars du *XVI.AK* près de Gembloux : l'artillerie française va prélever un lourd tribut parmi les chars allemands, malgré leur dispersion. Nous voyons là l'avance d'une *Panzer-Division* avec ses chars légers et moyens s'appuyant et jouant un rôle différent dans la progression. (NARA.)

Le 9 mai 1940, en début d'après-midi, les dix *Panzerdivisionen* que compte la Wehrmacht à la veille de l'offensive à l'Ouest, sont mises en état d'alerte : l'opération *Fall Gelb* débutera le lendemain à 4 h 35 (1). Comme les divisions stationnent à quelque distance de la frontière et qu'elles doivent au préalable gagner leur base de départ, la mise en route des unités s'effectue dès la fin de l'après-midi selon un agencement particulièrement étudié et en empruntant des itinéraires reconnus et balisés.

Comment avance une Panzerdivision ?

Hormis en quelques occasions – notamment au début de *Fall Rot*, lorsque la bataille s'est déroulée dans les plaines de la Somme ou de Champagne -, le déplacement des *Panzerdivisionen* se fait généralement en utilisant le réseau routier existant. Les divisions se déplacent en suivant des itinéraires soigneusement tracés, dénommés *Panzerstrassen*, afin d'éviter d'éventuels chevauchements avec d'autres unités. Cela ne sera cependant pas toujours le cas en raison de l'encombrement des itinéraires par les *Infanterie-Divisionen* dont les *Marchstrassen* ne prennent pas toujours en compte les *Panzerstrassen*.

Sur ces itinéraires, les divisions progressent en respectant une configuration particulière : à l'avant se trouvent les *Gefechtgruppen* (groupes de combat) qui se composent de deux ou trois *Kampfgruppen* (en fait « groupe tactique », associant plusieurs types d'unités - ce que les Américains reprendront sous la dénomination de *Combat Command*) avançant chacun sur un itinéraire parallèle. On trouve généralement deux *Kampfgruppen* en première ligne et une troisième suit pour suppléer ou renforcer le cas échéant une des *Kampfgruppen* de tête. Le rôle de celles-ci est de briser les résistances et d'ouvrir la voie au reste de la colonne. De ce fait, ces *Kampfgruppen* sont relativement lourdes et elles comportent généralement une compagnie (*Kp.*), voire un bataillon (*Abt.*) de *Panzers*, un bataillon (*Btl.*) de *Schützen* (fusiliers portés) et/ou une compagnie (*Kp.*) de *Kradschützen* (motocyclistes), des *Pz.-Jäger* (canons antichars), du génie d'assaut (*Pz.-Pi.Btl.*), une batterie (*Bttr.*) ou un groupe (*Abt.*) d'artillerie et de l'artillerie antiaérienne légère ou lourde (*le. Flak* ou *Flak*). Lorsqu'une résistance se manifeste, les chars fixent frontalement la résistance cependant que les *Schützen* la débordent pour la réduire. Si la résistance s'avère trop difficile à enlever, la *Kampfgruppe* cherche à la contourner pour poursuivre son chemin, en laissant le soin aux unités qui suivent de régler le problème.

Les *Pz.-Aufkl.Abt.* (groupes de reconnaissance) se voient le plus souvent confier un rôle de flanc-garde avec mission de pousser des reconnaissances sur le côté par lequel peut surgir l'ennemi pour prévenir une éventuelle attaque dans le flanc des unités en marche. Lorsque le besoin de détacher une avant-garde en avant des *Kampfgruppen* se fait sentir, un groupement de circonstance comportant des éléments de différentes armes est organisé et il prend la dénomination de *Vorausabteilung* (ou *Vorhut*).

Derrière les *Kampfgruppen*, avancent les *Marschgruppen* (groupes de marche) constituées par les gros de la division et dont la seule mission consiste à suivre l'itinéraire dégagé par les *Kampfgruppen*. Ces différentes *Marschgruppen* alternent des éléments des différentes unités, les services progressant généralement en fin de colonne.

(1) Heure française, en retard d'une heure sur l'heure allemande (soit 5 h 35 du côté allemand). Pour la suite du récit, nous avons adopté pour l'heure française.

Vous avez dit panzer (s) ?

Le terme panzer est passé en français, et, dans ce cas, on met un «s» au pluriel. Si nous l'écrivons avec un «P» et à l'allemande, *Panzer*, il n'y a pas de «s» au pluriel comme nous l'avons écrit.

4 La rupture (10 – 15 mai 1940)

Un StuG III appartenant à la *16.Kp.* de l'*Infanterie Regiment Grossdeutschland* s'avance dans Rédange-sur-Attert, au Grand Duché de Luxembourg. Derrière le StuG III, un transport de troupes semi-chenillé SdKfz 251 appartenant sans doute lui aussi à l'*IRGD.* Sur la droite, une voiture porte sur son aile le K caractéristique des chars et véhicules appartenant à la *Gruppe Kleist*. (coll. B. Vieillot.)

E.v. Kleist

G.H. Reinhardt

La *Gruppe von Kleist* chargée de l'effort principal

Le long de la frontière luxembourgeoise, se trouve massée la plus formidable concentration de chars jamais rassemblée : ce ne sont pas moins de cinq *Panzerdivisionen* qui se tiennent prêtes sous le commandement du *General* von Kleist, à déferler sur le Luxembourg et le sud de la Belgique pour réaliser la gageure que s'est imposée le commandement allemand : traverser la forêt des Ardennes et gagner la Meuse en quatre jours.

Pour réaliser ce pari audacieux qui conditionne toute la réussite de l'opération *Fall Gelb*, von Kleist dispose de deux *Armee-Korps* de composition sensiblement différente : le *XIX.AK* du *Generaloberst* Guderian comporte trois *Panzerdivisionen*, les *1.* et *2.Pz.-Div.* qui doivent foncer le plus rapidement possible vers leur objectif et la *10.Pz.-Div.* qui se voit attribuer, en outre, un rôle de flanc-garde contre une éventuelle contre-attaque française débouchant de la ligne Maginot dans le flanc des divisions blindées allemandes. Le *XXXXI.AK* du *Generaloberst* Reinhardt ne comporte que deux divisions, les *6.* et *8. Pz.-Div.* qui sont des divisions légères modifiées, moins puissantes que les divisions de Guderian. De plus, en raison du peu de densité du réseau routier, toutes les divisions ne pourront pas s'engager en même temps : ce n'est qu'après l'écoulement des divisions du *XIX.AK.* que les divisions de Reinhardt pourront s'engager à leur tour.

L'heure de Guderian

Le **10 mai** 1940, dès la réception du mot-code qui déclenche l'offensive à l'Ouest, les trois divisions de Guderian prennent la direction de la frontière luxembourgeoise qu'elles doivent franchir à 4 h 35. Le Luxembourg observe une neutralité désarmée et n'a donc aucun moyen de s'opposer à ce déferlement si ce n'est que pour limiter les risques d'une invasion, il a érigé tout le long de ses frontières un système double d'obstacle en béton, connu sous le nom de ligne Schuster du nom de son concepteur et dont l'élément le plus spectaculaire consiste en une barrière d'acier dont la fermeture est irréversible. Les Allemands ont préparé tous les accessoires nécessaires au franchissement de ces obstacles mais, pour gagner du temps, il est également prévu une opération nocturne peu avouable : avant le déclenchement de l'offensive, des *Sonderkommandos* pénétrant en civil sur le territoire luxembourgeois ont pour mission de s'emparer par surprise de ces barrières avant que la Gendarmerie grand ducale ait eu le temps de les fermer.

Malheureusement pour les Allemands, l'opération va échouer car les Luxembourgeois, alertés par des agissements suspects le long de leur frontière, vont fermer les barrières avant l'arrivée des *Sonderkommandos*. Ce contretemps n'a cependant pas d'incidence sur la marche des *Panzerdivisionen* à travers le Luxembourg et, dès 10 h, elles sont déjà devant la frontière belge.

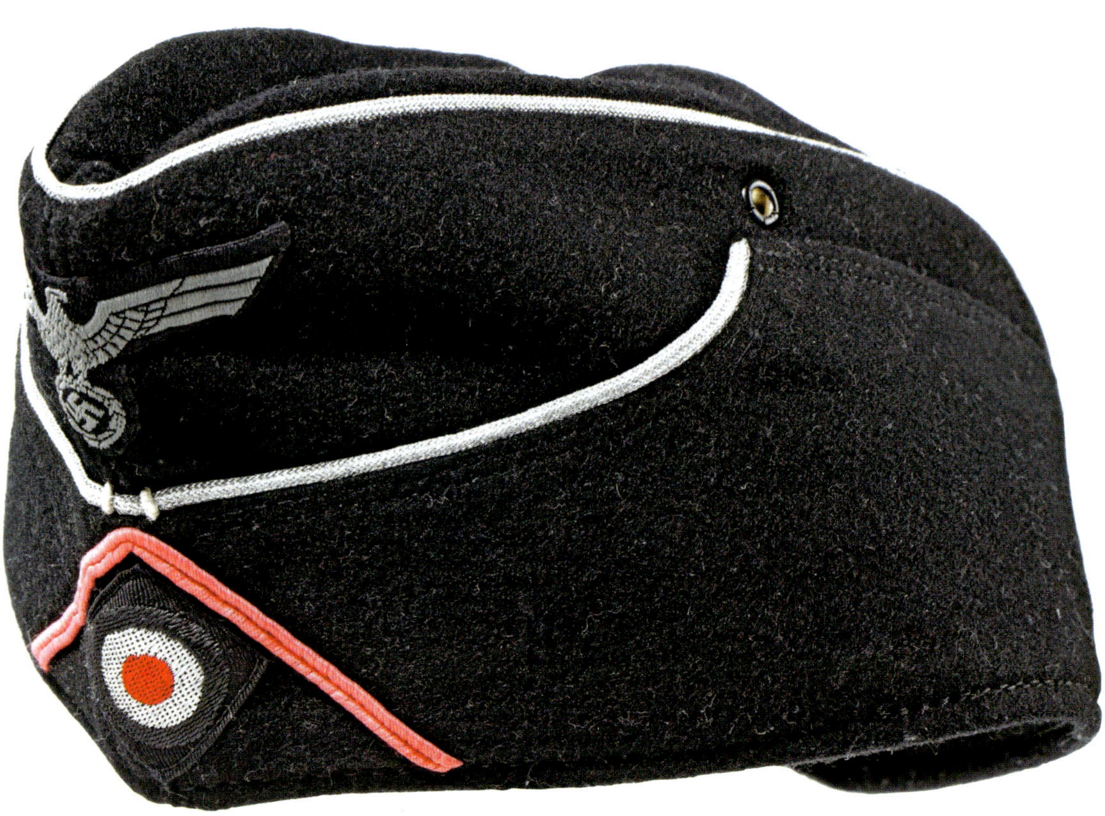

Ci-dessus : bonnet de police d'officier de la *Panzertruppe* en tissu de laine noir. Le passepoil rose (couleur d'arme des panzers) en V inversé est entré dans la couture à la base de la coiffure. Le passepoil argent indique un officier. (Hermann Historica.)

Ci-contre : bonnet de police pour sous-officier ou homme de troupe des panzers en tissu feldgrau. (Hermann Historica.)

Celle-ci est tenue par les Chasseurs Ardennais qui n'ont qu'une mission de courte durée. Après avoir fait jouer les destructions, ils doivent en effet se replier derrière l'Ourthe et la Meuse. Cette mission, les Allemands l'ignorent et, pensant qu'ils auront à s'employer pour forcer les défenses belges constituées de petits blocs bétonnés (la ligne Devèze), ils ont organisé une opération aéroportée, l'opération *Niwi*, qui doit leur permettre de verrouiller les routes par lesquelles doivent arriver les renforts belges.

A 4 h 35, une première vague de *Fieseler Storch* franchit la frontière et va déposer sur les arrières des Chasseurs Ardennais, des petits groupes de soldats fournis par *l'Infanterie-Regiment Grossdeutschland* (IRGD) sous les ordres de l'*Oberstleutnant* Garski. Malgré quelques problèmes initiaux, les aéroportés interdisent en effet les axes routiers, ce qui va induire l'effet inverse à celui recherché : les agents de liaison qui doivent porter l'ordre de repli aux défenseurs de Bodange et de Strainchamps ne peuvent passer, les deux points d'appui vont donc résister au lieu de se replier…

La ***2.Pz.-Div.*** du *Generalleutnant* Veiel qui se présente dès 13 h 30 devant Strainchamps se trouve bloquée par la 5e Cie du 1er RgtChA : elle va devoir s'employer pendant quatre heures avant de pouvoir forcer le passage mais elle n'est pas au bout de ses peines car, ensuite, il lui faudra encore organiser le franchissement de la Sûre dont les abords sont minés : au soir de cette première journée, la *2.Pz.-Div.* s'arrête devant Vaux-les-Rosières, à une quinzaine de kilomètres de son objectif, Libramont.

Dès 8 h, la *1.Pz.-Div.* du *Generalleutnant* Kirchner entre en Belgique par Martelange où elle balaie une faible résistance. Elle prend aussitôt la direction de Bodange où se trouvent deux pelotons de la 5e Cie du 1er RgtChA. aux ordres du lieutenant Autphenne et du sous-lieutenant Docquier. Bien qu'attaquant simultanément par les routes de Martelange et de Warnach, la *1.Pz.-Div.* va se trouver bloquée devant Bodange pendant six heures et ce n'est qu'à 18 h qu'elle peut enfin reprendre sa marche. L'objectif, Neufchâteau, ne sera donc pas atteint.

Plus au sud, la ***10.Pz.-Div.*** du *Generalleutnant* Schaal, renforcée par l'*Inf.-Rgt. Grossdeutschland* entre en Belgique par Arlon et elle prend la route de Florenville lorsqu'elle se heurte à Etalle à un bouchon établi par la 2e DLC qui s'est portée à sa rencontre. L'affrontement va durer jusqu'à la fin de l'après-midi, les Allemands devant encore s'employer pour nettoyer Poncelle et Villers-sur-Semois. Ce combat va avoir une incidence sur le parcours de la *10.Pz.-Div.* car von Kleist, craignant une attaque française dans son flanc, la détourne de son itinéraire et la fait remonter vers Neufchâteau.

F. Schaal

Le **11 mai** au matin, les trois *Panzerdivisionen* s'avancent sur le front Suxy - Neufchâteau – Libramont où elles bousculent la cavalerie française (1re BC, 5e DLC) avant de poursuivre vers Bertrix et Paliseul. Au soir du 11 mai, la *1.Pz.-Div.* qui a pris la tête du mouvement entre à Bouillon mais ne peut s'emparer des ponts qui sautent à son entrée dans la ville.

Aux petites heures du **12 mai**, la *1.Pz.-Div.* franchit la Semois à gué à Bouillon et à Mouzaive et elle se dirige vers la frontière française. Bien que retardée par son détour, la *10.Pz.-Div.* franchit également la Semois entre Cugnon et Mortehan au matin alors que la *2.Pz.-Div.*, qui a le chemin le plus long à parcourir, ne peut traverser la Semois à Vresse que vers 10 h. Au cours de l'après-midi, les trois divisions entrent en France et elles se dirigent vers la Meuse.

Le **13 mai** au matin, la *1.* et la *10.Pz.-Div.* se trouvent face à leur objectif : la *1.Pz.-Div.* est devant Sedan alors que la *10.Pz.-Div.* se déploie devant Wadelaincourt. Par contre, la *2.Pz.-Div.* qui n'a pas réussi à résorber son retard n'est encore qu'à hauteur de Vrigne-aux-Bois avec ses éléments de tête, le goulet de Vresse ne permettant pas un écoulement rapide des colonnes.

Face aux trois *Panzerdivisionen*, se trouve déployée la 55e DI du général Lafontaine, une division de série B, qui appuie son dispositif sur une ligne de fortifications inachevées tenues par le 147e RIF. Dès l'apparition des Allemands, l'artillerie française, relativement dense mais dont les munitions sont comptées, prend la bataille à son compte et ouvre le feu sur les débouchés de la forêt des Ardennes. Ce barrage de feu gêne certes la progression des unités adverses mais elle ne les arrête pas et les défenseurs assistent, impuissants, à la mise en place du dispositif allemand. Le général Grandsart, qui commande le Xe CA dont dépend la 55e DI, ne pense pas que les Allemands vont attaquer dans la foulée, ce qui l'autorise à faire serrer sur la Meuse, sa deuxième grande unité, la 71e DI du général Baudet.

Les divisions légères de cavalerie lancées se heurtent aux *Panzerdivisionen* dès le 10 mai et elles subissent des pertes à l'image de la 5e DLC dont la route croise celle des *1.* et *2.Pz.-Div.* et doit abandonner plusieurs engins (AMD et AMR) à Neuvillers, près de Libramont. (DR.)

Malheureusement pour lui, les Allemands sont bien décidés à franchir la Meuse immédiatement et l'heure de l'attaque est fixée à 15 h. Elle sera précédée d'un violent bombardement tant terrestre qu'aérien qui doit tout à la fois annihiler les défenses annexes que « sonner » les défenseurs abrités dans leurs blocs.

A 15 h, à peine le bombardement terminé, les *Schützen* se lancent dans leurs canots pneumatiques et entreprennent de franchir la rivière en différents endroits. Devant Sedan, la *1.Pz.-Div.* attaque depuis Gaulier en direction de la presqu'île d'Iges dont les défenses sont particulièrement faibles : un seul blockhaus vide réduit au silence bat la prairie dans laquelle se répandent les *Schützen* qui se hâtent de s'enfoncer dans le dispositif et de remonter vers Bellevue.

Le pont de Vresse a sauté mais, là encore, la faible profondeur de la rivière permet le franchissement à gué sans attendre la réalisation d'un pont de circonstance. (coll. JYM.)

Avec hardiesse, les assaillants réduisent un à un les différents blocs au silence et, en soirée, ils se répandent déjà le long des pentes de la Marfée, ce qui leur permet de prendre à revers les défenseurs de Bellevue qui interdisent les tentatives de franchissement menées par la *2.Pz.-Div.* devant Donchéry. Celle-ci parvient finalement à prendre pied sur l'autre rive mais elle a subi de nombreuses pertes.

A l'autre aile du front d'attaque, le *Schütz.-Rgt.86* de la *10.Pz.-Div.* parvient à franchir la Meuse devant Wadelaincourt et, aussitôt, les assaillants se lancent à l'assaut des pentes de l'Etadan.

Au soir du 13 mai, une tête de pont est donc créée de Donchéry à Wadelaincourt mais elle est encore fragile. Les Français vont se charger de la consolider en raison d'une panique qui s'empare soudain des artilleurs et les fait refluer en désordre, entraînant dans leur sillage différentes unités peu aguerries.

Au début de la nuit (23 h), le pont de circonstance de Gaulier est ouvert mais ce n'est que le **14 mai** vers 6 h 20 que la *1.Pz.-Div.* peut faire passer ses premiers chars sur l'autre rive pour appuyer l'attaque des *Schützen*. Celle-ci se déroule favorablement puisqu'au même moment, le *Sturm-Pi.Btl.43* se trouve déjà sur les hauteurs au sud-est de Chémery.

C'est alors que se déclenche la contre-attaque prescrite par le général Grandsart et organisée par le général Lafontaine pour rejeter les Allemands sur la Meuse. Celle-ci doit être menée par deux bataillons de chars (7e et 4e BCL) et deux régiments d'infanterie (213e de la 55e DI et 205e RI de la 71e DI). En raison de retards dans la mise en place, seuls le 7e BCL du commandant Giordani et le 213e RI du lieutenant-colonel Labarthe peuvent s'engager vers Chéhéry et Bulson.

Malheureusement, lorsque la contre-attaque démarre vers 7 h, elle se heurte aux premiers chars de la *1.Pz.-Div.* qui ont franchi la Meuse et l'opération va tourner court : le 7e BCL perd vingt-neuf chars sur les trente-neuf engagés alors qu'au 213e RI, les Ier et IIe bataillons sont pratiquement anéantis et le lieutenant-colonel Labarthe fait prisonnier.

De son côté, le général Huntziger, qui commande la 2e Armée, décide également de contre-attaquer et il

Ci-dessus : juste avant la frontière, un tracteur semi-chenillé SdKfz 7 tirant un canon de 8,8 cm Flak 18 traverse le lieu-dit Le Pré-Pierret, près de Sugny. (coll. P. Kerger.)

Ci-dessous : le pont de Gaulier va supporter le 13 mai un trafic ininterrompu qui va permettre à la *1.Pz.-Div.* et à une partie de la *2.Pz.-Div.* de franchir la Meuse. (coll. JYM.)

A Donchéry, les traversées ont commencé également : on voit ici un canon de 8,8 cm Flak poussé par ses servants, les tracteurs passant sans leur attelage pour ne pas endommager le pont. (ECPAD.)

fait pousser le XXIe CA du général Flavigny qui dispose de la 3e DIM du général Bertin-Boussu et la 3e DCR du général Brocard. Là encore, les retards de mise en place vont compromettre la réussite de l'opération puisque si la 3e DIM est sur sa base de départ dès 14 h, la 3e DCR ne pourra s'engager au mieux que vers 17 h. Dès lors, Flavigny prend l'initiative d'annuler la contre-attaque et de disperser les chars en bouchons.

Pendant ce temps, les Allemands mettent à profit l'inertie française pour élargir singulièrement la tête de pont. Ainsi, la *2.Pz.-Div.*, qui a enfin pu se déployer sur la rive gauche de la Meuse, entreprend de la nettoyer en direction de Flize et elle balaie devant elle les positions occupées par le 148e RIF entre le canal des Ardennes et Flize. Au soir du 14 mai, la *2.Pz.-Div.*se trouve à Chalandry.

Après son affrontement matinal, la *1.Pz.-Div.* a pivoté en direction de l'Ouest et entrepris de s'emparer du canal des Ardennes que tiennent des éléments de la 5e DLC et la 3e Brigade de Spahis. Les Allemands s'emparent vers 10 h 30 du pont d'Omicourt et ils se dirigent vers Vendresse qui tombe vers 16 h, malgré la résistance du 12e Chasseurs de la 5e DLC du général Chanoine. Ce dernier prescrit à 16 h, à ses unités de se replier sur la ligne de crêtes entre Le Chesne et le carrefour de Mazarin mais les Allemands, éprouvés par cette longue journée, ne suivent pas.

De leur côté, la *10.Pz.-Div.* et l'*Inf.-Rgt. Gross Deutschland* tentent de progresser vers le sud. L'*IRGD* a démarré assez vite et, en début d'après-midi, il reçoit l'ordre de s'emparer des hauteurs de Stonne. A la *10.Pz.-Div.*, le démarrage a été plus laborieux : au matin, elle n'est encore qu'à Noyers-Pont-Maugis et à 17 h, elle vient à peine de dépasser la région sud de Maisoncelle. Doit-elle poursuivre vers le sud ou pivoter vers l'ouest comme les deux autres divisions du *XIX.AK* ? La réponse ne tarde pas puisqu'à 18 h 30, Guderian est avisé que la *10.Pz.-Div.* et l'*IRGD* passent dès le lendemain au *XIV.AK* du *General* von Wietersheim avec mission de protéger le flanc du *XIX.AK*.

Le **15 mai** au matin, la *10.Pz.-Div.* et l'*IRGD* ont toujours pour mission de s'emparer de Stonne : la crête et le village sont tenus depuis la veille par la 3e DIM et, plus précisément, le 67e RI du lieutenant-colonel Dupret. L'attaque allemande démarre à l'aube et, vers 7 h, les Allemands sont maîtres du village malgré la belle résistance du I/67 du commandant Pigalle. C'est alors que se développe une contre-attaque menée par les chars H du 45e BCC (commandant Vivet) de la 3e DCR. Les chars français parviennent à pénétrer dans le village mais, sans soutien d'infanterie, ils doivent se retirer. A 7 h 30, c'est la 3e Cie du capitaine Caravéo du 49e BCC qui va mener la charge : les lourds B 1 bis nettoient le village mais le 67e RI, éprouvé, ne suit pas et Caravéo décide de se replier au sud du village. Peu après, les Allemands reprennent possession de Stonne et Caravéo décide d'entrer à nouveau dans le village. Cette fois, les Allemands ne se laissent pas surprendre et, lorsque la 3/49e BCC se retire, elle laisse trois chars sur le terrain.

Les Allemands procèdent à la récupération d'un char FCM du 7e BCL perdu sur la route de Chéhéry, juste après l'embranchement vers Connage. (coll. P. Kerger.)

Vers 10 h 30, une nouvelle action est montée contre le village : y participent les chars restant de la 3/49, deux sections de chars H de la 1/45 et le I/67e RI. L'attaque française prend à nouveau possession du village mais l'infanterie s'installe défensivement au sud du village et à, 12 h 15, les chars se retirent en laissant sur le terrain, du fait de l'ennemi ou par pannes, huit des dix chars B engagés.

Ces attaques successives ne permettent pas à la *10.Pz.-Div.* et à l'*IRGD* de mener l'attaque prévue en direction de Yoncq et chacun reste sur ses positions.

Pendant ce temps, les deux *Panzerdivisionen* du *XIX.AK* démarrent en direction de la ligne Wasigny – Séry - Rethel mais, très vite, elles vont se heurter à de solides résistances.

Il y a tout d'abord la *1.Pz.-Div.* qui débouche devant le village de la Horgne où la 3e Brigade de Spahis du colonel Marc a organisé un point d'appui fermé : le 2e RSA du colonel Burnol occupe le bas du village, le 2e RSM du colonel Geoffroy la partie haute. Aussitôt, la *Kampfgruppe Krüger* qui escadronne en tête de la *1.Pz.-Div.*, se lance à l'assaut du village mais elle se fait stopper par les canons antichars des Spahis. Le combat va durer jusque vers 17 h et ce n'est qu'au terme d'une manœuvre d'enveloppement que les Allemands parviennent enfin à s'emparer de La

Horgne. Si du côté français, les pertes sont sérieuses – parmi lesquelles les deux chefs de corps tués -, du côté allemand, l'opération a laissé des traces et, outre des pertes, les hommes sont exténués.

La journée n'est pourtant pas terminée car la *1.Pz.-Div.* doit repartir à l'assaut de la ligne de crête sur laquelle s'est retranchée la 5e DLC. Dès le début de la matinée, la *Kampfgruppe Nedtwig* a tenté de s'emparer de Chagny mais elle s'est fait arrêter par les cavaliers du 8e Chasseurs. Des combats incertains vont se dérouler une partie de la journée sans que les Allemands parviennent à prendre pied sur la crête. A 21 h 30, malgré la fatigue des troupes épuisées par une longue journée de combat, la *Kampfgruppe Krüger* de la *1.Pz.-Div.* lance une nouvelle attaque contre la ligne de crête et cette fois, les assaillants prennent l'ascendant sur les défenseurs : Bouvellemont, qui est tenu par le 15e RDP (de la 5e DLC) et le 152e RI (de la 14e DI) doit finalement être abandonné vers 23 h. Dans la foulée, Chagny et Louvergny doivent aussi être évacués mais la *Kampfgruppe Nedtwig* qui n'a pu s'en rendre maître au cours de la journée, s'est repliée sur Omont et, en ce soir du 15 mai, la ligne de crête est inoccupée...

La *2.Pz.-Div.*, qui doit forcer le passage de la Vence, a devant elle la 53e DI du général Etcheberrigaray et les chars FT du 33e BCC du commandant Mahé. La 53e DI est une division de série B qui constitue la réserve de la 9e Armée. Son engagement sur les arrières de la position se fait dans des conditions difficiles et, au matin du 15, elle se trouve péniblement organisée entre Poix-Terron et Launois-sur-Vence. Quant au 33e BCC, il doit affecter une compagnie de chars à chacun des trois régiments de la 53e DI.

L'attaque de la *2.Pz.-Div.* en direction de La Bascule va pulvériser ce fragile dispositif, le 33e BCC perdant dans l'affaire la totalité de ses chars. Aussitôt, la *2.Pz.-Div.* poursuit sa progression vers La Bascule et en fin d'après-midi, ses avant-gardes forcent la résistance de Faissault, sur la route de Rethel. Guderian a gagné son pari...

Reinhardt est le premier à Montcornet

Alors que le *XIX.AK* se met en marche et occupe tous les axes de progression, Reinhardt n'a d'autre solution que d'attendre que l'écoulement des colonnes permette à ses deux divisions de se mettre en route. La première à démarrer doit être la *6.Pz.-Div.* du *Generalleutnant* Kempf mais les journées du **10** et du **11 mai** se déroulent sans que la division reçoive l'ordre de s'engager. Ce n'est finalement que le **12 mai** au matin que Kempf est autorisé à se mettre en route. La veille au soir cependant, Kempf a déjà fait partir vers 22 h une *Kampfgruppe* réduite aux ordres du *Major* Quentin avec mission de se frayer un chemin à travers la *2.Pz.-Div.* et de prendre la direction de Monthermé. La mesure n'est pas si inutile que ça car la progression des *Kampfgruppen* de la *6.Pz.-Div.* reste compliquée : ce n'est qu'à 10 h 40 que les éléments de tête franchissent la frontière belge entre Martelange et Bastogne pour se trouver vers 17 h dans la région de Paliseul.

W. Kempf

Pourtant vers 15 h, Kempf est informé qu'il n'y a plus de troupes françaises devant lui et il s'empresse de lancer en avant la *Kamfgruppe von Esebeck*.

De son côté, la *8.Pz.-Div.* du *Generalleutnant* Kuntzen se met en marche à son tour vers 20 h mais le rythme de progression qui lui est imposé est très lent et il ne lui sera pas possible de s'intégrer dans le dispositif avant... le 16 mai !

A. Kuntzen

Kempf arrive devant Monthermé au début de la matinée du **13 mai**. Face à lui, une position parcimonieusement fortifiée qu'occupe la 42e DBMIC du lieutenant-colonel de Pinsun. Un premier rideau défensif a été établi le long de la Meuse mais l'essentiel de la défense se tient au sommet d'un goulet escarpé qui ne permet guère de déploiement.

Après l'intervention habituelle des *Stukas*, la *6.Pz.-Div.* entreprend de conquérir une tête de pont : tirant à vue directe sur les positions françaises du bord de Meuse, les chars allemands couvrent le passage des *Schützen* du *III./Schütz.-Rgt.4* qui, vers 15 h, sont déjà sur l'autre rive. Commence alors le nettoyage, les différents PA étant balayés les uns après les autres sans qu'aucune contre-attaque ne vienne les dégager. Les Allemands entreprennent alors d'escalader le goulet, atteignant dès 16 h la ligne intermédiaire où ils se trouvent sous le feu des 150 T du 391e RAT. L'attaque n'ira pas plus loin pour cette journée.

En fait, elle n'ira pas plus loin non plus le lendemain (**14 mai**) car les *Schützen* de la *6.Pz.-Div.* vont rester bloqués toute la journée devant les positions des Marsouins, bien appuyés par l'artillerie, notamment les mortiers de 150 T.

J. Nedtwig

Ce n'est finalement que le **15 mai** au matin que la *6.Pz.-Div.* va enfin réussir à forcer la position : épuisés et à court de munitions, les défenseurs ont atteint leur ultime limite d'autant que l'entrée en jeu des chars allemands, qui ont enfin pu traverser la Meuse, donne à l'attaque la puissance suffisante pour écraser toute résistance. Dès 4 h 30, la première ligne de résistance est enlevée et, à 9 h 15, les éléments de tête de la *6.Pz.-Div.* sont déjà à deux kilomètres au sud de Sécheval.

Pour Reinhardt, il importe désormais de rattraper le temps perdu et, à 15 h, il prescrit à Kempf de constituer une *Kampfgruppe* destinée à foncer le plus rapidement possible vers Montcornet. Confiée à l'*Oberst* von Esebeck, la *Kampfgruppe* se met en route aussitôt : elle va tout balayer sur son passage et, après un raid de plus de soixante kilomètres, elle arrive vers 21 h à Montcornet où elle tombe sur des éléments de la 2e DCR surpris en flagrant délit de débarquement.

Kempf a non seulement résorbé son retard mais il est désormais en tête des unités de la *Gruppe von Kleist*...

Ce char PzKpfw II de la *2.Pz.-Div.* arrêté dans Vendresse a été pris en remorque après avoir quelque peu souffert de l'action des canons antichars français. Il est vraisemblable, à voir l'état du char, que le tankiste sur la gauche est un membre de l'équipe de récupération car il est difficile d'imaginer que le pilote soit sorti indemne de l'engin. A noter par ailleurs la présence incongrue d'un prisonnier français à l'arrière du char. (coll. B. Vieillot.)

Un char PzKpfw IV du *Pz.-Rgt.8* de la *10.Pz.-Div.* a été détruit dans la montée vers Stonne, juste après le virage du pain de Sucre. Les tombes de l'équipage ont été creusées derrière l'engin. (coll. B. Vieillot.)

Un char FT du 33e BCC abandonné dans la Horgne.

Cinq divisions pour faire diversion

Sur les dix divisions dont il dispose, l'OKH a choisi d'en affecter cinq pour faire diversion et donner l'impression aux Alliés que l'effort principal aura lieu dans les plaines belges. Quatre d'entre elles sont réunies par paires au sein de deux *AK* (*XV.* et *XVI.AK*), une cinquième doit opérer seule et son champ de bataille sera la Hollande.

Hoth franchit la Meuse à Dinant

Le *XV.AK* du *Generaloberst* Hoth qui comprend les *5.Pz.-Div.* (*Generalleutnant* von Hartlieb) et *7.Pz.-Div.* (*Generalleutnant* Rommel) (2) a pour mission de traverser la Belgique et de franchir au plus vite la Meuse entre Dinant et Yvoir, au sud de Namur. Devant elle, pas de véritable résistance sur la frontière si ce n'est des chasseurs ardennais destinés à faire jouer les destructions. Pour en limiter les effets, une opération nocturne est également prévue sur le front du *XV.AK*, mais là encore, les *Sonderkommandos* du *Btl.zbV 800* vont échouer dans leur mission et, avant même le déclenchement des opérations, toutes les destructions prévues sont activées.

Pour les deux *Panzerdivisionen* qui le **10 mai**, entrent en Belgique par Steinebrück et Hemmeres, les principales difficultés sont dues aux embouteillages et aux retards engendrés par des destructions, bien qu'elles ne soient pas battues par le feu. En fin de matinée, la *5.Pz.-Div.* est à Saint-Vith et la *7.Pz.-Div.* à Halcoureux.

Les premières difficultés apparaissent en fin d'après-midi : vers 18 h15, la *Kampfgruppe Werner*, qui progresse en tête de la *5.Pz.-Div.*, est arrêtée à Langlir alors qu'à peu près au même moment, la *7.Pz.-Div.* signale qu'elle est bloquée devant Chabrehez. Si von Hartlieb décide de remettre au lendemain l'attaque de Langlir, Rommel organise aussitôt la prise de Chabrehez. Le village est tenu par la 3e Cie du 3e RgtChA sous les ordres du lieutenant Lejeune qui a organisé son dispositif le long des pentes qui dominent le ruisseau de Martin-Moulin. Les Chasseurs Ardennais vont résister jusqu'à 21 h avant de tenter de se replier et la *7.Pz.-Div.* n'ira pas plus loin pour cette première journée.

Le lendemain, **11 mai**, l'objectif du *XV.AK* est de franchir l'Ourthe. Pour la *5.Pz.-Div.,* la journée commence bien car la résistance de Langlir a disparu dans la nuit mais la marche n'en est pas facilitée pour autant en raison des destructions qui ralentissent la progression. En fin de matinée, les éléments de tête de la division sont sur l'Ourthe dont les ponts sont détruits. La *7.Pz.-Div.* connaît les mêmes difficultés mais, comme elle est légèrement décalée par rapport à la *5.Pz.-Div.*, elle est la première à atteindre l'Ourthe, près de Marcourt.

Au cours de l'après-midi, la *5.Pz.-Div.*, qui a découvert un passage praticable sur l'Ourthe à Hotton, ne progresse que peu puisque la *Vorausabteilung Werner* ne se trouve au soir qu'à Noiseux où elle forme une tête de pont en attendant que les gros de la division franchissent l'Ourthe.

La *7.Pz.-Div.* pour sa part a progressé beaucoup plus rapidement, ce qui lui vaut de subir un premier accrochage avec un détachement de la 1re DLC à La Roche et un accrochage plus sérieux à Marche où elle se heurte à des éléments lourds de la 4e DLC (AMD et chars H du 4e RAM). Le combat va durer jusqu'à 17 h puis les cavaliers se retirent, non sans avoir infligé ses premières pertes à la *7.Pz.-Div.*

Le **12 mai** au matin, von Hartlieb est bien décidé à refaire son retard et il lance la *Vorausabteilung Werner* en direction de Hogne où elle s'accroche avec des éléments du 4e RAM en repli. Ce sera le seul incident notable car, dès 10 h, la cavalerie de la 9e Armée (1re et 4e DLC) reçoit l'ordre de repasser derrière la Meuse et les unités françaises décrochent aussitôt. Ce décrochage fait l'affaire de la *7.Pz.-Div.* qui s'apprêtait à refouler la 1re DLC vers la Meuse et, dès le début de la matinée, elle entreprend de pousser en direction de Ciney.

Les *Schützen* de la *6.Pz.-Div.* ont conquis une tête de pont dans Monthermé et ils se répandent sur la rive gauche de la Meuse : la résistance la plus solide aura lieu sur les hauteurs qui dominent la ville. (DR.)

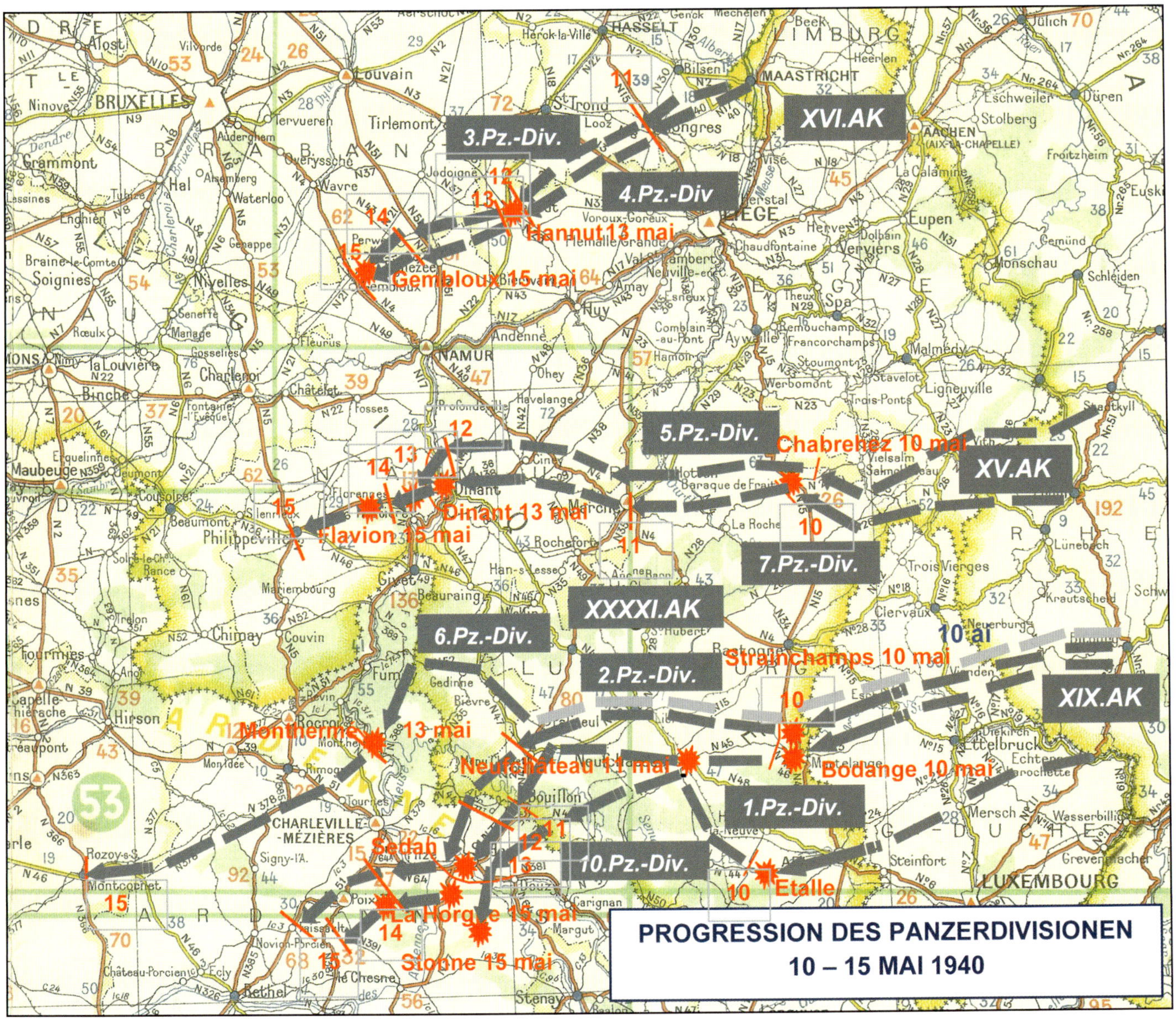

L'avance rapide des *Panzerdivisionen* induit un effet contraire car elles rattrapent les troupes françaises en repli et il en résulte des combats brefs mais intenses sur les axes de repli français. Ainsi, la *5.Pz.-Div.* se bat près de Ciney contre des chars du 4ᵉ RAM ou des dragons du 8ᵉ Dragons à Dorinne. Plus difficile est la prise de Crupet où s'est retranché le II/14ᵉ RDP du commandant Pommares : après de violents combats, les Allemands seront maîtres du village vers 18 h.

Sur la Meuse où sont en train de s'installer les divisions d'infanterie de la 9ᵉ Armée (5ᵉ DIM, 18ᵉ et 22ᵉ DI), les derniers ponts sautent entre 18 et 19 h. C'est ce que constatent les éléments de tête de la *7.Pz.-Div.* qui arrivent à Dinant vers 16 h 45. Par contre à Yvoir, l'irruption brutale des éléments de tête de la *Vorausabteilung Werner* surprend les défenseurs et ce n'est qu'au moment où les premiers engins ennemis s'engagent sur le pont que celui-ci vole en éclat. Dans l'affaire, le colonel Tachet des Combes commandant le 129ᵉ RI (5ᵉ DIM) est tué de même que le lieutenant de Wispelaere du 31ᵉ Génie belge qui s'est sacrifié pour faire sauter le pont.

Ce char PzKpfw II de la *7.Pz.-Div.* profite de la faible profondeur de l'Ourthe pour franchir la rivière à gué non loin de Marche. A noter qu'il transporte à l'arrière un side-car et ses occupants. (coll. JYM.)

Un canon de 10,5 cm sFh 18 de l'*AR 78* vient de tirer sur les défenses françaises organisées dans Bouvignes (le tube est en position de recul). A l'arrière-plan, la passerelle de Bouvignes, en partie détruite. (NARA.)

Aussitôt, les Allemands s'apprêtent à franchir la Meuse que les troupes françaises, arrivées tardivement, n'ont pas encore eu le temps d'organiser sérieusement. Au cours de la soirée du 12 et dans la nuit du 12 au 13, des *Schützen* de la *5.Pz.-Div.* parviennent à traverser la rivière par la passerelle de l'écluse de Houx que les Français n'ont pas songé à détruire et qui n'est même pas battue par le feu. Dès lors, les *Schützen* se répandent sur l'autre rive et ils entreprennent de grimper à l'assaut des positions françaises qui dominent la rivière mais, finalement, la battent assez mal.

De son côté, Rommel décide de passer en force entre Dinant et Bouvignes et, le **13 mai** au matin, cependant que l'artillerie et les chars de la *7.Pz.-Div.* arrosent la rive française occupée par des éléments du 66e RI (de la 18e DI), les *Schützen* se jettent dans leurs canots en caoutchouc et entreprennent de traverser la Meuse. Malheureusement, pour Rommel, l'opération ne va pas se dérouler au mieux et les premières vagues d'assaut sont décimées. Il faudra l'intervention des chars lourds et d'une batterie de la *I./AR.78* pour que les assaillants prennent enfin la supériorité du feu et puissent nettoyer la rive gauche.

Dès lors, l'objectif des Allemands sera de refouler les troupes françaises des bords de la rivière pour permettre le passage en toute quiétude des éléments lourds des deux divisions, par radeaux tout d'abord puis par des ponts de circonstances construits près de Bouvignes et d'Yvoir.

Alors que la situation des assaillants est encore précaire, du côté français on se propose de contre-attaquer pour rejeter les Allemands de l'autre côté de la rivière. Malheureusement, la confusion qui commence à s'instaurer ne permet pas de monter une opération d'envergure et ce sont au contraire les Allemands qui enregistrent les résultats les plus spectaculaires : en début d'après-midi, la *5.Pz.-Div.* parvient à s'emparer de Haut-le-Wastia cependant que la *7.Pz.-Div.* occupe Bouvignes d'où elle s'apprête à lancer ses éléments de tête vers le plateau.

Du côté français, après maintes tergiversations et plusieurs reports, on se décide enfin à déclencher une contre-attaque sur Haut-le-Wastia pour le lendemain matin.

De fait, le **14 mai**, l'action menée au petit matin par le 14e RDP avec l'appui de deux automitrailleuses du 1er GRDI bouscule les Allemands et les oblige à évacuer le village. Malheureusement, l'opération manque d'ambition et, dès 8 h 30, après que le village ait été soumis à un violent bombardement, les troupes françaises se replient, laissant dès lors les Allemands se répandre sur le plateau. La 5e DIM se replie alors sur ordre autour de Bioul, abandonnant les bords de la Meuse à la *5.Pz.-Div.* qui va enfin pouvoir faire passer ses chars sur l'autre rive.

De son côté, Rommel a entrepris de foncer sur Philippeville avec les quelques chars qui ont déjà franchi la Meuse. L'attaque se heurte d'emblée au 77e RI qui tient Onhaye et, après de durs combats, la localité est aux mains des Allemands vers 16 h. La progression se poursuit alors vers Morville qui est pulvérisé par une attaque aérienne avant d'être débordé par les chars du *Pz.-Rgt.25*. Au soir du 14

Bouvignes est en feu… (NARA.)

juin, la poussée de la *7.Pz.-Div.* s'arrête devant Anthée tenu par le 23ᵉ RTA de la 4ᵉ DINA jetée en renfort devant les *Panzer*.

Conscient de la menace que fait peser sur son dispositif la percée allemande, Corap décide de faire intervenir la 1ʳᵉ DCR du général Bruneau qui se trouve près de Fleurus en prévision de son intervention dans la trouée de Gembloux. Mouvementée pour gagner la région de Flavion où elle doit s'employer dès son arrivée, la 1ʳᵉ DCR se met en route en début d'après-midi mais, pour des motifs obscurs, la colonne de ravitaillement ne suit pas et, lorsque les chars arrivent en fin d'après-midi sur la base de départ qui leur a été fixée, ils sont à court d'essence. La contre-attaque prévue est donc reportée au lendemain après ravitaillement des chars de la brigade lourde (28ᵉ et 37ᵉ BCC) qui se déploient sur les crêtes dégagées qui dominent Flavion.

Le **15 mai** au matin, les chars du *XV.AK* se remettent en marche : la *7.Pz.-Div.*, qui progresse par la route de Philippeville, se présente vers 9 h 15 à hauteur des positions occupées par la 1ʳᵉ DCR. Seul le 37ᵉ BCC a pu être ravitaillé pendant la nuit de sorte que les chars du 28ᵉ BCC s'apparentent à des blockhaus. Lorsque les chars de Rommel passent sur la route, ils sont pris à partie par les chars de la brigade lourde qui, cependant, reste sur ses positions. Rommel franchit donc le barrage, laissant à la *5.Pz.-Div.* le soin de régler l'incident. Bruneau, qui ne peut ainsi laisser passer les chars allemands, décide d'engager la 2ᵉ Cie du 37ᵉ BCC (capitaine Gilbert) vers Flavion mais l'opération va très mal se passer puisque ce sont désormais les chars du *Pz.-Rgt.31* de la *5.Pz.-Div.* qui se déploient face à la 1ʳᵉ DCR. Après un court succès initial, la compagnie Gilbert est mise hors de combat : quatre chars sont perdus dans l'affaire et les trois restants sont si mal en point qu'il faut les abandonner. En outre le capitaine Gilbert a été tué au cours de l'attaque.

Dès lors, la 1ʳᵉ DCR cherche à se retirer du champ de bataille mais elle va encore perdre en fin d'après-midi la 3ᵉ Cie (capitaine Lehoux) qui, au cours d'une charge héroïque, se fait anéantir près de Denée par les avant-gardes de la *8.Inf.-Div.* qui tutoie le *XV.AK.* Seule la 1ʳᵉ Cie parvient à se replier en direction de Solre-le-Château. Quant au 28ᵉ BCC, après s'être courageusement battu, il a pratiquement disparu, ses chars immobiles étant neutralisés les uns après les autres.

Débarrassées de la menace de la 1ʳᵉ DCR, les deux *Panzerdivisionen* continuent leur poussée vers la frontière française, la *7.Pz.-Div.* qui se trouve désormais en pointe balayant devant elle les restes de la 22ᵉ DI et les lambeaux des 1ʳᵉ et 4ᵉ DLC.

Au soir du 15 mai, alors que la *5.Pz.-Div.* sécurise le terrain, la *7.Pz.-Div.* a déjà débordé Philippeville : la frontière française est à moins de vingt-cinq kilomètres…

Près de l'auberge de Bouvignes, un ponton flottant permet à ce véhicule Horch et à un 15 cm sIG 33 auf Pzkpfw I de la *sIG 704* de franchir la Meuse. (NARA.)

E. Hoepner

H. Stumpff

Hoepner franchit la position de Dyle

Rattaché à la *6.Armee* du *Generaloberst* von Reichenau, le *XVI.AK* du *General* Hoepner comporte deux *Panzerdivisionen* : la *3.Pz.-Div.* du *Generalleutnant* Stumpff et la *4.Pz.-Div.* du *Generalleutnant* Stever et sa mission est de franchir la Meuse près de Maastricht puis de foncer dans les plaines belges à la rencontre des unités françaises qui vont se porter en renfort de l'armée belge.

Pour réussir sa mission, Hoepner doit impérativement pouvoir bénéficier du passage sur les ponts qui franchissent la Meuse et le canal Albert. Or, le pont sur la Meuse se trouve à Maastricht alors que les ponts sur le canal Albert sont en Belgique (Veldwezelt, Vroenhoven et Kanne), ce qui veut dire que non seulement ces ponts sont gardés et minés mais aussi qu'ils sont sous le feu du puissant fort d'Eben-Emael. Pour que Hoepner puisse franchir le double l'obstacle, il faut donc impérativement s'emparer des ponts avant qu'ils ne sautent et neutraliser Eben-Emael : ce sera la difficile mission de l'opération SBEG (3) menée par des troupes aéroportées déposées par planeurs qui doivent s'emparer par surprise des ponts et neutraliser les cuirassements d'Eben-Emael en utilisant une arme nouvelle : la charge creuse.

Parallèlement, un *Sonderkommando* appartenant au *Btl.zbV.100* (4) doit s'emparer du pont sur la Meuse à Maastricht. Deux actions séparées sont prévues : d'une part, des « civils » déjà sur place doivent tenter d'empêcher la mise à feu du pont de Maastricht, d'autre part, en cas d'échec des premiers, une compagnie motorisée portant des uniformes hollandais doit reprendre la mission à son compte. Enfin, un détachement motorisé entrant en Hollande par Sittard doit essayer de s'emparer du pont à revers.

Le **10 mai** à 4 h, quatre groupes de planeurs DFS 230 emportant chacun onze hommes tirés par des Ju-52 décollent de l'aérodrome de Cologne-Osthelm et chacun se dirige alors vers son objectif. Les ponts sur le canal Albert sont sous la coupe de la 7e DI qui n'a pris son créneau qu'une dizaine de jours plus tôt. Près de chaque pont, se trouvent des abris occupés par le bataillon des Cyclistes frontières du Limbourg à l'exception de l'abri 0 du pont de Kanne, tenu par une garnison venue d'Eben-Emael. Les préparatifs de l'invasion ne sont pas passés inaperçus, tant aux Pays-Bas qu'en Belgique et, dès 0 h 30, les différentes garnisons le long de la frontière ont été mises en état d'alerte.

A 4 h 30, les premiers planeurs se posent à côté des ponts de Vroenhoven et de Veldwezelt : les Allemands neutralisent aussitôt l'abri M de Vroenhoven qui commande la mise à feu (où les trois occupants sont tués) et les abris A et B le long du canal. Idem à Veldwezelt où l'abri N est neutralisé, sa garnison mise hors de combat alors que l'abri C est pris dès le début de l'engagement.

Par contre, l'opération menée sur le pont de Kanne va échouer : alors que les planeurs allemands se posent près du pont après 4 h 30, l'ordre de destruction a déjà été donné par le Major Jottrand qui commande Eben-Emael.

Le fort précisément est déjà en butte à l'attaque des aéroportés allemands emmenés par l'*Oberleutnant* Witzig... dont le planeur a dû faire demi-tour (5) ! A peine posés sur les superstructures du fort, les aéroportés se dirigent vers les coupoles et les casemates de 75 qui tiennent les ponts sous leurs feux : la coupole de 120 mm est détruite par une charge creuse ainsi que la coupole de 75 Nord (6), la casemate de 75 Vi I (Vi pour Visé) est neutralisée de même que les casemates Ma 1 et Ma 2 qui tiraient vers Maastricht et les ponts sur le canal. Quelques tentatives de reprendre pied sur les dessus seront menées sans succès par la garnison et, le lendemain, le fort cessera le combat. La voie est libre pour le *XVI.AK*...

Hoepner engage la *4.Pz.-Div.* en premier avec mission de pousser sur Tongres. Malheureusement, le *XVI.AK* va connaître son premier déboire de la campagne car le pont de Maastricht explose juste avant que le détachement motorisé passé par Sittard ne s'en empare, après que les « civils » et le *Sonderverband Hocke* se soient faits prendre avant d'atteindre l'objectif. Cet échec est lourd de conséquence car il ne faut pas espérer qu'un pont de cir-

L'entrée du fort d'Eben-Emael après les combats. (coll. JYM.)

Un groupe de chars de la *4.Pz.-Div.* progresse à travers champs aux environs de Tongres. (NARA.)

constance puisse être ouvert avant au moins dix heures. Or, dès 9 h, la *4.Pz.-Div.* est déjà à Maastricht et son arrêt bloque la *3.Pz.-Div.* qui se trouve à 13 h 45 sur la ligne Linnich – Julich, à près de vingt kilomètres de la frontière.

Le **11 mai** au matin, le pont de circonstance de Maastricht est terminé et, dès 4 h 30, la *4.Pz.-Div.* entreprend de passer la Meuse. Malheureusement pour Hoepner, le franchissement s'effectue très lentement en raison de la présence des troupes du *XXVII.AK* qui utilisent les mêmes itinéraires et de l'action de l'aviation alliée qui tente désespérément de détruire les ponts intacts. Ce n'est finalement qu'à 18 h que la *5.Pz.-Brig. (4.Pz.-Div.)* atteint Grandville, à l'ouest d'Oreye, à l'ouest de la route Liège – St Trond. Pratiquement au même moment, un second pont est ouvert dans Maastricht et il permet à Hoepner d'engager la *3.Pz.-Div.*

Au cours de la matinée, le *AK* Hoepner se heurte aux éléments avancés du Corps de Cavalerie du général Prioux qui a pour mission de couvrir la 1re Armée et de s'établir sur la ligne Tirlemont – Hannut – Huy pour retarder la prise de contact avec la position de résistance fixée sur la ligne Wavre – Gembloux – Namur. Un premier accrochage a lieu près de Tongres mais la découverte française, trop faible pour endiguer l'avance allemande, se replie sur la position de la Petite Gette – la Méhaigne.

Le **12 mai,** vers 1 h, le *XVI.AK,* qui se voit rattacher la *20.Inf.-Div.(mot.),* prend connaissance de sa mission : atteindre le plus rapidement possible la trouée de Gembloux, entre Bruxelles et Namur. Dès 5 h 45, les avant-gardes de la *4.Pz.-Div.* sont à Waremme et, à 7 h 30, la *Panzerbrigade* se trouve déjà de part et d'autre de Hannut. La *3.Pz.-Div.* est plus mal lotie puisqu'à 8 h 45, seul un faible détachement a déjà atteint Bormershoven, à six kilomètres au NO de Tongres.

A 8 h 20, la *4.Pz.-Div.* reçoit l'ordre de pousser sur la ligne Hannut – Braives et d'envoyer des reconnaissances sur la ligne Opprebais – Eghezée – Bierwart mais, à 9 h 45, elle se heurte aux forces françaises près d'Hannut.

Le *AK Hoepner* vient en effet de rencontrer les deux DLM du Corps de Cavalerie et de violents engagements vont avoir lieu à Hannut, à Crehen et surtout à Thisnes que tiennent le I/11e RDP du colonel Revouy et le 2e Cuir. du lieutenant-colonel du Vigier (SOMUA et chars H). Malgré une forte résistance initiale, les dragons doivent finalement se replier sur Merdop, laissant les chars H tenir le village. Quand celui-ci tombe enfin, le 3e escadron laisse onze chars H sur le terrain ainsi que son chef, le capitaine Sainte-Marie-Perrin.

A 16 h 40, Stever qui, malgré la présence devant lui de deux DLM, a le sentiment que les Français ne sont pas en force, décide de tenter un coup de poker en créant une *Vorausabteilung* qu'il va lancer en direction de Perwez. Eberbach se met aussitôt en route et s'empare de Thisnes et de Créhen.

En soirée, la *4.Pz.-Div.* annonce qu'elle a capturé au cours de la journée environ 2000 prisonniers. Mais elle n'est plus seule car, à 19 h, les éléments de tête de la *3.Pz.-Div.* atteignent Poucet, à deux kilomètres au NO d'Hannut où ils repoussent de faibles résistances.

Le **13 mai**, la *4.Pz.-Div.* se heurte à nouveau au Corps de Cavalerie aux environs de Thisnes : l'objectif de la *3.Pz.-Div.* est Thorembais-les-Béguines, celui de la *4.Pz.-Div.*, Perwez, mais l'attaque ne pourra pas démarrer avant 11 h car Hoepner souhaite que ses deux divisions soient alignées avant de poursuivre sa progression.

En attendant, les Allemands essayent de réduire les résistances locales et, dès 9 h, une première attaque a lieu sur Merdop alors qu'à Jandrain, après une résistance initiale, les défenseurs sont encerclés vers 13 h 30.

A 11 h, les *Panzer* de la *Gruppe Hoepner* s'ébranlent, l'attaque étant soutenue par des bombardements de *Stukas* sur le secteur de la Méhaigne. A 11 h 45, la *3.Pz.-Div.* s'empare de Lincent et la *4.Pz.-Div.* de Wansin. Toute l'après-midi, la *3.Pz.-Div.* est engagée dans des combats contre des chars français près d'Orp-le-Grand. Une partie de la division est détournée sur Jandrenouille pour soutenir l'attaque de la *4.Pz.-Div.* sur Merdop.

La localité ne tiendra plus très longtemps puisqu'à 15 h, les défenseurs se replient sur Orbais alors qu'à Jandrain, le repli qui s'opère à découvert vers 14 h 15 coûte cher au 1er Cuir. qui laisse les deux tiers de ses chars H sur le terrain, sept chars sur les vingt et un engagés parvenant à rejoindre.

A Orp-le-Petit et à Orp-le-Grand, c'est la *3.Pz.-Div.* qui se présente vers 11 h : l'attaque massive des *Panzer* oblige les défenseurs à décrocher et à se replier.

Une contre-attaque refoule les Allemands dans le vallon de la Petite Gette mais il ne s'agit que d'un simple répit. A 14 h, le colonel Dodart des Loges, qui commande la 6e BLM, ordonne le repli. A Marilles, l'attaque allemande est bloquée grâce à l'intervention des chars H du 1er Cuir. : à 18 h 30, quand les deux pelotons se replient enfin sur ordre, il ne leur reste plus que trois Hotchkiss.

(2) En fait, le premier jour de l'offensive, le *XV.AK* a été dissocié temporairement.

(3) L'acronyme SBEG se compose des initiales des quatre objectifs désignés par leur structure : *S* = *Stahl* (acier) pour le pont de Veldwezelt, B = Beton pour le pont de Vroenhoven, *E* = *Eisen* (fer) pour le pont de Kanne et *G* = *Granit* pour le fort d'Eben-Emael.

(4) « *Zür besonderen Verwendung* » (pour utilisation spéciale).

(5) Il rejoindra ses hommes en planeur avec deux heures de retard.

(6) La coupole de 75 Sud échappera à la destruction.

Une partie des chars H du 1er Cuir. abandonnés dans Jandrain. (coll. JYM.)

En soirée, le *XVI.AK* revendique la destruction de cinquante chars français pour des pertes qu'il juge de son côté faibles. Vers 20 h, les éléments de tête des deux *Panzerdivisionen* atteignent la voie ferrée Huppaye – Gerompont – Eghezée.

La *Gruppe Hoepner* en a fini avec le Corps de Cavalerie : dans la soirée, celui-ci se replie sur la ligne Grez-Doiceau – Perwez – Namur et, le lendemain, il repasse derrière les positions tenues par l'infanterie.

Le **14 mai**, dès 8 h, la *4.Pz.-Div.* franchit la ligne des obstacles de Cointet au sud de Perwez cependant que la *3.Pz.-Div.*, dans le même temps, se trouve avec ses éléments de tête à Bomal, à cinq kilomètres au NE de Perwez. Une heure plus tard, la *4.Pz.-Div.* a déjà ses avant-gardes aux lisières de Bois-le-Grand – Leez.

A 12 h 50, la *3.Pz.-Div.* franchit à son tour la ligne d'obstacles et atteint la route Wavre – Perwez.

En face du *AK Hoepner*, se trouve désormais le IVe CA du général Aymes qui comprend deux divisions, la 1re DM du général Mellier et la 15e DIM du général Juin. La 1re DM est à gauche du dispositif avec le 7e RTM du colonel Vendeur à Ernage, le 2e RTM du colonel Cordier entre Ernage et Gembloux et le 1re RTM du lieutenant-colonel Bocat à Gembloux. La 15e DIM aligne le 134e RI du colonel de Caumia-Baillenx, le 27e RI du colonel Quantin et le 4e RI du colonel Tranchant.

Vers 11 h 30, la *4.Pz.-Div.* qui talonne les chars de la 2e DLM, parvient à s'infiltrer, à Ernage, dans le dispositif des 7e et 2e RTM mais cette action audacieuse est brisée par le feu de l'artillerie française et les *Panzers* doivent se retirer. Stever décide alors de faire intervenir les *Schützen* avec l'appui d'un régiment de *Panzers*. Des combats très violents se déroulent aux abords d'Ernage mais l'artillerie française qui se montre particulièrement active brise toute tentative de percée.

A 19 h 50, alors que la *3.Pz.-Div.* est à l'attaque sur Walhain – Saint-Paul et que la *4.Pz-Div.* vient de s'emparer de Baudecet, Hoepner décide d'arrêter la progression.

Le **15 mai** au matin, les opérations démarrent à l'heure prévue et dès 8 h 20, après une attaque de *Stukas*, les *Schützen* de la *4.Pz.-Div.* franchissent la voie ferrée au sud d'Ernage. A la *3.Pz.-Div.*, on n'est pas en reste et à 9 h 15, son avant-garde progresse de Walhain-St Paul sur Perbais mais le reste de la matinée va se dérouler plus difficilement et de l'aveu même des Allemands, l'attaque est particulièrement coûteuse.

Malgré les pertes, les Allemands progressent et une petite brèche est ouverte sur le front du 2e RTM. A Ernage, le 7e RTM est également mis à mal et la localité doit être abandonnée. Une contre-attaque destinée à reprendre le village doit être annulée, la priorité étant à la défense de Cortil-Noirmont.

A 14 h 30, Hoepner se résout une nouvelle fois à suspendre l'attaque et à la reprendre le lendemain depuis les lignes atteintes, avec l'aide de la *35.Inf.-Div.* et de la *20.Inf.-Div.(mot.)*. Sans toutefois la *4.Pz.-Div.* qui très éprouvée, est ramenée en arrière.

En soirée, des éléments de la *3.Pz.-Div.* s'emparent de Cortil-Noirmont que les troupes françaises viennent d'évacuer. La 1re Armée a en effet donné l'ordre d'abandonner la position et de se reporter sur la ligne Villiers-la-Ville – Fleurus. Les Allemands restent donc maîtres de la position, la ligne de résistance française peut être considérée comme brisée.

La *9.Pz.-Div.* en enfant perdu...

La *9.Pz.-Div.* du *Generalleutnant* von Hubicki a pour mission d'appuyer l'attaque sur la Hollande et, à ce

Un char PzKpfw III de commandement progresse dans le centre de Perwez qui a été transformé en champ de ruines (NARA.)

Près d'Ernage, un char PzKpfw III de la *4.Pz.-Div.* emporte des soldats marocains blessés. (coll. P. Kerger.)

titre, elle est rattachée au *XXVI.AK* du *General* Wodrig qui lui-même relève de la *18.Armee* du *General* von Küchler dont il constitue l'aile droite. Le *XXVI.AK* doit forcer le passage de la Meuse entre Grave et Gennep, au sud de Nimègue, puis le plus rapidement possible occuper la zone entre Moerdijk (au sud de Dordrecht) et Rotterdam. Dans ce contexte, la *9.Pz.-Div.* est chargée, après que les deux divisions d'infanterie qui constituent la 1re vague (*254* et *256.Inf.-Div.*) aient dégagé le passage, de s'emparer des passages intacts sur le Zuid et de pousser sur Tilburg et Breda.

Le **10 mai** 1940, la division n'engage que la *sIG Kp 701* et une compagnie de chars lourds en soutien des divisions de 1re vague : ce n'est à 22 h 30 qu'elle reçoit l'ordre de se préparer à faire mouvement et à 23 h 10 de se mettre en marche. Sa mission consiste à progresser en deux colonnes pour forcer le Zuid et établir la liaison avec les troupes aéroportées du *General* Student dans la région de Moerdijck: von Hubicki a placé en tête deux *Kampfgruppen*, d'une part la *Gruppe Apell* et d'autre part, la *Gruppe Sponeck* qui dispose notamment de la *sIG Kp 701.*

En raison des encombrements, les deux *Kampfgruppen* n'atteignent leur premier objectif (le canal du Zuid Willemsvaart, entre Maastricht et S-Hertogenbosch) qu'au cours de l'après-midi et ne franchissent le Zuid qu'entre 19 et 20 h. Du fait de ce retard, la division reçoit l'ordre de poursuivre sa progression au cours de la nuit : la *Gruppe Apell* doit lancer un détachement d'avant-garde pour aller prendre le contact avec les parachutistes de Student alors que la *Gruppe Sponeck* doit s'emparer le plus rapidement possible de Tilburg.

Au lever du jour, le **11 mai**, Apell atteint la ligne S-Hertogenbosch – Moergestel (aux abords sud de Tilburg) et il poursuit sa route vers le canal Wilhelmine aux environs de Osterhout et Dongen. Ce n'est cependant que vers 17 h que la *Pz.-Aufkl.Abt.9* de von Luttwitz parviendra finalement à établir la liaison avec les parachutistes de Student à Moerdijck. Sponeck a moins de chance car il est bloqué devant le pont détruit à l'est de Tilburg. C'est donc à pied que les hommes franchissent le canal Wilhelmine et poursuivent vers Tilburg où ils se heurtent aux avant-gardes françaises. Il s'agit d'éléments de la 25e DIM qui est venue s'installer dès la veille entre Breda et Meer. Le contact ne durera pas car, au soir, les troupes françaises se replient sur la ligne Dorf – Wuestwezel – Minderhout.

Le **13 mai**, la *9.Pz.-Div.* ne progresse que peu puisque seule la *Gruppe Sponeck* se porte dans la matinée à Ginneken, au sud de Bréda alors que l'*Aufkl.-Abt.* s'empare par surprise de Willemstad.

Au soir, la *9.Pz.-Div.* est rattachée au *XXXIX.AK* avec pour mission de traverser Rotterdam et de pousser d'un côté sur Utrecht, de l'autre sur Delft et S-Gravenhage (La Haye). Pour ce faire, elle se voit rattacher la *SS.-Division «Leibstandarte Adolf Hitler»*.

Von Hubicki a articulé son dispositif en deux *Kampfgruppen* chargées de former une tête de pont : la *Gruppe Apell* et la *Gruppe* de l'*Oberst* Kreysing (relevant de la *22.Inf.-Div.*). Derrière ces deux *Kampfgruppen*, la *Kampfgruppe C,* formée par la *LSAH* renforcée, devra pousser sur Delft cependant que le reste de la division s'orientera vers Utrecht.

Vers 10 h, l'officier Ic de la *9.Pz.-Div.* est envoyé comme parlementaire à Rotterdam pour exiger la reddition de la ville. En raison des difficultés de circulation, ce n'est qu'à 3 h 10 qu'un parlementaire hollandais se présente au *XXXIX.AK* mais il ne fournit pas une réponse très claire. En conséquence, un nouveau délai est accordé à la ville jusqu'à 17 h mais la *Luftwaffe* se charge entre-temps de réduire Rotterdam en cendres. Vers 15 h, von Hubicki reçoit la reddition de la cité martyre : malgré les destructions qui obstruent les itinéraires, la *Gruppe C* se met en marche et, vers 21 h, elle est à Delft. C'est alors que les Pays-Bas cessent le combat.

Le lendemain, la *Gruppe Apell* est repliée sur Gouda et, dans l'après-midi, la division se déplace dans les environs de S-Gravenhage (La Haye).

Dès lors, la *9.Pz.-Div.* ne jouera plus de rôle actif dans la première partie de la campagne. Le 17 mai, elle se met en marche pour traverser la Belgique et, par Huy et Hirson, elle gagne la région de Doullens où elle ne parvient que le 23 mai.

Trois chars PzKpfw III de la *4.Pz.-Div.* stationnent dans Ernage. (coll. P. Kerger.)

12 mai 1940 – 17 h : Des éléments de la *Pz.-Aufkl.Abt.9* parmi lesquels un Pz-Spähwagen SdKfz 263 Fu (radio) pénètrent dans Zevenbergschen hoek, près de Moerdijk (DR.)

La course à la mer (16 – 21 mai 1940)

5

Le 15 mai au soir, l'armée française a déjà perdu la guerre. Tous les espoirs français reposaient sur le succès du plan E qui ne prévoyait cependant rien d'autre que de s'aligner sur la Meuse, sans aucune idée de manœuvre. La rupture des positions françaises par les *Panzerdivisionen* a balayé toutes les certitudes de Gamelin qui n'a plus désormais ni plan de rechange, ni la moindre réserve. Dès lors, la bataille va être alimentée par des unités hâtivement prélevées sur le front et jetées en pâture aux *Panzer* qui vont les anéantir les unes après les autres. A partir du 16 mai, l'armée française va reculer, reculer, reculer sans cesse malgré le sempiternel mot d'ordre qui constelle tous les ordres donnés : « *Tenir sans esprit de recul* » (mais on ne voit jamais le mot « *Attaquer* »). La défaite sera au bout de ce long repli…

Objectif la mer pour la *Gruppe von Kleist*

Guderian fonce sur Abbeville

Le **16 mai** au matin, Guderian fixe à ses divisions un objectif aussi ambitieux que précis : Saint-Quentin. Ce qui revient à dire que les *1.* et *2.Pz.-Div.*, qui doivent effectuer une conversion assez nette vers l'ouest, vont à nouveau surprendre les troupes françaises qui s'apprêtent à résister sur l'Aisne. Impression confirmée par le fait que la *1.Pz.-Div.*, qui reprend se marche dès 8 h, avance initialement en direction de Rethel avec deux *Kampfgruppen* (Krüger et Nedtwig): la ligne de crête a été évacuée pendant la nuit mais les résistances ne sont pas nettoyées pour autant et les éléments de tête de la division doivent encore se battre à Jonval et à Le Plain puis à Tourteron dont ils s'emparent vers 11 h. Le début d'après-midi est plus calme, ce qui permet à la *1.Pz.-Div.* de progresser sensiblement et d'atteindre Marle vers 15 h. Elle se heurte là à une résistance improvisée qui va la retarder pendant près de sept heures puisque ce n'est que vers 22 h que la localité est enfin aux mains des Allemands.

La *2.Pz.-Div.* s'élance de la zone Wasigny – Mesmont et elle progresse en deux colonnes (von Prittwitz et von Vaerst). Dès 8 h 15, la colonne de gauche arrive à Neuvizy mais les difficultés commencent car l'axe de progression de la *2.Pz.-Div.* est en partie occupé par la *6.Pz.-Div*. La division reçoit alors l'ordre de progresser vers Montcornet en passant au sud de Rozoy-sur-Serre. En début d'après-midi, la *2.Pz.-Div.* se trouve prise dans des embouteillages autour de Rocquigny et elle doit se détourner sur Fraillicourt avec comme objectif de se porter sur Dizy-le-Gros. Ce gros bourg est occupé par les éléments motorisés de la 3e DLC qui viennent de roquer depuis le front de Lorraine (Longwy – Audun-le-Tiche) et qui se sont organisés pour contrôler les débouchés de Montcornet. L'attaque allemande, qui vient déjà de surprendre un bataillon régional à Sévigny-Waleppe, les prend donc de flanc et dans l'affaire, le 3e RAM est en partie décimé : plusieurs officiers sont tués ou faits prisonniers, une grande partie des AMD et des motos détruites (1). Au soir, la *2.Pz.-Div.* parvient à établir une tête de pont sur la Serre à Thiernu et à Lugny.

Pendant que les *1.* et *2.Pz.-Div.* foncent vers la mer, la *10.Pz.-Div.* détachée avec l'*IRGD* au *XIV.AK,* continue à se battre sur les hauteurs de Stonne. Une nouvelle attaque, menée vers 7 h par les chars B du 41e BCC du commandant Malagutti avec le concours du III/51e RI, refoule les Allemands hors de Stonne (2) mais, vers 15 h, les lourds engins doivent se replier sur ordre et, à 17 h, les Allemands reprennent possession du village.

Lorsque l'aube du **17 mai** se lève, Guderian est bien décidé à enlever Saint-Quentin dans la journée et dès 6 h, les *1.* et *2.Pz.-Div.* s'apprêtent à repartir.

Dès 7 h, la *Kampfgruppe Krüger* de la *1.Pz.-Div.* atteint le canal de l'Oise où elle se heurte aux résistances mises en place par la 2e DCR. Si à Mézières, Moy et Berthenicourt, les chars français parviennent à interdire le passage aux Allemands, il n'en va pas de même à Ribemont où le passage est forcé dans la foulée, ce qui permet aux Allemands de déboucher dans le flanc des défenseurs devant les autres ponts et de les anéantir ou de les forcer à se replier. La *2.Pz.-Div.* atteint l'Oise peu après.

C'est alors qu'un ordre de von Kleist interdit aux *Panzer* de franchir l'Oise. Il n'en faut pas plus pour que le bouillant Guderian présente sa démission à von Kleist qui l'accepte. Ce n'est que sur l'intervention du *Generaloberst* List qui commande la *12.Armee,* qu'il accepte de reprendre son commandement vers 15 h 30.

Entre-temps, les événements s'emballent quelque peu puisque, dans la matinée, la *1.Pz.-Div.* est en butte à une attaque de chars français en direction de Montcornet : il s'agit de la 4e DCR du colonel de Gaulle qui, jetée prématurément dans la bataille, se propose d'éperonner les Allemands depuis les abords de Laon.

(1) L'escadron de chars H replié pour être rééquipé n'est pas impliqué dans cette opération.

(2) Au cours de cette attaque, le capitaine Billotte, qui commande la 1re Cie, revendique la destruction d'une colonne de chars allemands à l'entrée de Stonne mais cette destruction n'est pas confirmée par les documents photographiques disponibles.

Un véhicule de reconnaissance SdKfz 221 de la *1.Pz.-Div.* traverse La Sabotterie, au sud de Bouvellemont. (NARA.)

A Dizy-le-Gros, le 3e RAM perd la plupart de ses AMD. On voit ici deux de ces engins détruits en avant de la localité, sur la route qui vient de Montcornet. (coll. P. Kerger.)

L'attaque française part en effet d'assez loin, ce qui n'est pas sans conséquence sur son efficacité puisque la 4e DCR se présente en ordre dispersé sur l'objectif : alors que la brigade légère (2e et 24e BCC) parvient à pénétrer dans Montcornet dès la fin de la matinée, la brigade lourde (chars B du 46e BCC et chars D 2 de la 345e CACC) doit s'arrêter en route pour ravitailler. Le 46e BCC, qui a déjà perdu plusieurs chars par enlisement lors de sa progression, arrive sur Montcornet vers 16 h mais l'effet de surprise ne joue plus et les canons Pak et Flak allemands parviennent à briser l'élan français. Les chars B se replient, laissant derrière eux plusieurs engins détruits et plusieurs tués dont le commandant Bescond commandant le bataillon. Quant à la 345e CACC, après être parvenue à La Ville-aux-Bois, elle parvient à se dégager sans trop de mal mais perd trois chars au cours de son repli.

J. Nedtwig

L'attaque a donc coûté à la 4e DCR neuf chars B, trois chars D et une douzaine de chars R ainsi que quatorze tués dont trois officiers.

Du côté allemand, si l'action de la 4e DCR n'a guère freiné la progression de la 1.*Pz.Div*., elle a suffisamment impressionné Guderian pour que celui-ci demande aussitôt à la *10.Pz.-Div.* d'envoyer une *Kampfgruppe* le plus rapidement possible vers Montcornet : au début de la matinée, Schaal a en effet été informé que la *10.Pz.-Div.* repassait aux ordres du *XIX.AK* ainsi que l'*IRGD*. Alors que ce dernier, fort éprouvé, se repliait sur Bulson pour se réorganiser, la *10.Pz.-Div.* a passé la matinée à se remettre en ordre de marche et ce n'est qu'en début d'après-midi qu'elle se met en route derrière la *1.Pz.-Div.* avec mission de se porter dans la région Lislet – Montcornet. Suite aux instructions de Guderian lui demandant d'accélérer le mouvement, le *Schütz.-Rgt.86,* renforcé par deux sections de la *Pz.-Jäg.Abt.521* est déjà en place en début de soirée.

Le **18 mai** au matin, la *1.Pz.-Div.*, qui s'est remise en marche vers 4 h 30, pénètre dès 7 h 40 dans Saint-Quentin, en présence de Guderian qui s'est porté à hauteur de ses éléments de tête. La ville n'est pas défendue, ce qui fait que les deux *Kampfgruppen,* après avoir traversé la localité continuent leur marche vers le canal du Nord : la *Kampfgruppe Nedtwig* se trouve près de Tertry lorsqu'elle reçoit l'ordre de s'arrêter. Les détachements d'avant-garde non touchés par cet ordre ont déjà contourné Péronne et vers 13 h 45 ils se trouvent à Aizecourt. Alors que Krüger s'arrête à Haucourt, à, quatre kilomètres au nord de Poeuilly, la *Pz.-Aufkl.Abt.4* continue sa route et s'empare du pont intact sur la Somme à Brie.

La *2.Pz.-Div.* n'est pas en reste car, dès 4 h 30, elle débouche de la tête de pont de Ribemont, s'avance jusqu'aux faubourgs est de **Saint-Quentin** et poursuit sa route au-delà de la ville, atteignant Bellicourt dès 12 h 25. C'est là qu'elle sera touchée par l'ordre d'arrêt de von Kleist qui prescrit de ne pas dépasser la ligne Villeret - Tertry en raison de la situation trop aventurée du *XIX.AK* qui n'est pas couvert sur son flanc droit.

A gauche par contre, il devrait y avoir les gros de la *10.Pz.-Div.* mais ils sont toujours en retrait des deux divisions de tête. Aussi leur programme pour la journée ne manque pas d'ambitions puisque la *10.Pz.-Div.* doit assurer la protection latérale du *XIX.AK* le long de la Somme, entre le canal de l'Oise et Amiens. Pour faire bonne mesure, Schaal se voit adjoindre un groupement de circonstances formé par *la Pz.-Jäg.Lehr-Abt.521* et les *Pi.-Btl. 666, 49* et *41*, le tout sous les ordres de l'*Oberst* Müller. Ce groupement assurera plus particulièrement la défense des passages le long de la Serre.

La menace que perçoit confusément le commandement allemand se matérialise le **19 mai** avec l'attaque, malheureusement dispersée, de deux divisions blindées françaises dans le flanc du *XIX.AK*. La 2e DCR du général Bruché attaque en effet depuis Ham et ses environs sur plusieurs axes de progression, avec des forces malheureusement réduites. Ainsi, la compagnie Vaudrémont (chars B) chargée de s'emparer de Ham ne peut déboucher et elle doit se replier. Deux des trois groupements engagés à gauche de Ham sont également rapidement stoppés et ils subissent des pertes (groupement de gauche bloqué dans Saint-Simon et groupement de droite, devant les ponts de Liez et Mennessy). Seul le groupement centre composé de deux chars B et de deux chars H parvient à enfoncer un faible dispositif allemand et il s'avance suffisamment dans les lignes allemandes pour que Guderian soit obligé de déplacer son PC ainsi qu'il le relate dans « *Souvenirs d'un soldat* », attribuant erronément cette action à la 4e DCR.

L'autre division qui attaque est à nouveau la 4e DCR du colonel de Gaulle qui se propose d'éperonner le flanc des *Panzerdivisionen* à Crécy-sur-Serre. Malheureusement, pour avoir quelques chances de réussir, la 4e DCR doit s'emparer des ponts sur la Serre, ce qui s'avère une mission délicate car ceux-ci sont tenus depuis la veille par le groupement de circonstances de l'*Oberst* Müller. Aussi, quand les chars français se présentent devant les ponts de Crécy-sur-Serre et de Mortiers, ils sont bloqués par une solide défense antichar qui détruit plusieurs engins

Le char B 1 bis « Glorieux » du 8e BCC (2e DCR) a été détruit en défendant le pont de Moy-de-l'Aisne et trois membres de son équipage ont été tués. (coll. JYM.)

1

2

3

1. Ensemble de trois modèles différents de paires de jumelles en dotation dans la Wehrmacht, avec leurs étuis. Le premier à gauche est un modèle 6x30 produit par E. Leitz à Wetzlar, le second est un modèle 7x50 fabriqué à Prague. (Hermann Historica.)

2. Pantalon de laine noir des panzers, l'étiquette intérieure signale qu'il provient d'un magasin d'habillement de Francfort avec la date de 1940. (Hermann Historica.)

3. Patte de col des panzers, fabrication privée « extravagante » pour un uniforme de sortie. Les têtes de mort sont aussi d'un modèle inhabituel, poli aux angles. (Hermann Historica.)

L'épave d'un char PzKpfw IV de la *1.Pz.-Div.* abandonné sur la place de Montcornet suscite l'intérêt de ces chasseurs de la *1.Geb.-Div.* (DR.)

et empêche la 4e DCR de franchir la Serre. L'attaque n'ira pas plus loin.

Ces opérations pour impressionnantes qu'elles soient, n'empêchent pas les *Panzer* de poursuivre leur route et, en fin de matinée, les éléments de tête des deux divisions blindées sont déjà sur le canal du Nord où ils peuvent former des têtes de pont (au sud-ouest d'Allaines et au sud de Moislains pour la *1.Pz.-Div.*, entre Equancourt et Manencourt pour la *2.Pz.-Div.*).

Au soir du 19 mai, la *1.Pz.-Div.* a constitué une large tête de pont au-delà de la Somme dans la région Cléry – Flaucourt – Barleux alors que la *2.Pz.-Div.* a également formé une tête de pont sur la ligne Epehy – Gouzeaucourt - Ytres.

Après avoir dû s'employer contre les 2e et 4e DCR, la *10.Pz.-Div.* apprend qu'elle est relevée par la *29.Inf.-Div.(mot.)* et elle reçoit pour mission d'aller elle-même, au cours de la nuit, relever la *1.Pz.-Div.* dans la tête de pont de Péronne.

Le **20 mai** au matin, la *1.Pz.-Div.*, qui a démarré de Péronne sans attendre la relève de la *10.Pz.-Div.*, se présente dès 8 h 30 devant Amiens. La ville est défendue par des éléments disparates relevant du 28e Régiment Régional renforcé de quelques chars FT et canons de 75. Le combat est évidemment disproportionné et, s'il oblige les Allemands à s'engager, il ne peut les empêcher de pénétrer dans la ville dès la fin de la matinée, Guderian s'autorisant même une visite de la cathédrale dès 11 h.

La prise d'**Amiens** ne constitue pas la fin de la progression et, peu après 14 h, Krüger est déjà à La Chaussée-Tirancourt. Il n'ira cependant pas beaucoup plus loin car la *1.Pz.-Div.* reçoit l'ordre de s'organiser sur place et de sécuriser les passages sur la Somme.

La *2.Pz.-Div.* connaît un début de journée assez tranquille, ce qui lui permet d'atteindre dès 13 h la région au sud de Doullens. Aussitôt, Guderian lui donne ordre de poursuivre en direction d'Abbeville. C'est

1

2

1. Le char B 1 bis « Athos » du 46e BCC abandonné dans Bucy-les-Pierrepont en panne d'essence au retour de l'attaque sur Montcornet. (DR.)

2. Un char B et un char H ont été perdus dans Saint-Simon lors de l'attaque lancée par la 2e DCR dans le flanc du *XIX.AK* de Guderian. (coll. JYM.)

Des véhicules appartenant à la *Pz.-Aufkl.Abt.4* de la *1.Pz.-Div.* stationnent devant l'hôtel de ville de Saint-Quentin (coll. JYM.)

H.v. Prittwitz

la *Kampfgruppe von Prittwitz* qui prend l'affaire à son compte : après avoir traversé L'Etoile sans combats, la colonne continue sa route et vers 19 h 30, elle se trouve devant **Abbeville** que la *Luftwaffe* a transformé en un immense brasier. Cette situation ne permet guère à von Prittwitz que de faire entrer le *I./Schütz.-Rgt.2* dans la ville vers 20 h 30 pour s'emparer des ponts intacts. Au même moment, un autre élément de la *Kampfgruppe von Prittwitz*, le *III./Schütz.-Rgt.2* du *Major* von Spitta s'autorise un bel exploit : fonçant au milieu des convois de réfugiés, il atteint peu après Noyelles-sur-Mer et matérialise le rêve un peu fou du commandement allemand : les armées franco-britanniques sont coupées en deux...

Pour sa part, la *10.Pz.-Div.* n'a guère l'occasion de se distinguer au cours de cette journée puisque son activité se limite à gagner le nouveau secteur qui lui a été assigné et à le sécuriser. Seul souci en fin de matinée, il va lui falloir nettoyer les deux têtes de pont de Corbie et de Braye que la *1.Pz.-Div.*, pour ne pas perdre de temps, s'est contentée de contourner.

Le **21 mai** 1940, le commandement allemand, sans doute surpris par la rapidité de la percée opérée par les *Panzerdivisionen*, se trouve face à un dilemme : faut-il percer vers le sud ou remonter vers le nord ? La matinée va se passer avant qu'une réponse ne soit apportée à cette question, ce qui fait dire à Guderian :

« *Le 21 mai fut donc perdu à attendre les ordres.* »

Ce n'est qu'en début d'après-midi en effet qu'arrivent les ordres pour le lendemain : le *XIX.AK* doit remonter vers le nord en direction de Dunkerque. Aussitôt, les trois *Panzerdivisionen* pivotent pour prendre leurs créneaux respectifs sur la ligne Savy – Hesdin : à 18 h 45, un nouvel ordre précise que les trois divisions doivent progresser par six itinéraires pour gagner la ligne Saint-Omer – Calais.

Une nouvelle phase de la bataille se prépare...

Reinhardt n'est pas en reste...

Le **16 mai**, après sa chevauchée de la veille, la *6.Pz.-Div.* stationne toujours aux environs de Montcornet,

La défense d'Amiens reposait sur un régiment régional et quelques vieux chars FT placés aux entrées de la ville. Malgré leur courage, les malheureux défenseurs ont pesé bien peu lourd face aux avant-gardes de la *1.Pz.-Div.* (coll. JYM.)

ce qui lui vaut d'être attaquée au cours de la matinée par le groupement Bourgin de la 2e DCR qui arrive à Montcornet vers 10 h. Les lourds chars B ne poussent pas plus loin et, vers 13 h 30, ils se retirent vers Marle. Après cette alerte, Kempf reçoit l'ordre de dégager les itinéraires pour la *1.Pz.-Div.* et sa première opération de l'après-midi consiste à remonter vers Vervins où il se défait d'une faible résistance avant que Reinhardt ne lui intime l'ordre de s'emparer des ponts de Guise le jour même. Malgré une progression rapide, l'objectif ne sera pas atteint, les *Panzer* s'arrêtant à 22 h à trois kilomètres de Guise.

Pendant ce temps, la *8.Pz.-Div.*, qui rongeait son frein depuis plusieurs jours, entre enfin dans la bataille. Après avoir franchi la Meuse à Nouzonville dans la matinée, les deux *Kampfgruppen* formées par Kuntzen prennent la route d'Hirson et, vers 20 h, la *Kampfgruppe Neumann-Silkow* parvient déjà devant la ville qui est tenue par des éléments disparates du 2e GRDI et de la 4e DINA. Estimant l'heure trop tardive pour s'engager dans la ville, Kuntzen remet l'attaque au lendemain.

Le **17 mai** au matin, Kempf entend bien s'emparer des passages sur l'Oise entre Guise et Origny-Ste

Une reconnaissance menée par la *2.Pz.-Div.* jusqu'à Ault démontre que la route du sud était ouverte et que l'OKH était effectivement confronté à un dilemme : franchir la Somme ou remonter vers le nord. La prudence a imposé la deuxième option. (DR.)

A. Kuntzen

Benoite mais la *6.Pz.-Div.* va se heurter aux chars de la 2e DCR du général Bruché qui a organisé des bouchons en face de chacun des ponts sur le canal de la Sambre. Des combats violents ont lieu en différents endroits, les attaques françaises, dispersées et donc peu puissantes, étant à chaque fois brisées par les Allemands. En fin de matinée, la *6.Pz.-Div.* a déjà pu créer deux têtes de pont à Hauteville et à Origny-Ste Benoite et tenir ouvert le passage à **Guise** pour la *8.Pz.-Div.*

Pendant toute l'après-midi, la *6.Pz.-Div.* va se battre le long du canal dont elle ne peut pas déboucher.

A la *8.Pz.-Div.*, les opérations commencent par le nettoyage d'**Hirson**, opération d'autant plus facile que la ville a été évacuée dans la nuit et, aussitôt, les *Kampfgruppen* de Kuntzen prennent la direction de La Capelle. La ville qui constitue un carrefour important a été aménagée en point d'appui fermé par l'état-major de la 4e DINA et, dès le début de la matinée, les défenseurs sont au contact des avant-gardes allemandes. Celles-ci se lancent aussitôt à l'assaut des barricades mais les défenseurs qui bénéficient de l'appui de quelques pièces antichars repoussent les premières attaques. Ce n'est finalement que vers 18 h 30 que le général Sancelme et les troupes qui l'accompagnent cessent le combat. La résistance de **La Capelle** n'a cependant pas trop ralenti la *8.Pz.-Div.* car Kuntzen a lancé ses *Kampfgruppen* vers l'Oise sans attendre la chute de la ville : à 20 h, la *Kampfgruppe Siebert* arrive à Guise où elle relève les éléments de la *6.Pz.-Div.* qui tenaient la localité et la *Kampfgruppe Neumann-Silkow* se trouve devant Oisy.

Le **18 mai** au matin, la *6.Pz.-Div.* peut enfin s'extraire de la zone du canal et ses deux *Kampfgruppen* de tête s'élancent vers l'ouest et, dès la fin de la matinée, elles ont atteint les objectifs... de la journée (von Esebeck à Fresnoy et von Ravenstein à Méricourt). Encouragé par cette progression rapide, Reinhardt ordonne à Kempf de pousser le plus rapidement possible vers la Somme et d'en forcer les passages à Banteux et à Bony. La *Kampfgruppe von Ravenstein* parvient vers 16 h devant Le Catelet et, après avoir vaincu une faible résistance, elle entre dans la ville vers 18 h 30. Deux heures plus tard, elle peut déjà organiser une petite tête de pont dans la région Honnecourt – Vendhuille. Au même moment, von Esebeck atteint déjà le carrefour à dix kilomètres au sud de Cambrai.

La *8.Pz.-Div.* connaît une journée plus difficile car elle se trouve au contact des chars de la 2e DCR. Devant l'incertitude que fait planer la présence des engins français, la *Kampfgruppe Sieberg* qui escadronnait en tête de la division, reçoit l'ordre ne pas dépasser Bohain, ce qui place la *8.Pz.-Div.* très en retard de la *6.Pz.-Div.*

Le **19 mai**, la *6.Pz.-Div.* se remet en marche vers le canal du Nord mais l'irruption inopinée de quelques chars français de la 2e DCR en repli dans Le Catelet

Un char Pzkpfw IV de la *8.Pz.-Div.* franchit la Meuse sur le pont de circonstance de Nouzonville. (coll. JYM.)

1. Dans Guise, un char de commandement PzKpfw I Befehlswagen de la *8.Pz.-Div.* s'est garé sur le trottoir non loin de l'épave du char B « Ouragan » du 8ᵉ BCC abandonné dans la ville. (coll. JYM.)

2. Une AMD 178 du 2ᵉ GRDI a été détruite dans La Capelle où la *8.Pz.-Div.* connaît son premier engagement sérieux de la campagne. (coll. JYM.)

3. Le char B 1 bis « Mistral » de la 2ᵉ DCR s'est immobilisé à l'entrée du Catelet. (coll. JYM.)

crée un instant un climat moins serein et ce n'est que vers 11 h, après la destruction de la plupart des engins engagés, que le calme reviendra dans le secteur. Au cours de la matinée, la *6.Pz.-Div.* s'autorise deux captures intéressantes, la plus prestigieuse étant près du Catelet, celle du général Giraud commandant la 9ᵉ Armée, alors que la *Kampfgruppe Esebeck* s'empare du général Bruneau commandant la 1ʳᵉ DCR à Bantouzelle. En fin de matinée, les deux *Kampfgruppen* de la *6.Pz.-Div.* sont déjà à moins de cinq kilomètres du canal du Nord. Les ponts qui l'enjambent sont détruits mais comme le canal est à sec et qu'il n'est pas réellement défendu, les Allemands n'éprouvent guère de peine à créer des têtes de pont dont ils ne débouchent pas en raison du retard de la *8.Pz.-Div.*

Celle-ci en effet essaie au cours de la journée de combler son retard mais, en raison de la situation incertaine qui perdure, Reinhardt lui ordonne de s'organiser défensivement dans la zone Iron – Séboncourt, au sud de Bohain, à cheval sur le canal de la Sambre à l'Oise. Difficile dans ces conditions d'assurer la protection du flanc de la *6.Pz.-Div.* d'autant que celle-ci continue à progresser rapidement. Kuntzen décide en conséquence de lancer en avant un détachement chargé de couvrir le flanc droit de la *6.Pz.-Div.* Après une progression particulièrement rapide, celui-ci parvient en soirée à s'aligner sur les éléments de tête de la *6.Pz.-Div.* en atteignant Marcoing, à l'ouest de Cambrai. A 22 h 30, la *8.Pz.-Div.* est dégagée de sa mission défensive et, dès le lendemain, elle peut reprendre sa progression.

Le **20 mai** au matin, la *6.Pz.-Div.* démarre avec deux heures de retard, suite à une mauvaise transmission des ordres. Retard qui ne porte pas trop à conséquence car il n'y a plus guère de résistances devant la division. A 13 h, la *Kampfgruppe Esebeck* est déjà à Douchy-les-Ayette et la *Kampfgruppe Ravenstein* à Gomiécourt. Cette bonne impression ne va pas durer car, vers 15 h, von Ravenstein se heurte à Mondicourt à des troupes britanniques chargée de défendre la petite ville de **Doullens** : il s'agit d'éléments de la *12th Division* du *Major-General* Peltre qui se sont organisés dans la matinée. Les combats autour et dans Doullens vont durer une partie de l'après-midi et ce n'est que vers 22 h que von Ravenstein est enfin entièrement maître de Doullens.

A la *8.Pz.-Div.*, on n'a pas loupé le départ et, dès 7 h, les deux *Kampfgruppen* de tête se mettent en route, Sieberg par Monchy en direction de Frévent et Neumann-Silkow par Quéant et Avesnes-le-Comte en direction de Saint-Pol.

C'est là que va s'arrêter la course à la mer du *XXXXI.AK* car, le lendemain, les deux divisions doi-

La gestion des milliers de prisonniers capturés par les *Pz.-Div.* lors de leur progression ne manque pas de poser des problèmes car ce sont de longues colonnes peu encadrées qui prennent la direction de l'Allemagne. On voit ici une de ces colonnes traversant Sailly-Saillisel. (coll. JYM.)

vent stationner sur les positions atteintes, ce qui n'empêche pas la *8.Pz.-Div.* de s'offrir un petit extra : en effet, la *Kampfgruppe Sieberg* qui se trouve à Frévent, ne peut s'empêcher d'aller goûter l'air de la mer et, dans la matinée, des éléments du *Pz.-Rgt.10* prennent la direction de **Montreuil-sur-Mer** qui n'est qu'à une cinquantaine de kilomètres. A 13 h, le détachement emmené par Kuntzen en personne parvient à s'emparer de la ville : la *8.Pz.-Div.* a aussi atteint la côte...

La contre-attaque franco-britannique sur Arras (voir ci-après) cause cependant quelques inquiétudes au PC du *XXXXI.AK* et Reinhardt ordonne à ses deux divisions de se mettre en garde pour le cas où l'attaque adverse parviendrait jusqu'à elles. La *6.Pz.-Div.* reçoit l'ordre de pivoter et de s'installer sur la ligne Savy – St Pol-sur-Ternoise avant qu'il ne lui soit prescrit de pousser la *Kampfgruppe von Ravenstein* à La Bellevue, en avant de Doullens, et la *Kampfgruppe von Esebeck* sur Bailleul pour s'opposer à une éventuelle percée.

Il ne se passera cependant rien au court de l'après-midi et, au soir, les deux divisions reçoivent l'ordre de se tenir prêtes à marcher dès 8 h 30 en direction du Nord : la dernière phase de *Fall Gelb* va commencer...

Quatre *Panzerdivisionen* en marche sur Arras

Objectif Arras pour les 5. et 7.Pz.-Div.

Le **16 mai**, alors que *la 5.Pz.-Div.* passe sa matinée à nettoyer le terrain et à s'emparer de Walcourt, la *7.Pz.-Div.* est à l'arrêt : ce n'est finalement qu'en fin de matinée qu'elle se met en route mais elle va rattraper le temps perdu : à 17 h 30, elle franchit la frontière française près de Sivry et elle se présente face aux organisations fortifiées qui prolongent vers le sud-est, la couronne de Maubeuge.

Rommel a bien l'intention d'attaquer dans la foulée cette faible position qui n'a bénéficié d'aucun renforcement, ni en troupes de campagne, ni en artillerie et qui ne vaut que par quelques petits blocs armés de canons antichars. Une première attaque lancée vers 15 h est assez facilement repoussée par les défenseurs mais, alors que la nuit commence à tomber, Rommel lance une opération ambitieuse qui va amener à la neutralisation des blocs situés de part et d'autre de la route de l'Epine. Les défenses françaises sont réduites au silence et les avant-gardes de la *7.Pz.-Div.* se lancent alors dans une longue chevauchée nocturne qui les amène avant le lever du jour, à **Avesnes-sur-Helpe** où stationnent les chars de la brigade légère de la 1re DCR. Dans l'obscurité, un combat confus s'engage, causant des pertes de chaque côté mais le terrain reste aux Allemands qui peuvent dès lors reprendre leur marche en direction de Landrecies. De son côté, la *5.Pz.-Div.* s'est emparée de Beaumont où la 1re Cie du 37e BCC, encerclée et à court d'essence, saborde ses derniers chars.

Le **17 mai**, alors que le jour n'est pas encore levé, Rommel lance la *7.Pz.-Div.* en direction de Le Cateau : vers 5 h 15, ses éléments de tête qui ont déjà traversé Landrecies, se trouvent devant **Le Cateau**. C'est là qu'ils se heurtent aux premiers éléments de la 2e DCR qui tentent de barrer les passages sur le canal de la Sambre et surtout à la 1re DLM et à la 9e DIM rameutées de Hollande. Des affrontements ont lieu dans Landrecies, ce qui incite les Allemands à sécuriser le secteur avant de s'engager plus avant.

Retardée par ses combats contre la 1re DCR, la *5.Pz.-Div.* tente de refaire son retard et, vers 11 h, elle se présente devant la ligne de blocs qui constitue la position fortifiée près de Solre-le-Château. Malgré une résistance désespérée, les défenseurs ne peuvent s'opposer à ce déferlement et, en fin de matinée, la percée est réalisée : la *5.Pz.-Div.* prend la direction de Berlaimont où elle parvient en fin d'après-midi : elle se heurte à un raid mené par un escadron de la 1re DLM qu'elle parvient à repousser mais stoppe là son avance pour la journée.

Le **18 mai** au matin, la *7.Pz.-Div.* est empêtrée dans les défenses françaises sur le canal de la Sambre et

1. L'affrontement nocturne entre les chars H de la 1re DCR et les avant-gardes de la *1.Pz.-Div.* a causé des pertes de part et d'autre et les rues d'Avesnes sont jonchées des épaves des chars et véhicules détruits. (NARA.)

2. La brigade lourde de la 1re DCR a quasiment cessé d'exister après le sabordage des derniers engins dans Beaumont. (coll. P. Kerger.)

1

2

ses éléments de tête doivent nettoyer des résistances organisées dans les villages comme Pommereuil, Ors ou Catillon. En outre, dans le courant de l'après-midi, elle doit faire face à une contre-attaque menée par la 1re DLM avec comme objectif de rejeter les Allemands de l'autre côté du canal. Alors que la contre-attaque française semble progresser favorablement, elle est arrêtée sur ordre, pour une raison inexpliquée, et les chars français se retirent, laissant ouverte la route de Cambrai à la *7.Pz.-Div.* dont les éléments de tête parviennent vers 21 h à Awoingt, à cinq kilomètres de Cambrai.

A la *5.Pz.-Div.*, on s'autorise en début de matinée, un beau succès puisque de son initiative, la *Kampfgruppe Werner* sort de son axe de marche et elle s'empare par surprise de Maubeuge en prenant les défenseurs à revers. Pendant ce temps, les avant-gardes de la division franchissent la Sambre à Berlaimont et elles s'engagent dans la forêt de Mormal où elles se heurtent à nouveau à Locquignol à la 1re DLM. Après avoir débouché de la forêt de Mormal, la *5.Pz.-Div.* doit à nouveau s'employer pour s'emparer de Jolimetz et son prochain objectif est Le Quesnoy mais le *XXXIX.AK* du *General* Schmidt auquel la division est rattachée depuis le matin (3) lui donne ordre de s'arrêter.

Le **19 mai**, la *7.Pz.-Div.* est toujours engluée dans les défenses du canal de la Sambre mais elle vient de bénéficier de l'arrivée d'un renfort non négligeable, à savoir la *SS-Totenkopfdivision* et Rommel va lui confier le soin de réduire les dernières positions françaises, ce qui lui permet de se consacrer à la prise de **Cambrai**. Vers 19 h, la ville est encerclée et Rommel se propose de une opération nocturne en direction d'Arras.

La *5.Pz.-Div.* doit, au cours de la journée, forcer le canal de l'Escaut à Iwuy tout en détachant des éléments pour assurer l'encerclement du Quesnoy et s'emparer de la vieille place fortifiée. Toujours en butte aux attaques de la 1re DLM, elle parvient néanmoins à Solesmes, d'où elle poursuit vers Iwuy qu'elle occupe vers 21 h après avoir délogé un escadron de chars S du 4e Cuir. de la 1re DLM.

Dans la nuit du **19 au 20 mai**, la *7.Pz.-Div.* s'élance depuis Cambrai en direction d'Arras mais la progression est moins rapide que ne l'espérait Rommel et, au soir, il ne se trouve que sur la route Beaurains – Eterpigny : la prise d'Arras doit être remise au lendemain, d'autant que la *5.Pz.-Div.*, qui doit protéger son flanc droit, est encore très en retrait.

Celle-ci en effet est maître dès le début de la matinée des passages sur le canal de l'Escaut et ses *Kampfgruppen* s'emparent d'Estrun, ce qui leur permet de franchir en début d'après-midi, le canal de la Sensée. C'est cependant sur la rive gauche du canal que les Allemands progressent rapidement : après avoir brisé à Paillencourt une résistance opposée par la 4e GRDI, les avant-gardes allemandes se trouvent en début de nuit dans la zone Rumaucourt – Ecourt-Saint-Quentin, légèrement en retrait de la *7.Pz.-Div.*

Le **21 mai** au matin, Rommel se propose de contourner Arras par l'ouest pour poursuivre sa marche jusqu'à Acq, sur la Scarpe. Cela impose de modifier le programme de la *5.Pz.-Div.* qui doit, dès lors, établir un barrage le long de la Scarpe, au sud-est d'Arras, entre Tilloy et Lécluse. Pour permettre la mise en place de la *5.Pz.-Div.*, le début de l'attaque de la *7.Pz.-Div.* est fixé à midi. Les événements vont en décider autrement puisqu'en début d'après-midi, les Franco-Britanniques déclenchent une vaste opération qui doit leur permettre de rompre l'encerclement que fait peser sur eux la rapide progression allemande. L'opération est menée conjointement par la *Frankforce* du *Generalmajor* Franklyn (*5th* et *50th Divisions* et *1st Armoured Tank Brigade*) et le Corps de Cavalerie dont la participation reste relativement limitée.

(3) Hoth a pris le commandement d'une *Gruppe* formée par le *XXXIX.AK (5.* et *7.Pz.-Div.)* et le *XVI.AK* de Hoepner *(3.* et *4.Pz.-Div.)*.

1. La *5.Pz.-Div.* franchit la frontière à Hestrud. Un char PzKpfw IV qui tentait de franchir la Thure à gué a sauté sur une mine. (coll. JYM.)

2. La 2e DCR lance des reconnaissances offensives qui vont couper l'axe de progression de la *7.Pz.-Div.* et plusieurs chars seront perdus au cours de ces opérations. Le char B 1 bis « Indochine » du 8e BCC est venu finir sa carrière à l'entrée du Cateau le 17 mai. (NARA.)

3. Un side-car de la *5.Pz.-Div.* traverse un fossé sur un élément de pont à Sauchy-Cauchy, près d'Ecourt-Saint-Quentin. (NARA.)

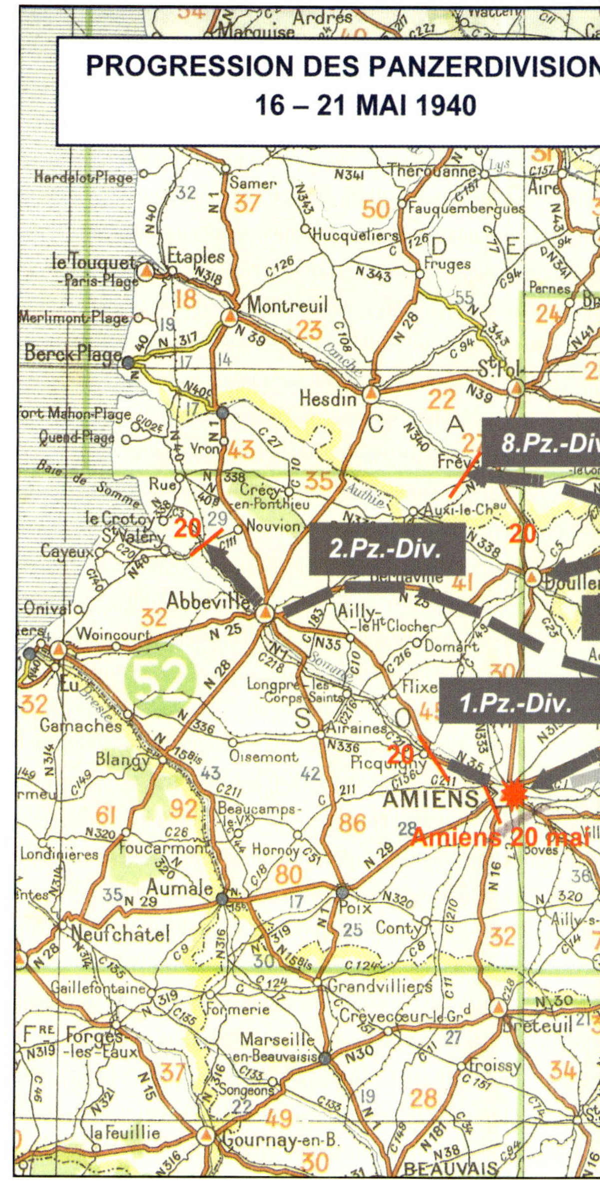

1. Au terme de leur engagement contre la *7.Pz.Div.*, deux SOMUA de la 3e DLM ont été abandonnés près de la malterie Saint-Laurent, à Blangy-Saint-Laurent, près d'Arras. (coll. P. Kerger.)

2. Un char PzKpfw I de la *4.Pz.-Div.* particulièrement bien camouflé stationne près de Villers-Perwin, non loin de Frasnes-les-Gosselies. (NARA.)

3. L'engagement de la *4.Pz.-Div.* dans la forêt de Mormal va donner lieu à des affrontements contre de chars français appartenant notamment au 39e BCC comme ces deux chars R 35 détruits sur la route de Jolimetz. (coll. JYM.)

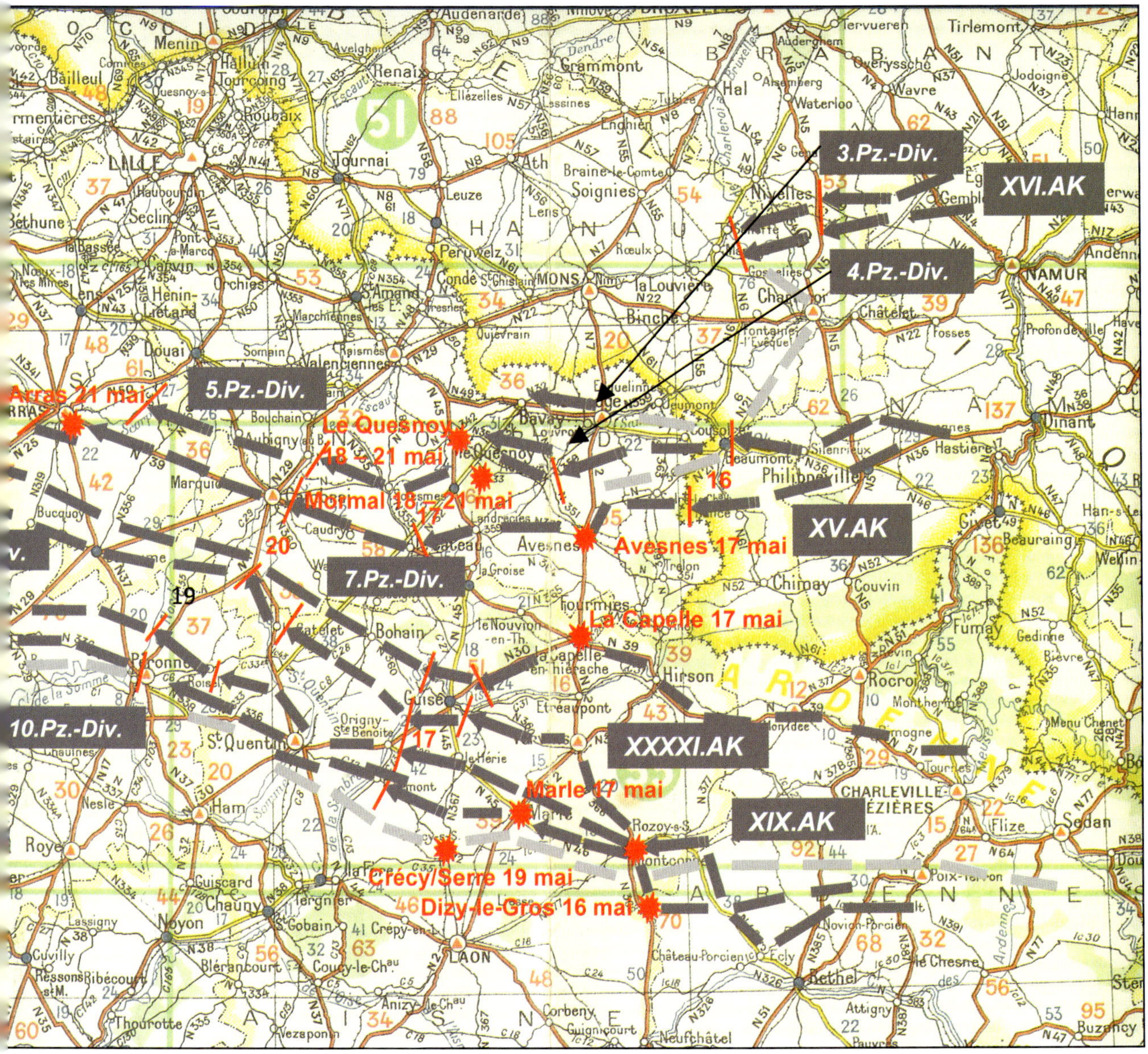

L'attaque démarre en début d'après-midi et elle surprend la *7.Pz.-Div.* et la *SS-Totenkopfdivision* au moment où celles-ci entamaient leur progression. D'emblée, les Britanniques parviennent à s'emparer de Duisans et ils bousculent les positions allemandes qui ne s'attendaient pas à pareille contre-attaque. Le premier effet de surprise passé, les Allemands se ressaisissent et Rommel fait intervenir toute l'artillerie disponible pour tirer à vue sur les chars britanniques. Par contre, le secours espéré de la part de la *5.Pz.-Div.* ne peut se faire, cette division étant elle-même en butte à une attaque de la 2e DLM. Finalement, l'attaque britannique vient mourir devant Wailly et les chars anglais, très éprouvés par l'artillerie allemande, se retirent sur leur base de départ : la grande contre-attaque franco-britannique a échoué et, en soirée, la *7.Pz.-Div.* reprend sa marche en direction d'Acq.

Hoepner rejoint le corridor des *Panzer*

Après les difficiles combats devant Gembloux, le **16 mai**, le *XVI.AK* passe la main à l'infanterie et c'est désormais la *35.Inf.-Div.* et la *20.Inf.-Div.(mot.)* qui se chargent d'enlever les positions françaises : à 8 h 40, la *35.Inf.-Div.* rend compte que Chastre a été évacué par les Français alors que la *20.Inf.-Div.(mot.)* s'est emparée de Gembloux. Les troupes françaises ont décroché pendant la nuit.

A 9 h 40, Hoepner est informé par l'*AOK 6* que le *XVI.AK* était retiré du front pour être employé à une autre mission. Finalement, à 12 h 45, un contre-ordre prescrit au *XVI.AK* de continuer la poursuite en direction de Tournai. A 16 h, les éléments de tête du *AK* franchissent la route Wavre – Gembloux et prennent la direction de Nivelles où ils doivent franchir le canal de la Sennette. Vers 20 h, les avant-gardes du *XVI.AK* sont sur la ligne Genappe – Tilly – Ligny où elles doivent se battre contre des éléments français en retraite. Après avoir brisé les résistances qui s'accrochaient à la voie ferrée, elles parviennent vers 22 h sur la ligne Marbais – Wagnelée.

Le **17 mai**, les deux divisions du *XVI.AK* reprennent leur marche vers 5 h avec comme objectif de franchir le canal à Charleroi : la *35.Inf.-Div.* à l'ouest de Nivelles, la *3.Pz.-Div.* à Arquennes, la *4.Pz.-Div.* à Seneffe et la *20.Inf.-Div.(mot.)* à Luttre. Les assaillants vont alors se heurter à une forte résistance sur le canal et connaître des fortunes diverses. La *35.Inf.-Div.* qui est retardée par des chevauchements d'itinéraires avec la *18.Inf.-Div.* parvient à s'emparer du pont intact sur l'écluse au nord de Ronquières, à Chau-de-la-Rocq et elle doit poursuivre vers Braine-le-Comte. La *3.Pz.-Div.*, qui se trouve à Arquennes dès 6 h, a moins de chance car elle ne parvient pas à forcer le passage en direction d'Ath de même que la *4.Pz.-Div.* arrivée à Seneffe et Godarville vers 11 h :

Une colonne de chars PzKpfw III de la *3.Pz.-Div.* traverse Beaumont : les tankistes semblent étonnés par les épaves des B 1 bis du 37e BCC. (coll. P. Kerger.)

Les convois de la *4.Pz.-Div.* traversent Maroilles, à proximité de la forêt de Mormal. (NARA.)

une tentative de s'emparer du souterrain du canal près de Godarville est brisée par le feu de trois ou quatre batteries françaises. Par contre, à Luttre où elle est arrivée dès 8 h 15, la *20.Inf.-Div.(mot.)* réussit à former une tête de pont sur la ligne Pont-à-Celles – Larmoulin et à lancer un pont de 8 t.

Cet échec des *Panzerdivisionen* a-t-il eu une incidence sur la décision prise, toujours est-il qu'au cours de la nuit, Hoepner est informé par la *6.Armee* que le *XVI.AK* doit suspendre son attaque, se regrouper et prendre la direction de Beaumont après avoir laissé son créneau au *XXVII.AK.* pour être mis à la disposition de la *4.Armee.*

Le **18 mai**, les deux divisions bénéficient d'une journée de repos, la *4.Pz.-Div.* stationnant près de Frasnes-les-Gosselies et la *3.Pz.-Div.* près de Charleroi.

H. Hoth

Le **19 mai** en début d'après-midi, Hoepner apprend que le *XVI.AK* est désormais subordonné à la *Gruppe Hoth* (avec le *XXXIX.AK*) et que sa mission va consister à nettoyer la forêt de Mormal. Dans cette optique, la *4.Pz.-Div.* doit se porter immédiatement sur la Sambre, entre Aulnoye et Maroilles, en passant par Beaumont et atteindre le soir même les lisières de la forêt de Mormal ! La *3.Pz.-Div.*, quant à elle, doit avancer sur Denain par Maubeuge et Bavai.

Le **20 mai** au matin, la *4.Pz.-Div.* se propose de traverser la forêt de Mormal puis de pousser vers Bouchain où elle doit relever la *5.Pz.-Div.* Son programme est cependant battu en brèche par une vaste opération de nettoyage de la forêt de Mormal par la 5e DINA, appuyée par des chars des 39e et 38e BCC et du 29e Dragons.

La bataille va faire rage pendant toute la journée, la 5e DINA essayant de forcer le passage à travers la forêt alors que la *4.Pz.-Div.* qui ne s'attendait pas à devoir s'employer aussi violemment dans un environnement défavorable, essaie de se dépêtrer de ce bourbier. Hoepner détourne les éléments qui ne sont pas encore engagés sur Le Quesnoy et suspend l'attaque dans la forêt. Vers 20 h, alors que les unités françaises tentent de se dégager de la forêt, les gros de la *4.Pz.-Div.* sont aux abords du Quesnoy alors que l'avant-garde se trouve déjà à Bouchain.

Pendant ce temps, la *3.Pz.-Div.* a progressé sans trop de difficultés et au soir, ses pointes sont déjà à Mecquinies, au sud de Bavai.

Le **21 mai** au matin, la *4.Pz.-Div.* enregistre sa première déconvenue : le pont de Bouchain tombé intact aux mains de la *5.Pz.-Div.*, saute alors que ses éléments de pointe prennent possession de la ville. A Mormal, l'opération de nettoyage de la forêt est compromise par la tentative de percée des dernières unités françaises encerclées et des combats incertains ont lieu près d'Englefontaine, mettant en péril les éléments de la *4.Pz.-Div.* qui s'y trouvent. Devant cette situation confuse, Hoepner donne de nouvelles instructions à Stever : la *4.Pz.-Div.* ne doit pas avancer tant que la forêt de Mormal n'est pas entièrement nettoyée. Bien que, finalement, elle soit aux mains des Allemands dès la fin de la matinée, les *Panzer* de Stever vont rester sur place, les itinéraires étant encombrés par les convois du *XXXIX.AK*, ce qui va leur donner le temps d'en finir définitivement avec la forêt de Mormal.

De son côté, la *3.Pz.-Div.* vit des heures plus calmes : elle s'est remise en route et a traversé Mecquignies, ce qui lui vaut de déboucher à l'extrémité nord de la ligne de casemates érigées à la lisière nord-est de la forêt de Mormal. Isolées et sans couverture d'artillerie, les casemates tombent les unes après les autres. Après avoir traversé la position fortifiée, la *3.Pz.-Div.* établit sa jonction avec la *4.Pz.-Div.* vers minuit, sur la route Englefontaine – Preux.

6

L'encerclement des armées du nord (22 – 30 mai 1940)

Objectif Calais pour ce char PzKpfw II de la *1.Pz.-Div.*... mais c'est la *10.Pz.-Div.* qui sera désignée pour s'emparer de la ville. (coll. JYM.)

A partir du 22 mai, les dix *Panzerdivisionen* reçoivent mission de converger vers Dunkerque pour empêcher le repli des Armées du Nord. Toutefois, l'exiguïté du champ de bataille ne va pas permettre de toutes les utiliser en même temps. En outre, le 24 mai en fin de matinée, Hitler donne l'ordre d'arrêter les *Panzer* et ceux-ci ne reprendront leur progression que le 26 mai, donnant ainsi aux troupes franco-britanniques un délai inespéré.

Von Kleist longe la côte

Guderian s'empare de Boulogne et de Calais

Le **22 mai** dès 0 h 45, la *Gruppe Guderian* reçoit ses instructions pour les journées à venir : remonter vers le nord et s'emparer des ports de Boulogne et de Calais.

La *1.Pz.-Div.* s'élance de la ligne Canaples, au nord d'Amiens – La Nièvre et atteint sans combat le cours de l'Authie : la *Kampfgruppe Balck* avance en tête suivie par l'*IRGD* puis la *Kampfgruppe Krüger* et la *Pz.-Aufkl.Abt.4*. A 11 h, les éléments de tête sont déjà sur la Canche alors que l'*IRGD* doit tenir Hesdin.

En fin d'après-midi, Balck brise une forte résistance devant Maninghem, traverse Zoteux et doit à nouveau s'employer devant Desvres - où se fait tuer le *Major* von Zagow commandant le *II./Schütz.-Rgt.1* – face à des éléments du 65ᵉ RI de la 21ᵉ DI du général Lanquetot. Quant à Krüger, il atteint Samer tenu par le CID 9 vers 15 h, et avance sur Wirwignes tenu par le III/65ᵉ RI.

La *2.Pz.-Div.* quitte la région d'Abbeville en deux colonnes précédées de la *Pz.-Aufkl.Abt.5* qui, dès 8 h 15, se trouve à Montreuil et, à 11 h, elle est à Etaples. L'objectif de l'attaque est en effet Boulogne.

A 13 h 45, la *Kampfgruppe* de droite (von Vaerst) est au contact devant Samer et elle ne peut s'emparer de la ville que vers 16 h. Elle doit ensuite encore briser une résistance à Questrecques « *avec tous ses chars* ». Quant à la *Kampfgruppe* de gauche (von Prittwitz), elle se trouve à 16 h 45 à Neufchâtel-Nesles dont elle a dû s'emparer au préalable. A 18 h 05, la *2.Pz.-Div.* est à St Etienne-au-Mont, aux portes de Boulogne avec sa colonne de gauche alors que la colonne de droite, après avoir pris Wirvignes, avance sur la ville par Baincthun. A 20 h 15, la *2.Pz.-Div.* aborde les faubourgs de Boulogne qui est défendu par des éléments de la 21ᵉ DI (43ᵉ et 48ᵉ RI) et par la *20th Brigade* britannique du *General* Pitt.

A la *10.Pz.-Div.*, on se tient prêt à faire mouvement mais Schaal est informé qu'il doit maintenir sa division dans la région de Doullens à disposition de la *Gruppe Kleist* pour une contre-attaque éventuelle en raison de la situation toujours confuse de la *Gruppe Hoth* autour d'Arras.

Le **23 mai**, la *1.Pz.-Div.* qui est enfin maître de Desvres, se remet en marche vers 9 h et, vers 11 h, Balck est à Hermelingen et Krüger à Landrethun. En début d'après-midi, Balck reçoit l'ordre de former une tête de pont à Bourbourg-Ville et l'*IRGD* à Saint-Pierre-Brouck. Balck vient précisément de balayer une résistance à Campagne-les-Guines alors que Krüger doit s'opposer à une attaque blindée près de Guines. Plusieurs chars sont détruits.

La *1.Pz.-Div.* atteint, au cours de l'après-midi, le canal Saint-Omer – Calais aux environs de Pont-sans-Pareil et Les Attaques et elle doit se battre pour briser les résistances adverses. La *Kampfgruppe Balck* parvient à franchir le canal de l'Aa à Saint-Folquin mais elle stationne pour la nuit au sud du canal. Quant à la *Kampfgruppe Krüger*, elle est aux portes de Calais alors que l'*IRGD* qui a dû se battre à Audruicq, a réussi à former une tête de pont à Saint-Pierre-Brouck.

A la *2.Pz.-Div.*, les opérations reprennent dès 8 h avec la tentative par la *Gruppe von Vaerst* de s'emparer du fort de la Crèche, entre Wimereux et Boulogne. A 9 h 20, le fort est pris malgré l'intervention de l'artillerie navale. Trente minutes plus tard, c'est Mont Lambert qui tombe. Il est vrai que les Britanniques ont entrepris de rembarquer et leur départ a ouvert une brèche dans le dispositif défensif. A 11 h 10, les deux *Kampfgruppen* reçoivent l'ordre d'attaquer Boulogne, la *Gruppe von Vaerst* par le nord et la *Gruppe von Prittwitz* par le sud. A 15 h, cette dernière a pris la gare ainsi que le pont dans la partie sud de **Boulogne.** Jusqu'au soir, alors qu'au cours de l'après-midi, la *Luftwaffe* bombarde le port dans lequel mouillent encore plusieurs destroyers, les deux *Kampfgruppen* doivent mener de difficiles combats de rues.

Au matin, la *10.Pz.-Div.* stationne toujours sur ses positions et ce n'est que vers 10 h que Schaal est informé qu'il peut reprendre sa marche derrière la *1.Pz.-Div.*, la *9.Pz.-Div.* ayant en effet été rattachée à la *Gruppe Kleist* et c'est elle qui hérite du rôle de réserve. Pour l'heure, la *10.Pz.-Div.* est placée en réserve du *XIX.AK* et doit se porter dans la région de Montreuil. La division se met en marche vers midi en deux colonnes mais, vers 14 h, Schaal reçoit de nouvelles instructions : la *10.Pz.-Div.* doit s'emparer de Calais en progressant par Saint-Omer. Aussitôt, la *10.Pz.-Div.* entreprend de longer la côte par deux itinéraires, la *Kampfgruppe Fischer* formée par la *Sch.-Brig.*, avance à gauche de Montreuil sur Samer, la *Kampfgruppe Menny* (*Schütz.-Rgt.69*) à droite vers Desvres. La progression se passe sans grandes difficultés et, vers 19 h, les éléments de tête de la *Kampfgruppe Menny* atteignent déjà Desvres. A 20 h 30, la *Kampfgruppe Fischer* est à Alincthun où

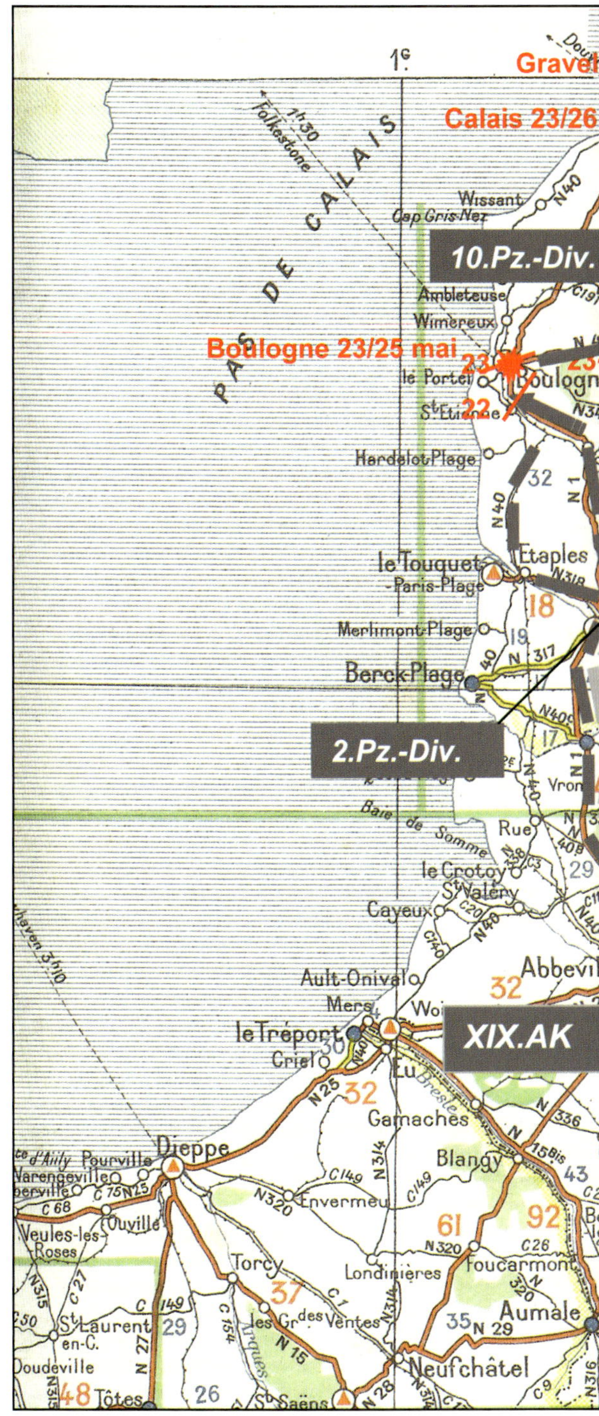

1. Des éléments de la *Gruppe Kleist* traversent Guines : difficile d'être plus précis car plusieurs unités sont passées dans la ville. (coll. B. Vieillot)

2. Un char PzKpfw IV de la *2.Pz.-Div.* a pris feu à Dannes, entre Etaples et Boulogne. La séquence des photos laisse penser qu'il s'agit d'un incident mécanique. (coll. JYM.)

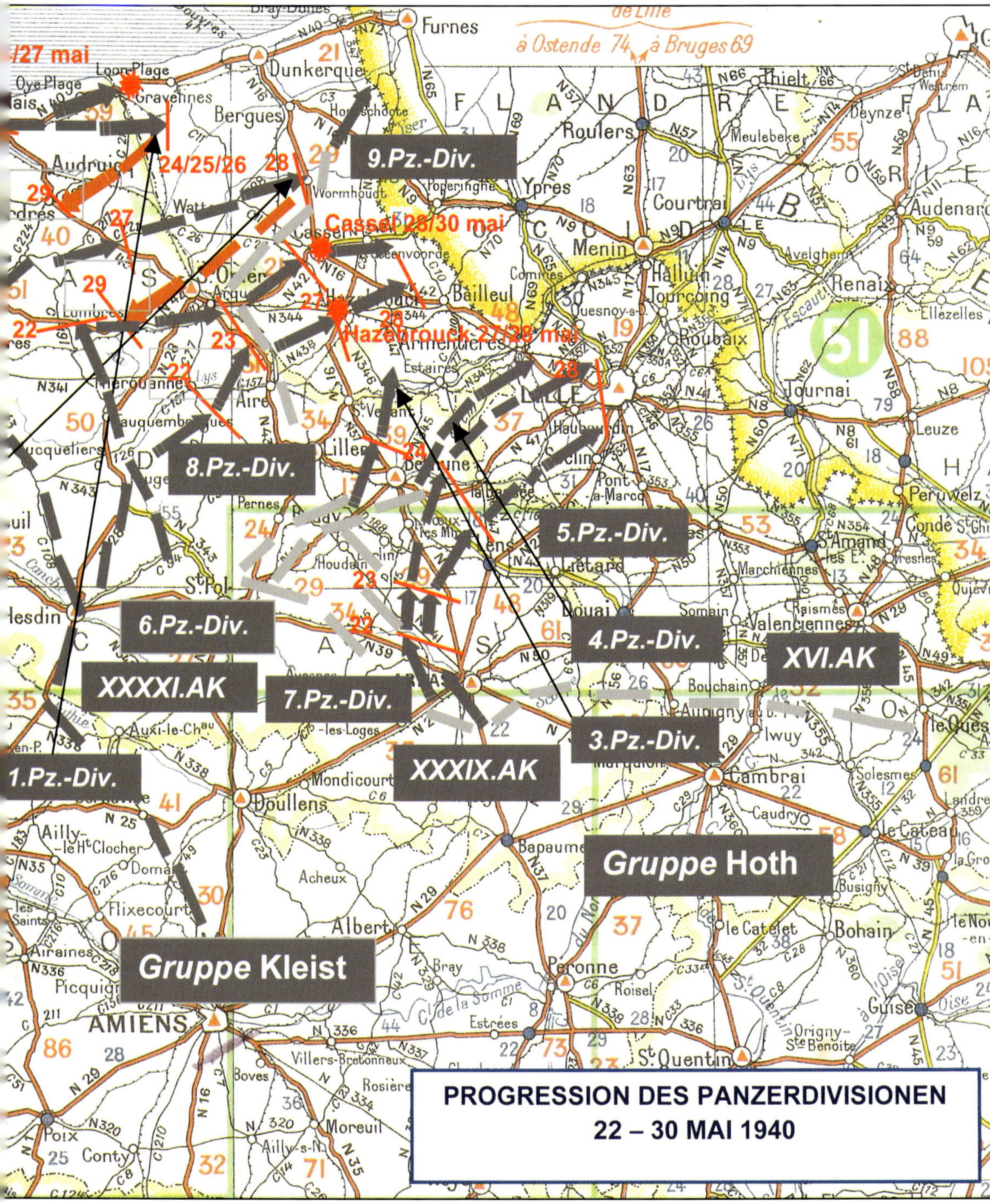

elle capture dix-sept officiers et quatre cent cinquante hommes.

Le **24 mai**, au matin, la *1.Pz.-Div.* sécurise les positions acquises la veille. Seule la *Kampfgruppe Krüger* qui n'est pas parvenue à entrer par surprise dans Calais, s'organise en deux *Gruppen* (Breusing et von Stüdnitz) pour s'emparer de Gravelines. La *Kampfgruppe Balck* est chargée d'appuyer l'attaque. A 10 h 25, von Studnitz a déjà ses éléments de tête dans Gravelines mais il se heurte à une forte résistance. De son côté, Breusing, qui progresse par Saint-Omer-Capelle, est bloqué devant la ferme de Heurtevent. Kirchner décide alors de soumettre Gravelines à un bombardement d'artillerie cependant que les *I.* et *III./Schütz.-Rgt.1* encercleront la ville (défendue par le IV/310ᵉ RI et le I/48ᵉ RI de la 21ᵉ DI ainsi qu'une batterie de 155 L mle 32) et Fort Philippe.

L'entrée de Boulogne a été obstruée par des carcasses de véhicules abandonnés. (coll. JYM.)

A Saint-Omer, le pont en face de la gare a sauté. (coll. JYM.)

Au soir, alors que vers 12 h, les *Panzer* auront reçu de Hitler, l'ordre de s'arrêter, le *I./Btl.* aura réussi à franchir l'Aa et à former une tête de pont mais il n'aura pu progresser de plus d'un kilomètre. De son côté, Balck, qui a franchi l'Aa, se trouve avec le *II./Schütz.-Rgt.1* devant Bourbourg-Ville qui est fortement défendu. Signe que la résistance est acharnée : le 24 mai au soir, le *Pz.-Rgt.2* n'a plus que dix-sept chars !

A **Boulogne**, la nuit n'a pas arrêté les combats et dès 8 h, von Prittwitz est maître de la partie sud de la ville et des bassins du port. A 13 h, von Vaerst lance son attaque en direction de la citadelle avec, pour objectif, de nettoyer la partie nord de la ville. A 13 h 30, le *II./Schütz.-Rgt.2* est déjà devant la citadelle qui est occupée par des Anglais. Une pièce d'artillerie tire à vue sur l'édifice mais ne parvient pas à percer les murs. Veiel ordonne alors à la *Mörserabt.616* de tirer avec ses mortiers sur la citadelle de 19 h à 19 h 30 mais sans plus de résultat. Cette situation ne satisfait pas Guderian qui ordonne que Boulogne soit pris le jour même. Veiel engage alors tous ses moyens contre la citadelle dont les feux causent de lourdes pertes aux assaillants. Peine perdue, au soir du 24, la citadelle tient toujours...

A la *10.Pz.-Div.*, on avance pendant la nuit et, vers minuit, la *Pz.-Aufkl.Abt.90* qui progresse devant la *Kampgruppe Fischer* se trouve déjà à Coquelles, à quelques kilomètres au sud de Calais et elle envisage de s'emparer de la ville par un coup de main nocturne. Vers 2 h, la *Sch.-Brig.* a rejoint les éclaireurs mais le coup de main lancé par les deux unités sur la gare à l'ouest de Calais échoue : l'étape suivante sera l'envoi d'un parlementaire pour exiger la reddition de la ville qui est défendue en périphérie par des Britanniques aux ordres du *Brigadier General* Nicholson (*30th Mot. Brigade* et *3rd Royal Tank Regiment*) alors que la citadelle est tenue par des unités françaises disparates dont le 32e GRDI de la 43e DI et le V/265e RI.

A Calais également, on a érigé aux entrées de la ville des barricades formées de carcasses de véhicules. (coll. JYM.)

Quand le jour se lève, la *Kampfgruppe Fischer* est engagée devant Le Moulin. L'artillerie de la division s'est mise en position pour appuyer l'attaque mais elle est prise à partie par l'artillerie côtière qui défend le port. Quant à la *Kampfgruppe Menny*, elle a poursuivi sa marche et elle se trouve à **Guines**. A 6 h 40, Schaal décide de renforcer chacune de ses deux *Kampfgruppen* par une compagnie de *Panzer*. Les combats vont durer toute la journée et, au soir, le *Schütz.-Rgt.69* a pu s'emparer de la voie ferrée à l'est de Fort-Nieulay

Le **25 mai**, la *1.Pz.-Div.* est à l'arrêt et elle déplore l'activité aérienne ennemie : « *On ne voit aucun avion allemand* » est-il mentionné dans son KTB. Les pertes ne sont pas négligeables : onze morts au *Pz.-Pi.Btl.37*, cinq au *Schütz.-Rgt.1* et un important matériel est détruit, notamment à l'*AR 73.*

La *2.Pz.-Div.* entend bien en finir avec Boulogne et Veiel a fait serrer autour de la citadelle toute l'artillerie disponible. Les pièces tirent à vue et, finalement, vers 6 h 30, une brèche peut être ouverte dans les murs. Aussitôt, les *Schützen* se ruent à l'intérieur et ils nettoient l'édifice à la grenade. A 10 h, la citadelle est prise par le *III./Schütz.-Rgt.2* et, à 11 h 30, le commandant de la place se rend. La *2.Pz.-Div.* capture là deux généraux français et cinq mille hommes.

Vers 11 h, la *Pz.-Aufkl.Abt.5* s'empare du Cap Gris-Nez. A 17 h, la *2.Pz.-Div.* reçoit l'ordre de sécuriser la côte d'Audresselles à l'embouchure de l'Authie.

A la *10.Pz.-Div.*, l'attaque progresse et, à 9 h 20, le *Schütz.-Rgt.69* annonce que le drapeau à croix gammée flotte sur l'hôtel de ville. La résistance se cristallise alors dans la vieille ville de **Calais** et dans le port et on se bat devant la citadelle, la redoute des Salines et Fort Lapin. L'artillerie allemande ouvre le feu dès 11 h sur la citadelle et Fort Risban. L'envoi de parlementaires dont le maire de Calais n'apporte pas de résultats, le *Brigadier General* Nicholson refusant de cesser le combat. Schaal qui a reçu l'ordre de s'emparer de la citadelle et la partie nord de la ville le jour même, monte une attaque pour 18 h 40 avec ses deux *Kampfgruppen* et des combats très violents ont lieu à la citadelle, au fort Rislan et dans la vieille ville. A 20 h 45, Schaal suspend l'attaque sans que les objectifs aient été pris.

Le **26 mai**, la *1.Pz.-Div.* se trouve sur les mêmes positions que la veille. En fin de matinée, elle apprend qu'elle est relevée par la *20.Inf.-Div.(mot.)* mais, en début d'après-midi, contre-ordre : la *1.Pz.-Div.* attaquera demain à midi en soutien de la *20.Inf.-Div.(mot.)* en direction de Wormhoudt.

La *2.Pz.-Div.* s'est déployée comme prévu le long de la côte depuis Audresselles jusqu'à l'embouchure de l'Authie lorsque lui parvient, vers 13 h, l'ordre de reprendre sa progression vers Bergues le 27 au matin.

La *10.Pz.-Div.* a bien l'intention de s'emparer de Calais et Schaal a monté un plan précis qui prévoit un démarrage de l'attaque dès 8 h en direction de la citadelle et de la vieille ville après une attaque de *Stukas*. A 9 h 50, des éléments du *Schütz.-Rgt.86* pénètrent dans la citadelle mais ils sont repoussés peu après. A 13 h 30, le bastion à l'est du fort Risban est enlevé et, à 16 h 30, la *Sch.-Brig.* annonce qu'elle a enfin pris la citadelle, le fort Risban et la vieille ville,

Des chars de la *2.Pz.-Div.* entrent dans Boulogne, au milieu d'épaves de toutes sortes encore fumantes. (coll. JYM.)

Gros plan sur l'AMD 7657. (coll. P. Kerger.)

Calais doit être enlevé rue par rue et les canons de 3,7 cm Pak sont bien utiles pour réduire les nids de résistance. (DR.)

capturant dans l'opération plus de 20.000 prisonniers parmi lesquels le *Brigadier General* Nicholson. Aussitôt, la *10.Pz.-Div.* sécurise la ville et procède à son nettoyage, maison par maison.

Le **27 mai**, la *1.Pz.-Div.* reprend donc l'offensive : la *Pz.-Aufkl.Abt.4* avance vers Brouckerque alors que Balck reçoit pour mission de s'emparer de Bourgbourg-Ville. Au soir, le *Kradschtz.-Btl.1* s'est emparé de Saint-Georges et le *III./Schütz.-Rgt.1,* de Saint-Nicolas. C'est peu après 22 h que la *1.Pz.-Div.*

1. Le Musée et la Tour du Guet ont malheureusement souffert des combats. (coll. JYM.)

2. Au soir du 26 mai, les Allemands ont enfin pu réduire les défenses de la vieille ville. (DR.)

apprend qu'elle est relevée le lendemain par la *9.Pz.-Div.* et qu'elle doit se replier sur la zone Audruicq – Lumbres – Vaudringhem – Ardres.

La *2.Pz.-Div.* se met en marche vers midi et elle progresse vers Eperlecques par deux itinéraires. A 16 h, elle reçoit alors l'ordre d'appuyer l'attaque de la *20.Inf.-Div.(mot.)* sur la route Cassel – Dunkerque. A 18 h 45, la *2.Pz.-Brig.*, qui doit s'avancer sur Zegerscappel, s'élance depuis Eperlecques et, à 19 h 15, ses éléments de tête sont à Recques. De son côté, l'*IRGD* a réussi à percer jusqu'à Pitgam et Zegerscappel est atteint vers 22 h 30.

Au matin, la *10.Pz.-Div.* assure la sécurisation de la côte à l'est de Calais, entre la Petite Forêt et Audresselles. A 14 h 30, Schaal reçoit l'ordre de pousser la *Pz.-Brig.* en deux colonnes sur Holque et Saint-Pierre-Brouck pour appuyer la progression de la *2.Pz.-Div.* La *4.Pz.-Brig.* avance ensuite de Saint-Pierre-Brouck sur Crochte (*Pz.-Rgt.7*), au sud-ouest de Bergues.

Le **28 mai**, la *1.Pz.-Div.* commence sa relève par la *9.Pz.-Div.* vers 17 h. Entre-temps, elle se sera offert une dernière satisfaction puisque des éléments du *Pz.-Pi.Btl.37* et le *I./Schütz.-Rgt.1,* appuyés par la *sIG Kp 702*, ont enfin réussi à s'emparer de **Gravelines** vers 15 h.

1. Un canon de 8,8 cm Flak tracté par un semi-chenillé SdKfz 251 approche de Bergues. (DR.)

2. Du matériel allié a été abandonné dans la grand rue de Rexpoede, au sud de Bergues. A l'avant-plan, un canon de 4,5 inch Howitzer. (DR.)

3. Un char anglais Mark VIB abandonné à Pont-d'Ardres. (coll. JYM.)

4. Aire-sur-la-Lys : le 23 mai 1940, des chars R 35 du 9e BCC sont entrés par erreur dans la ville occupée par la *SS-Verfügungsdivision* et ils se sont fait anéantir en combat rapproché. A noter la tête de mort à l'arrière des véhicules. (coll. P. Kerger.)

La *2.Pz.-Div.* franchit l'Aa sur le pont de circonstance de Watten pendant la nuit mais l'écoulement des colonnes ne se fait que lentement. Alors que la *20.Inf.-Div.(mot.)* a atteint la route Cassel – Dunkerque près de Wormhoudt, la *2.Pz.-Div.* doit passer à l'attaque sur l'axe La Bellevue – Socx et les hauteurs entre Pitgam et Crochte. Vers 6 h 15, la *2.Pz.-Brig.* atteint la route Cassel – Dunkerque sans avoir rencontré de réelles résistances mais, à 9 h, elle reçoit l'ordre de ne pas la franchir et de se préparer à faire mouvement vers le nord. A 13 h, la *2.Pz.-Brig.* est avisée de se préparer à avancer de part et d'autre de Bergues. L'attaque de la ville débutera le 29 au matin.

La *10.Pz.-Div.* est au repos : elle doit être relevée par la *13.Inf.-Div.(mot.)* et la *Sch.-Brig.* se retire sur Balinghem – Licques alors que la *Pz.-Brig.* se trouve en position près de Crochte mais elle ne sera pas engagée.

Le **29 mai,** les unités du *XIX.AK* sont relevées par le *XIV.AK* : la *1.Pz.-Div.* se regroupe dans la zone Audruicq – Ardres – Licques - Aliquines - Coulomby – Vaudringhem – Lumbres alors que la *2.Pz.-Div.*, qui se préparait à attaquer Bergues, doit gagner la zone Licques – Colemberg – Desvres. La *10.Pz.-Div.* stationne pour sa part dans la zone Ardres – Guines – Rinxent – Le Wast.

Dans la journée, la *9.Pz.-Div.* relève en partie les *1.* et *2.Pz.-Div.* dans le secteur Bollezeele – Rexpoede – Hondschoote et Audrica – Grand Fort Philippe : la *11.Schütz.-Brig.* et l'*Inf.-Rgt. Grossdeutschland* relèvent la *2.Pz.-Div.*, la *9.Schütz.-Brig.*, *la 1.Pz.-Div.* Le même jour, la *11.Schütz.-Brig.* et le *Pz.-Rgt.33* participent à une attaque de la *20.Inf.-Div.(mot.)* sur West-Cappel et s'emparent vers 21 h de Rexpoede et de la route de Bergues.

Le **30 mai**, la *9.Pz.-Div.* atteint Hondschoote en début d'après-midi et en soirée, elle se trouve à un kilomètre au sud du canal de la basse Colme. La *9.Schütz.-Brig.* ne parvient pas à rejeter de faibles forces ennemies qui se trouvent à l'ouest du canal de Mardyk.

Le **31 mai,** la division est en position à l'ouest du canal de la basse Colme et, le lendemain, elle appuie de son artillerie, l'attaque du *X.AK* dans ce secteur. En soirée, elle est relevée et fait mouvement dès le lendemain pour gagner le front de la Somme.

Reinhardt atteint la frontière belge

En ce **22 mai,** les divisions du *XXXXI.AK,* qui doivent remonter vers Ypres, ne se mettent en marche que vers 12 h. La *6.Pz.-Div.*, qui démarre de la ligne Ligny – Anvin, se trouve à 18 h à Lumbres (*Kampfgruppe von Esebeck*) et à Setques (*Kampfgruppe Koll*) lorsqu'elle reçoit l'ordre de ne pas franchir la Lys, seuls les détachements d'avant-garde pouvant continuer jusqu'à l'Aa. Cette instruction ne fait pas le bonheur de Kempf car il envisageait ni plus, ni moins, de pousser jusqu'à Calais. La *6.Pz.-Div.* se contente donc de nettoyer les hauteurs au sud de Saint-Omer et de faire avancer la *Pz.-Aufkl.Abt.6* qui se trouve à Licques vers Guines où elle s'arrête à la nuit,... à sept kilomètres de Calais !

A la *8.Pz.-Div.*, le premier mouvement consiste à se regrouper autour d'Hesdin avant de se diriger vers Saint-Omer. La *Kampfgruppe Neumann-Silkow* avance à droite depuis Le Parcq vers Fruges alors que la *Kampfgruppe Sieberg* remonte vers Boulogne en passant par Créquy. Conformément aux ordres, la *8.Pz.-Div.* doit s'arrêter entre Enquin-les-Mines (à droite) et Thérouanne (à gauche) pour attendre que la *6.Pz.-Div.* et la *SS-Verfügungsdivision* soit à sa hauteur.

En soirée, Reinhardt est informé par von Kleist que Calais est laissé au *XIX.AK* et que le *XXXXI.AK* doit pivoter vers l'est, ce qui cause une énorme déception parmi les unités.

Le **23 mai**, la *6.Pz.-Div.* reçoit l'ordre de former dans la matinée une tête de pont au sud-est de Saint-Omer en direction d'Ebblinghem mais ce n'est finalement qu'au cours de l'après-midi que la division parvient sur la ligne Lynde – Ebblinghem – La Crosse, après avoir brisé de faibles résistances. Elle doit ensuite attendre qu'un pont sur le canal soit ouvert, ce qui sera fait vers 22 h à Wardrecques.

La *8.Pz.-Div.* forme une tête de pont à Blaringhem où elle stationne jusqu'au 24 au matin. Pour sa part, la *SS-Verfügungsdivision* reçoit l'ordre de former une tête de pont sur le canal à Aire-sur-la-Lys mais Hausser craint une violente attaque dans son flanc par Isbecques, ce qui fait réagir Reinhardt : « *En aucun cas, cet ennemi ne peut être assez fort pour qu'une attaque ne puisse être repoussée par deux bataillons renforcés* ». En tout cas, la *SS-Verfügungsdivison* ne poursuit pas sa progression au-delà du canal.

Le **24 mai**, le *XXXXI.AK,* qui a reçu la veille au soir l'ordre de se maintenir sur les positions, reçoit au matin un ordre d'attaque pour 14 h, limité à la ligne forêt de Nieppe – hauteurs à l'est d'Hazebrouck – hauteurs autour de Cassel.

La *6.Pz.-Div.* est chargée de progresser de part et d'autre de la route Arques – Cassel et de s'emparer des hauteurs à l'est de la ville. Mais, à 12 h 10, arrive l'ordre du Führer de ne pas dépasser la ligne canal d'Aire à La Bassée.

Après avoir établi la liaison avec ses voisines, la *8.Pz.-Div.* se remet en marche et elle atteint le canal Aire-Gravelines avec comme objectif de s'engager dans la zone Merville - Hazebrouck – Cassel. Le déclenchement de l'attaque est fixé à 14 h mais, alors que le dispositif est déjà en place, arrive à 12 h l'ordre de s'arrêter. Au soir, la *8.Pz.-Div.* reçoit l'ordre de retirer le *Pz.-Rgt.10* et la *Pz.-Abt.67* de la ligne de front.

Le **25 mai**, alors que le *XXXXI.AK* stationne sur ses positions, arrive de la *Gruppe*, l'ordre de s'emparer des hauteurs autour de Kemmel. Reinhardt, qui estime que ses divisions ne sont pas en mesure de s'engager immédiatement, se contente de les rassembler vers 16 h en position défensive sur la rive ouest du canal.

Entre-temps, vers 15 h 15, Reinhardt est informé de l'arrivée de la *29.Inf.-Div.(mot.)* et il en profite pour faire relever la *6.Pz.-Div.*, qui est l'unité la plus éprouvée. La relève doit être terminée pour le 26 à 11 h. La *8.Pz.-Div.* reste sur ses positions

Le **26 mai** au matin, Reinhardt décide de retirer également la *8.Pz.-Div.* du front en élargissant le front de la *SS-Verfügungsdivision* et de la ramener au sud-ouest de Fauquembergues. La relève doit avoir lieu le 27 avant 11 h mais, vers 14 h, un message de la *Gruppe* ordonne la reprise de l'attaque pour le lendemain avec comme objectif les hauteurs autour de Kemmel.

Aussitôt, Reinhardt donne ses instructions : le *XXXXI.AK* doit s'avancer dès 7 h avec ses trois divisions (de gauche à droite : SS-*Verfügungsdivision – 8.Pz.-Div. et 6.Pz.-Div.)* sur la ligne hauteurs SE et E de Bailleul - Mont Kemmel – hauteurs du de Poperinghe. La *3.Pz.-Div.*, qui est temporairement rattachée au *XXXXI.AK,* doit également participer à l'opération.

Le **27 mai**, peu avant l'heure dite, l'artillerie allemande ouvre le feu sur les positions adverses et, à 7 h, l'attaque démarre. Les mauvaises conditions météorologiques ne permettent pas à la *Luftwaffe* d'intervenir et aux observateurs d'artillerie de diriger efficacement le tir.

La *6.Pz.-Div.* se trouve déjà dès 8 h 50 avec son aile droite à Saint-Sylvestre-Cappel (von Ravenstein) alors que son aile gauche se bat à Bavinchove (*III./Schütz.-Rgt.14*), près de Cassel. Reinhardt, qui trouve la division un peu trop en pointe, lui donne ordre de ne

Le canal d'Aire est franchi sans grande difficulté grâce à sa faible largeur. (DR.)

Un char PzKpfw I de la *8.Pz.-Div.* s'avance dans une rue de Caestre. (DR.)

plus avancer tant que les autres divisions sont encore en retrait, ce qui n'empêche pas Kempf de fixer Steenvoorde comme objectif à Koll et à von Esebeck. Au soir, la *6.Pz.-Div.* a ses deux *Kampfgruppen* engagées devant Cassel qui est fortement tenu.

De son côté, vers 12 h, la *3.Pz.-Div.* ne se trouve encore que sur la ligne sud-est de Merville – Saint-Venant.

A la *8.Pz.-Div.*, l'attaque se heurte aux positions tenues par la *44th Infantry Division* retranchée dans la forêt de Nieppe et une première attaque est brisée par les Britanniques qui causent des pertes sensibles aux assaillants. Kuntzen décide d'arrêter l'attaque et de la déplacer vers la gauche, en direction d'Hazebrouck.

La nouvelle attaque se déclenche à 10 h et, cette fois, Kuntzen fait intervenir des éléments du *Pz.-Rgt.10* sous la conduite de l'*Oberst* Sieberg. L'attaque tombe dans le vide car, profitant de l'accalmie qui a fait suite à la première attaque, les Britanniques se sont repliés. Aussitôt, les *Kampfgruppen* de la *8.Pz.-Div.* pénètrent dans la forêt de Nieppe et poursuivent leur marche sur Hazebrouck. De nouveaux engagements ont lieu devant la ville avec le *1st Bucks* de la *145th Brigade* aux ordres du *Major* Hayworth et les combats vont se poursuivre jusqu'à la nuit.

La *SS-Verfügungsdivision* n'avance que très lentement (selon le *KTB* du *XXXXI.AK*) et, vers midi, elle n'a que de faibles éléments au sud du canal de la Lys, engagés contre l'ennemi qui occupe la forêt et Tannay.

Le **28 mai**, la *6.Pz.-Div.* doit s'avancer vers Godewaersvelde mais ne pas s'engager au-delà. A 12 h 45, la *Kampfgruppe von Ravenstein* atteint la frontière franco-belge au nord de Godewaersvelde après avoir balayé quelques faibles résistances.

La *3.Pz.-Div.* attaque en direction d'Estaires mais elle ne fait que peu de progrès. A 17 h 50, la *3.Pz.-Div.* est rendue à la *Gruppe Hoth* alors que la *SS-Verfügungsdivision* reçoit pour mission de nettoyer la forêt de Nieppe.

A la *8.Pz.-Div.*, l'attaque en direction de Poperinge n'a pu reprendre à l'heure prévue et ce n'est que vers 12 h 30 qu'elle démarre après une courte préparation d'artillerie. Au soir, après avoir brisé quelques résistances de la *46th Infantry-Division*, les *Kampfgruppen* atteignent Pradelles et la route Rouge-Croix – Caestre. Elle doit s'employer contre la ligne de casemates CEZF et elle mène des combats de rues difficiles (« *Les pertes de la 8.Pz.-Div. au cours du combat de rues de Rouge-Croix sont considérables* » *KTB/XXXXI.AK*). Vers 20 h, la *8.Pz.-Div.* parvient enfin à s'emparer d'Hazebrouck avec l'aide de la *StuG-Bttr.660*.

Le **29 mai**, la *6.Pz.-Div.* reçoit à 14 h l'ordre de pousser une *Vorausabteilung* jusqu'à la route Poperinge – Watou et, au soir, après des combats peu importants, elle s'empare de **Steenvoorde**.

Pour sa part, la *8.Pz.-Div.*, qui a continué ses combats de rues et contre les casemates une partie de la nuit, atteint vers 12 h 30, son objectif du jour, les hauteurs au nord de Le Thieushouk et, vers 15 h, le drapeau à croix gammée flotte sur le Mont des Cats.

La *6.Pz.-Div.* est enfin maître de Cassel et aussitôt, ses convois se répandent dans la ville. (coll. JYM.)

Le **30 mai**, alors que la *6.Pz.-Div.* et la *29.Inf.-Div.(mot.)* doivent rester sur leurs positions, la *8.Pz.-Div.* reçoit l'ordre de revenir dans la zone au sud de Lumbres. En fait, la *6.Pz.-Div.* va encore s'employer pour venir à bout de la résistance de Cassel qui est défendu par le *2nd Glorious Glosters* et le *4th Oxfordshire & Buckinghamshire Light Infantry* de la *145th Brigade* ainsi que par le *Surrey & Sussex Yeomanry.* Les combats cessent vers 12 h et, à 12 h 30, le *Pi.-Btl.505* vient occuper la ville. Ce sera le dernier acte de la campagne pour la *6.Pz.-Div.* car, dans l'après-midi, elle sera relevée par un régiment de la *SS-Verfügungsdivision.*

La *Gruppe Hoth* vers Lille

Aux prises avec la contre-attaque lancée par les Franco-Britanniques, Hoth, dont les deux *AK* sont très échelonnés sur le terrain, doit contourner Arras et pivoter vers le nord pour encercler Lille. Le *XXXIX.AK* de Schmidt doit donc se défaire tout d'abord des dernières résistances autour d'Arras alors que le *XVI.AK* de Hoepner, retardé par ses opérations de nettoyage, ne peut guère apporter une aide immédiate.

Le *XXXIX.AK* coupe les axes de repli

Le **22 mai**, après les durs combats de la veille, la *7.Pz.-Div.* ne démarre qu'en fin de matinée en direction de Béthune depuis la ligne Beaumetz – Agnez mais dès qu'elle a passé la Scarpe, elle se heurte vers 15 h à Mont-Saint-Eloi, à une attaque menée par le 4ᵉ RDP de la 1ʳᵉ DLM. La *7.Pz.-Div.* se trouve bloquée là jusqu'au soir.

La *5.Pz.-Div.* ne reprend également sa marche qu'en début d'après-midi et, dès 13 h 15, le *Schütz.-Rgt.13* franchit la route Arras – Beaumetz avec mission d'aller former une tête de pont à Etrun. Mais des résistances franco-britanniques sont toujours assez vives autour d'Arras et la progression reste très limitée.

Le **23 mai**, la *7.Pz.-Div.* est toujours arrêtée devant Mont-Saint-Eloi et elle doit attendre que la *5.Pz.-Div.* s'empare de la localité pour pouvoir reprendre sa progression. Celle-ci s'est en effet remise en marche en direction de Bouvigny et, en début d'après-midi, alors qu'elle progresse vers les hauteurs de Lorette, la *Schütz.-Brig.* est en butte à une attaque de chars venant de Mont-Saint-Eloi et il faut l'intervention du *Pz.-Rgt.31* pour rétablir la situation. Au soir, la *5.Pz.-Div.* se trouve sur les hauteurs de Lorette.

Cette progression des *Pz.-Div.* du *XXXIX.AK* oblige les derniers défenseurs d'Arras à évacuer la ville dans la nuit du 23 au 24.

Le **24 mai** au matin, alors que la *7.Pz.-Div.* atteint le canal d'Aire après avoir traversé Noeux-les-Mines et Mazingarbe, elle reçoit l'ordre, comme les autres *Pz.-Div.*, de s'arrêter. C'est aussi le cas de la *5.Pz.-Div.* qui venait de s'emparer de Givenchy-en-Gonelle.

Le **25 mai**, les deux *Panzerdivisionen* du *XXXIX.AK* stationnent sur leurs positions et ce n'est que le **26 mai** que la progression peut enfin reprendre. Au cours de l'après-midi, Rommel fait établir une tête de pont sur le canal près de La Bassée par le *Schütz.-Rgt.7* alors qu'à la *5.Pz.-Div.*, on se contente de préparer l'attaque du lendemain.

Au matin du **27 mai**, la situation de la *7.Pz.-Div.* près de La Bassée est précaire : une contre-attaque franco-britannique a en effet rejeté un des bataillons du *Schütz.-Rgt.7* sur l'autre rive et Rommel est obligé de faire traverser au plus vite quelques chars pour reprendre le contrôle de la situation. Dans l'après-midi, alors que la progression vers Lille a repris, Rommel se voit subordonner la *5.Pz.-Brig.* de la *5.Pz.-Div.*, ce qui lui permet d'envoyer le *Pz.-Rgt.25* jusqu'à Lomme alors que la *5.Pz.-Brig.* assure la protection de l'attaque à Englos. Au soir, la *7.Pz.-Div.* s'arrête à Fournes, à moins de dix kilomètres de Lille.

La *5.Pz.-Div.* réussit au matin à former une tête de pont à Salomé mais, là encore, la situation reste difficile et ce n'est qu'en début d'après-midi, que la tête de pont peut enfin être élargie, les éléments de tête de la *5.Pz.-Div.* se trouvant au soir à Marquillies.

Le **28 mai**, l'attaque, de la *7.Pz.-Div.* démarre vers 3 h : après avoir repoussé une attaque blindée à Escobecques, le *Pz.-Rgt.25* arrive à Lomme et Rommel déploie ses troupes autour de la ville pour couper tout repli aux troupes françaises, en l'occurrence les 1ʳᵉ et 15ᵉ DIM, les 2ᵉ et 5ᵉ DINA, la 1ʳᵉ DM et des éléments de la 25ᵉ DIM, le tout sous les ordres du général Molinié.

De son côté, la *5.Pz.-Div.* limite son action à se déployer le long du canal de la Deule jusqu'à Wavrin.

Le **29 mai**, les *7.* et *5.Pz.-Div.* se contentent de jouer leur rôle d'enclume et d'empêcher toute tentative de sortie des défenseurs cependant que les *Infanterie-Divisionen* se chargent de nettoyer Lille. Seul fait notable, le *Generalleutnant* Lemelsen, qui commandait jusque-là la *29.Inf.-Div.(mot.),* prend le commandement de la *5.Pz.-Div.* en remplacement de von Hartlieb.

Le **30 mai**, les deux divisions sont relevées par des unités d'infanterie et elles commencent leur repli vers Arras

1

2

1. Un important matériel y a été abandonné par les Anglais comme ce canon Ordnance QF 18 pounder et ce tracteur d'artillerie 4 x 4 Morris C8. (DR.)

2. Un char PzKpfw 35(t) de la *6.Pz.-Div.* progresse dans les ruines de Poperinge. (DR.)

1. Arras est enfin aux mains des Allemands : un véhicule de reconnaissance SdKfz 263 de la *Pz.-Aufkl.Abt.37* patrouille dans une rue endommagée de la ville. (coll. JYM.)

2. Le franchissement du canal d'Aire à La Bassée va être contrarié par la présence de péniches coulées qui vont gêner la mise en place des ponts de bateaux. On voit ici un PzKpfw II de la *7.Pz.-Div.* qui remonte sur l'autre rive. (NARA.)

3. Les chars – ici, deux PzKpfw II - doivent emprunter le chemin de halage qui passe sous le pont du chemin de fer pour accéder au pont de bateaux. (NARA.)

1

2

3

4. Ce char SOMUA du 1er Cuir. de la 3e DLM abandonné dans Fromelles suscite l'intérêt d'une colonne de fantassins allemands en route vers La Bassée. (coll. JYM.)

5. Un char PzKpfw II du *Pz.-Rgt.25* s'est fait démolir dans Lomme par un canon de 75 de la 15e DIM qui sera lui-même détruit peu après. (ECPAD.)

4

5

Le **31 mai,** alors que Lille capitule à 21 h 30, la *5.Pz.-Div.* prend la direction de Montreuil-sur-Mer.

Hoepner fait de la figuration

En raison de ses difficiles opérations près de Maubeuge et dans la forêt de Mormal, le *XVI.AK* se trouve très en retrait des autres *Panzerdivisionen* et il n'est pas en mesure de participer activement aux opérations qui vont se dérouler dans le nord.

Le **22 mai**, le *XVI.AK* reçoit l'ordre de se porter dans la zone au sud-ouest de Cambrai mais ce n'est que vers 16h30 que les *Pz.-Div.* entament leur mouvement.

Le **23 mai**, vers 10h30, les deux divisions se voient enfin attribuer un objectif plus précis : Saint-Pol-sur-Ternoise, au sud-ouest d'Arras. A 15 h, la *4.Pz.-Div.* a ses éléments de tête sur la route d'Avesnes-le-Comte alors que ceux de la *3.Pz.-Div.* sont déjà à Saint-Pol. Les deux divisions doivent tenir la ligne atteinte et se tenir prêtes à attaquer vers le nord pour le 25 au matin.

Le **24 mai**, alors que l'ordre a été donné par Hitler d'arrêter les *Panzer*, les *3.* et *4.Pz.-Div.* sont les seules à faire mouvement : elles ont en effet reçu l'ordre de remonter vers le canal de la Deule pour en assurer la défense aux environs de La Bassée. Les deux divisions entament leur remontée vers 16 h et, à 21 h, elles se trouvent sur les positions qui leur ont été prescrites.

Le **25 mai**, la situation n'évolue pas et, le **26 mai**, le *XVI.AK* reçoit l'ordre de se tenir prêt à gagner la ligne Lille – Armentières. Pourtant, dans l'après-midi, suite à une tentative de percée anglaise près de Robecq, au nord de Béthune, la *3.Pz.-Div.* envoie une *Kampfgruppe* vers cette localité dont elle s'empare vers 15 h. Au même moment, Hoepner est informé que le *XVI.AK* doit participer à une vaste offensive le lendemain matin.

Pour ce faire, la *3.Pz.-Div.* est rattachée à la *Gruppe Kleist* alors que la *4.Pz.-Div.* doit atteindre la route

Le *XVI.AK* fait mouvement vers la zone au sud-ouest de Cambrai : on voit ici un char PzKpfw III de la *4.Pz.-Div.* traversant Escaudeuvres, dans les faubourgs de Cambrai (identification JP Pallud) (NARA)

La *3.Pz.-Div.,* quant à elle, contourne Cambrai par le sud, ce qui lui vaut de traverser Marcoing : une colonne de chars PzKpfw III passe devant l'église de la localité. (ECPAD.)

de part et d'autre de Neuve-Chapelle, à l'est de Béthune avant de poursuivre sur Armentières. La *SS-Totenkopfdivision* assurera le flanquement de l'opération sur la gauche, en direction d'Estaires.

Le **27 mai**, la *4.Pz.-Div.*, qui s'est emparée d'Essars la veille au soir, démarre son attaque dès 6 h mais seule la *Schütz.-Brig.* peut s'engager au cours de la matinée car le pont sur le canal d'Aire ne permet pas le passage des *Panzer*. En fin de matinée, la *Schütz.-Brig.* n'a que peu progressé puisqu'elle se trouve sur la ligne Le Quesnoy – Le Hamel – Les Glaugnies alors que la *SS-Totenkopfdivision* est engagée dans des combats près de Le Cornet-Malo contre le *2nd Royal Norfolk Regiment* (1). Dans l'après-midi, avec l'arrivée du *Pz.-Rgt.35*, la situation s'améliore rapidement et, après avoir brisé des résistances à Richebourg et Neuve-Chapelle, la *4.Pz.-Div.* poursuit sa progression vers Armentières. Quant à la *SS-Totenkopfdivision*, elle se trouve au soir à Vieille-Chapelle.

Le **28 mai** dès 6 h 30, la *4.Pz.-Div.* se trouve sur la route Lille – Armentières, près de Wez-Macquart alors que la *SS-Totenkopfdivision* atteint en fin de matinée la ligne Picantin – Laventie. L'après-midi, la *4.Pz.-Div.* a pour mission d'empêcher toute percée d'éléments ennemis vers le nord-ouest.

Le **29 mai**, le *XVI.AK,* qui a récupéré la *3.Pz.-Div.*, doit avancer sur la ligne Armentières – Estaires. L'attaque vers la Lys commence vers 10 h : la *251.Inf.-Div.* temporairement rattachée au *XVI.AK* attaque à gauche, la *SS-Totenkopfdivision* au centre et la *3.Pz.-Div.* à droite. Quant à la *4.Pz.-Div.*, elle doit pousser des éléments vers Quesnoy-sur-Deule. Vers 13 h, les trois divisions sont sur la ligne Steenwerck – Le Doulieu – Merris mais seules la *251.Inf.-Div.* et la *SS-Totenkopfdivision*, désormais rattachées à la *Gruppe Kleist* vont poursuivre l'attaque : en effet, vers 16 h, le *XVI.AK* reçoit l'ordre de rompre le combat et de se préparer à redescendre vers Saint-Pol-sur-Ternoise.

Le **30 mai** est jour de repos pour les deux *Pz.-Div.* dont la seule mission est d'assurer la sécurisation de la zone Béthune – Quesnoy – Aire : elles en ont terminé avec la première partie de la campagne.

(1) Au terme de cet engagement la *SS-Totenkopfdivision* va se signaler par le massacre de 97 prisonniers anglais.

Une longue colonne de prisonniers remonte la rue des Carmes à Saint-Pol-sur-Ternoise. (coll. P. Kerger.)

Le carrousel des Panzers (*Fall Rot*, 5 - 25 juin 1940)

7

Condé-Folie : le franchissement de la Somme par la *7.Pz.-Div.* a été abondamment photographié et il existe donc des dizaines de photos de l'événement. Celle-ci montre une colonne de chars de la *7.Pz.-Div.* engagée entre les deux ponts – celui sur la Somme et le pont-route – tombés intacts aux mains des Allemands. (NARA.)

Alors que la chute de Dunkerque n'est pas encore effective, l'*OKH* pense déjà à la deuxième phase de la campagne et il redéploie ses *Panzerdivisionen* pour les faire attaquer dans la foulée sur la Somme, dans le cadre de l'opération *Fall Rot* qui doit démarrer le 5 juin 1940.

Tirant (déjà) des enseignements de la première phase de la bataille, l'*OKH* réorganise son arme blindée en constituant cinq *Armee-Korps* de valeur sensiblement égale avec, à chaque fois, deux *Panzerdivisionen* et une *Infanterie-Division* motorisée. Quatre de ces *Armee-Korps* sont regroupés au sein de deux *Panzergruppen*, commandée l'une par von Kleist, l'autre par Guderian, qui a démontré au cours de *Fall Gelb* toute sa capacité à commander plusieurs divisions blindées. Le grand perdant de l'opération est Hoth qui, après avoir commandé une *Panzergruppe* de circonstance durant la deuxième partie de *Fall Gelb*, retrouve les deux *Panzerdivisionen* qu'il commandait lors du déclenchement de l'offensive.

Compte tenu des impératifs de mise en place et de réorganisation minimale que cette restructuration impose, les *Panzerdivisionen* ne vont pas s'engager en même temps : le 5 juin, seuls le *XV.AK* de Hoth et la *Panzergruppe* de von Kleist vont s'élancer depuis les têtes de pont de la Somme alors que la *Panzergruppe Guderian* disposera d'un peu plus de temps : son engagement n'interviendra en effet au mieux que le 9 juin lors du déclenchement de la deuxième phase de l'opération prévue sur l'Aisne. Le plan allemand rapidement improvisé ne comporte pas de réelle subtilité et il consiste à refouler les unités françaises qui font face aux unités allemandes. Toutefois, le décalage entre les deux phases de l'opération peut bénéficier aux Allemands car Weygand risque d'être tenté de faire roquer quelques divisions de l'Aisne vers la Somme.

En fait, Weygand n'a plus grand-chose à déplacer car il a dû faire flèche de tout bois : les unités déployées le long de la Somme et de l'Aisne sont déjà affaiblies par de nombreux combats et les quelques divisions qui n'ont pas encore été réellement engagées ne sont pas suffisantes pour s'opposer à l'offensive que vont déclencher les Allemands. En outre, Weygand ne dispose plus d'aucune force mécanique digne de ce nom, les unités encore en ligne étant exsangues alors que les quelques unités reconstituées ne disposent même pas de la moitié de leur valeur initiale. En contrepartie, il a mis en place un nouveau système de défense basé sur la constitution de « hérissons », à savoir constituer des points d'appui fermés dans tous les villages pour contrôler le réseau routier et obliger l'ennemi à se déployer dans les intervalles où il sera plus facilement contre-attaqué. Le plan a des mérites mais Weygand n'a aucune troupe pour contre-attaquer …

C'est donc une partie bien inégale qui va s'engager le 5 juin 1940 …

1

1. Il existe de rares photos en couleurs de la *7.Panzer-Division* au combat. En particulier ce cliché où nous voyons les chars longeant la Somme pour gagner le passage à niveau leur permettant de franchir la voie ferrée et de revenir vers une large coulée remontant vers le plateau. (Heimdal.)

2. Cette vue aérienne permet de découvrir le site de l'attaque et notamment la petite vallée par laquelle la *7.Pz.-Div.* va pouvoir prendre pied sur le plateau. (NARA.)

2

A l'assaut de la ligne Weygand (5 – 12 juin 1940)

Coup de filet à Saint-Valéry-en-Caux pour le XV.AK

Le *XV.AK* de Hoth, qui a retrouvé pratiquement sa configuration initiale avec les *5.* (Lemelsen) et *7.Pz.-Div.* (Rommel) et la *2.Inf.-Div.(mot.)* (Bader), doit s'élancer depuis les abords d'Abbeville dont il ne peut utiliser la tête de pont, en butte depuis plusieurs jours aux attaques des 2e et 4e DCR et des troupes britanniques. C'est le *II.AK* qui est chargé de nettoyer les abords d'Abbeville et de couvrir le *XV.AK* dont la première opération consiste à franchir la Somme.

Le **5 juin**, si la *5.Pz.-Div.* éprouve quelques difficultés à hauteur de Pont-Rémy, la *7.Pz.-Div.* bénéficie d'emblée de deux facteurs favorables : d'une part, les ponts sur la Somme et le canal ne sont pas détruits et ils sont aux mains des Allemands, d'autre part, l'attaque allemande surprend les troupes françaises en pleine relève, la 5e DIC prenant le créneau occupé jusque-là par les 5e et 3e DLC.

Rapidement, les Allemands sont maîtres de la rive gauche de la Somme et ils s'infiltrent entre les hérissons qu'ils vont réduire en partie au cours de la journée : Condé-Folie, Hangest, Le Quesnoy-sur-Airaines, etc.

Du côté français, on peut encore rejeter les Allemands sur la Somme en engageant de suite le groupement blindé de Langle de Cary mais le commandement français, selon une méthode qui lui est propre, va s'ingénier à lui donner ordres et contre-ordres et, finalement, les chars français se borneront en soirée à couvrir le repli des éléments débordés de la 5e DIC et de la 3e DLC.

Le **6 juin** au matin, l'attaque allemande repart. Dans la matinée, la *5.Pz.-Div.* déborde Airaines qui ne tombera que deux jours plus tard, et poursuit vers Hornoy que viennent occuper les bataillons de chasseurs de la 40e DI du général Durand. Des combats assez âpres se déroulent à Caulières, à Lamaronde et à Boulainvillers, les Allemands restant maîtres en soirée de ces villages que les chasseurs alpins ont dû abandonner après une belle résistance.

Suite du reportage : quelques obus s'abattent cependant à proximité des véhicules alors que les *Schützen* se hâtent d'escalader la pente du plateau dominant la Somme. (Coll. Heimdal.)

Ci-dessus : l'attaque des chars sur le château de Quesnoy-sur-Airaines a été abondamment filmée et photographiée et ces photos sont particulièrement connues. Il s'agit malheureusement de la reconstitution réalisée vraisemblablement le 7 juin. Nous ne pouvons cependant faire l'impasse dessus aussi en présentons-nous quelques photos. L'attaque vient de démarrer et un char *PzKpfw IV* tire à vue sur le mur du château qui se trouve devant lui. (NARA.)

Ci-dessous : les chars, en l'occurrence des *PzKpfw 38(t)*, sont déployés dans la plaine et ils s'approchent du mur dans lequel on distingue les brèches ouvertes par les tirailleurs pour tirer sur les chars… mais pas les brèches qui auraient été pratiquées par les chars lors de l'attaque du 5 juin. (NARA.)

La *7.Pz.-Div.* démarre vers 6 h, avec comme objectif la région de Thieulloy-l'Abbaye. Les Allemands refoulent d'abord les éléments du 7e Cuir. (du groupement de Langle de Cary) près de Camps-en-Amiénois et ils poursuivent vers Molliens-Vidame et Bougainville dont ils s'emparent en fin de matinée. Le 7e Cuir. va connaître un début d'après-midi difficile car deux de ses escadrons se heurtent aux avant-gardes de la *7.Pz.-Div.* près d'Hermilly et ils se font anéantir. Toutefois, comme le reconnaissent eux-mêmes les Allemands, les deux premières journées de l'offensive ont coûté cher et de nombreux chars sont restés sur le terrain. Les « hérissons » qui ont singulièrement freiné l'avance allemande ont pour conséquence que les *Infanterie-Divisionen* qui suivent les *Panzer* avancent relativement vite et en soirée, la *6.Inf.-Div.* arrive déjà dans le secteur pour prendre le créneau jusque-là occupé par les *Panzer*. Dès lors, la *Gruppe Hoth* se voit assigner un autre objectif : foncer vers Rouen et Le Havre.

Le **7 juin**, Hoth fixe l'heure de départ à 10 h. Devant ses unités, le front français est déjà très fissuré et tout laisse supposer que la rupture devrait intervenir assez rapidement.

La *5.Pz.-Div.* a Forges-les-Eaux comme objectif mais elle va devoir balayer les restes des 3e et 5e DLC alors que les chasseurs alpins de la 40e DI, qui se sont organisés dans les villages de Liomer, Brocourt et Laboissière se trouvent désormais sur la route du *II.AK*.

Vers 12 h 30, la *5.Pz.-Brig.* se présente devant Formerie qui est tenu depuis la veille par des éléments du 114e RI de la 17e DLI, jetés là en toute hâte. Sans perdre de temps à réduire cette résistance, les Allemands poursuivent leur progression qui est encore ralentie dans l'après-midi, par quelques accrochages avec des éléments dispersés de la 5e DLC. Vers 17 h 45, les Allemands atteignent **Forges-les-Eaux**.

La *7.Pz.-Div.* a sans doute plus de chance que sa voisine car, devant elle, il n'y a plus réellement de résistances organisées, ce qui devrait lui permettre d'atteindre facilement son objectif du jour, l'Andelle. Et de fait, dès la fin de la matinée, les éléments de tête sont déjà sur la rivière. Arrive alors un ordre de stationner sur place. Ce qui n'empêche pas Rommel de pousser des reconnaissances offensives de sorte qu'en soirée, la *7.Pz.-Div.* a déjà des éléments à Saumont et à Meneval. C'est là que la capture d'une estafette française apporte des éclaircissements intéressants : les unités françaises engagées dans le secteur doivent se replier au cours de la nuit…

Le **8 juin**, au matin, le repli français ne profite certainement pas à la *5.Pz.-Div.* qui perd beaucoup de temps à contourner Forges-les-Eaux qui est toujours aux mains de la 17e DLI et dont les abords marécageux ne permettent pas le déploiement des unités. Ce n'est donc que vers midi que les chars de Lemelsen peuvent enfin reprendre leur progression. Le retard initial ne sera pas trop préjudiciable aux Allemands car, devant eux, la route est dégagée : à 16 h, la *Pz.-Brig.* contourne Mauquenchy, à 17 h, elle est à Buchy et à Vieux-Manoir et, vers 20 h, elle atteint Quincampoix.

1. Les *PzKpfw IV* sont arrivés devant le mur et ils le perforent de toute leur masse. On aperçoit au premier plan le char «321» qui était en difficultés lors du franchissement de la Somme, ce qui accrédite le fait que cette reconstitution a été réalisée très peu de temps après les combats car Rommel n'avait pas les moyens de se passer trop longtemps de ses chars en panne, surtout un *PzKpfw. IV* !

2. Un *PzKpfw II* et un *PzKpfw 38 (t)* s'engagent dans les sous-bois qui bordent le château.

3. Un *PzKpfw 38(t)* progresse sur une allée forestière non loin du château. (Collection Heimdal.)

Rommel ne démarre guère plus tôt puisque ce n'est qu'en fin de matinée qu'un détachement d'avant-garde franchit l'Andelle près de Sigy après avoir bousculé des éléments britanniques déployés sur la rivière. Toutefois, le programme de l'après-midi est ambitieux car la *7.Pz.-Div.* doit foncer le plus rapidement possible sur Elbeuf pour s'emparer des ponts sur la Seine. Aussitôt, la folle course commence et vers 20 h 30, les éléments de tête de la *7.Pz.-Div.* atteignent **Boos**, à quelques kilomètres de Rouen. Un accrochage sérieux a alors lieu dans le village avec le 2e Groupe Franc de Cavalerie du lieutenant Huot qui dispose de deux chars, de deux AMD et de quelques pièces antichars. Le GF 2 a pour mission de défendre l'accès à Rouen alors que Rommel fonce vers Elbeuf de sorte que, laissant à ses hommes le soin de régler l'incident, il poursuit sa route vers la Seine dont il ne se trouve plus vers 23 h qu'à huit kilomètres.

Vers minuit, Rommel décide de tenter un coup de main nocturne sur les ponts d'Elbeuf et d'Igoville et il lance vers l'objectif de petits détachements chargés de s'emparer des ponts par surprise. Malheureusement pour lui, ces détachements ne vont pas faire preuve de la hardiesse nécessaire et les différents ponts vont sauter les uns après les autres, avant que les Allemands aient pu s'en emparer. N'ayant pas les moyens de franchir la Seine, Rommel fait replier sa division sur Tourville où elle va attendre que la *5.Pz.-Div.* règle le sort de Rouen.

Le **9 juin**, Lemelsen, qui a appris dans la nuit que les ponts de Rouen sont toujours intacts, lance en effet dès 7 h, la *8. Pz.-Brig.* en direction de la ville qui n'est défendue que par des éléments disparates dont ce qui reste du GF 2 et une partie du GF 5. A 10 h, les éléments de tête pénètrent dans **Rouen** et ils se heurtent à la faible résistance mise en place par le commandant Lalande. Résistance vite balayée mais pas suffisamment cependant pour empêcher la destruction des ponts.

Bloquée dans la ville, la *5.Pz.-Div.* n'y restera pas longtemps puisque, dès la fin de la matinée, elle reçoit une nouvelle mission : remonter vers la côte pour détruire les derniers éléments alliés qui cherchent à se dégager de la nasse par la seule porte encore ouverte, Le Havre.

Ces unités, c'est en fait ce qui reste du IXe CA du général Ihler, à savoir les 31e et 40e DI, les 2e, 3e et 5e DLC et la *51st Highland Division* que la percée allemande a coupé du reste de la 10e Armée.

En début d'après-midi, les *Kampfgruppen* de la *5.Pz.-Div.* se mettent en route et, dès 18 h 30, elles sont déjà à Clères et à Tôtes où des résistances françaises sont signalées.

Le **10 juin** au matin, après sa déconvenue de la veille, la *7.Pz.-Div.* va retrouver la part de chance qui semble l'accompagner puisque couverte par la *5.Pz.-Div.* qui fait barrage sur la droite aux unités alliées en repli, elle peut progresser sans aucun problème en direction de la côte. Après avoir contourné Rouen, elle est déjà vers 10 h à hauteur d'Yvetot et, vers 13 h 15, Rommel, qui progresse avec ses éléments de tête, atteint la côte aux **Petites Dalles**, entre Fécamp et Veulettes, coupant ainsi toute possibilité de repli aux troupes encerclées. Celles-ci n'ont plus dès lors comme issue que de s'échapper par la mer à Fécamp et à Saint-Valéry-en-Caux.

Aussitôt, Rommel dissocie son dispositif : le *Pz.-Rgt.25* remonte vers Veulettes alors que la *Pz.-Aufkl.Abt.37* descend vers Fécamp. Le port n'est pas réellement défendu : un groupement de circonstance formé par des éléments du 329e RI et une douzaine de canonniers de la Marine interdit les entrées de la ville avec quelques vieux matériels utilisés comme antichars. Malgré sa faiblesse, ce groupement, aux ordres du capitaine Gilles, parvient à bloquer les Allemands qui n'ont d'autre solution que d'encercler la ville.

La *5.Pz.-Div.* commence sa journée par un engagement sérieux près de Tôtes où elle croise le 2e RAM de la 2e DLC qui poussait une reconnaissance en vue de reconnaître les itinéraires de repli. Dans l'engagement, celui-ci va perdre les deux-tiers de ses engins sans pouvoir empêcher les Allemands de poursuivre vers Bellencombre. Le village est un point de passage obligé pour toutes les unités qui se replient et les Allemands vont détruire ou capturer nombre d'hommes et d'officiers pris dans cet entonnoir.

Durant l'après-midi, la *5.Pz.-Div.* doit refouler devant elles des éléments épars et surtout s'engager contre des résistances plus sérieuses à Biville-la-Bagnairde tenu par des éléments de la 5e DBCA de la 40e DI alors que la *2.Inf.-Div.(mot.)* parvient à s'emparer de Doudeville où le 3e BCP du commandant Person s'était retranché.

1

2

1. Une colonne de chars de la *7.Pz.-Div.* alternant PzKfw 38(t) et PzKpfw II stationne dans un village de la Somme. (NARA.)

2. Rommel parcourt le champ de bataille dans son véhicule semi-chenillé SdKfz 251, accompagnant le plus souvent ses éléments de tête. (NARA.)

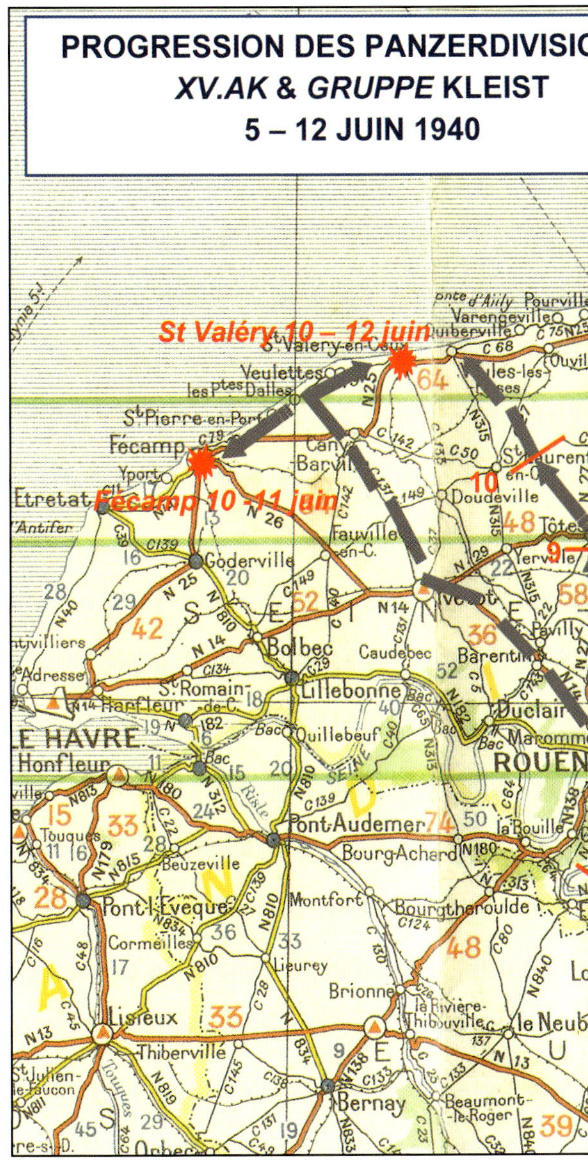

1. Les ponts au centre de Rouen sautent juste au moment où les Allemands se préparent à s'en emparer. Les bombardements ont incendié la ville et le nuage de fumée recouvre toute la cité. (DR.)

2. La *5.Pz.-Div.* ne restera pas très longtemps à Rouen, la plupart des chars stationnant à l'entrée de la ville avant de remonter vers la mer. (DR.)

Au soir, la *5.Pz.-Div.* s'organise défensivement sur la ligne Biville-la-Baignarde – Saint-Pierre-Bénouville – Eurville.

Le **11 juin** au matin, la *7.Pz.-Div.* entreprend de nettoyer le littoral. Au sud, la résistance de **Fécamp** trouve son terme vers 14 h. Au nord, le *Pz.-Rgt.25,* qui remonte vers Veulettes, se heurte aux éléments blindés de la *51st Highland Division* (*Lothians & Border Horse*) sur les bords du Durdent avant de s'engager vers Saint-Valéry-en-Caux. C'est vers ce port que convergent toutes les unités alliées en repli, avec l'espoir de trouver à s'embarquer. Les marines françaises et britanniques ont en effet conçu un plan d'évacuation que l'irruption de la *7.Pz.-Div.* bat d'emblée en brèche : le littoral est désormais tenu par les pièces d'artillerie allemandes qui vont s'efforcer de tenir les navires alliés au large.

Le port de Saint-Valéry-en-Caux est également sous le feu de l'artillerie allemande qui va rendre la ville et le port intenables. Après avoir forcé les résistances anglaises, les Allemands parviennent en effet sur la falaise aval qui domine **Saint-Valéry-en-Caux** d'où ils peuvent à loisir mitrailler les défenseurs. Vers 16 h, un obus tombant à proximité du PC de la 5ᵉ DLC blesse mortellement le général Berniquet commandant la division.

Pour les Allemands, la capitulation de la garnison de Saint-Valéry-en-Caux semble imminente mais, lorsque tombe la nuit, la ville tient toujours.

A la *5.Pz.-Div.*, la matinée se passe dans une certaine inaction puisque ce n'est qu'en fin de matinée que lui parvient l'ordre de reprendre sa progression vers la côte. Son objectif est Veules-les-Roses : les chars allemands franchissent la route de Dieppe et se rabattent vers la ville que défendent les cavaliers du 5ᵉ Cuir., du 18ᵉ Chasseurs et les dragons du 3ᵉ RDP. Par deux fois, les chars allemands s'avancent sur le plateau et pénètrent dans la position mais au soir, ils jugent plus prudents de se replier et d'évacuer le plateau.

« *L'aube du* ***12 juin*** *point, sinistre* ». Ce commentaire du général Gastey résume bien la situation des défenseurs : soumises aux bombardements et aux tirs de mitrailleuse, la ville est en grande partie sinistrée, les évacuations espérées n'ont pas eu lieu, hormis quelques opérations ponctuelles et les troupes encerclées n'ont plus grand-chose à opposer aux deux divisions qui les encerclent. Vers 7 h, la reddition de Saint-Valéry-en-Caux est effective, le cessez-le-feu intervenant à 8 h. Rommel capture ainsi le général Ihler commandant le IXᵉ CA et le général Fortune commandant la *51st Highland Division* ainsi que plusieurs commandants de division ou de brigades de cavalerie.

Quelques combats ont encore lieu près de Veules-les-Roses dans le courant de la journée et ils dureront jusque vers 18 h. Puis tout se tait : le *XV.AK* en a fini avec la bataille de la Somme …

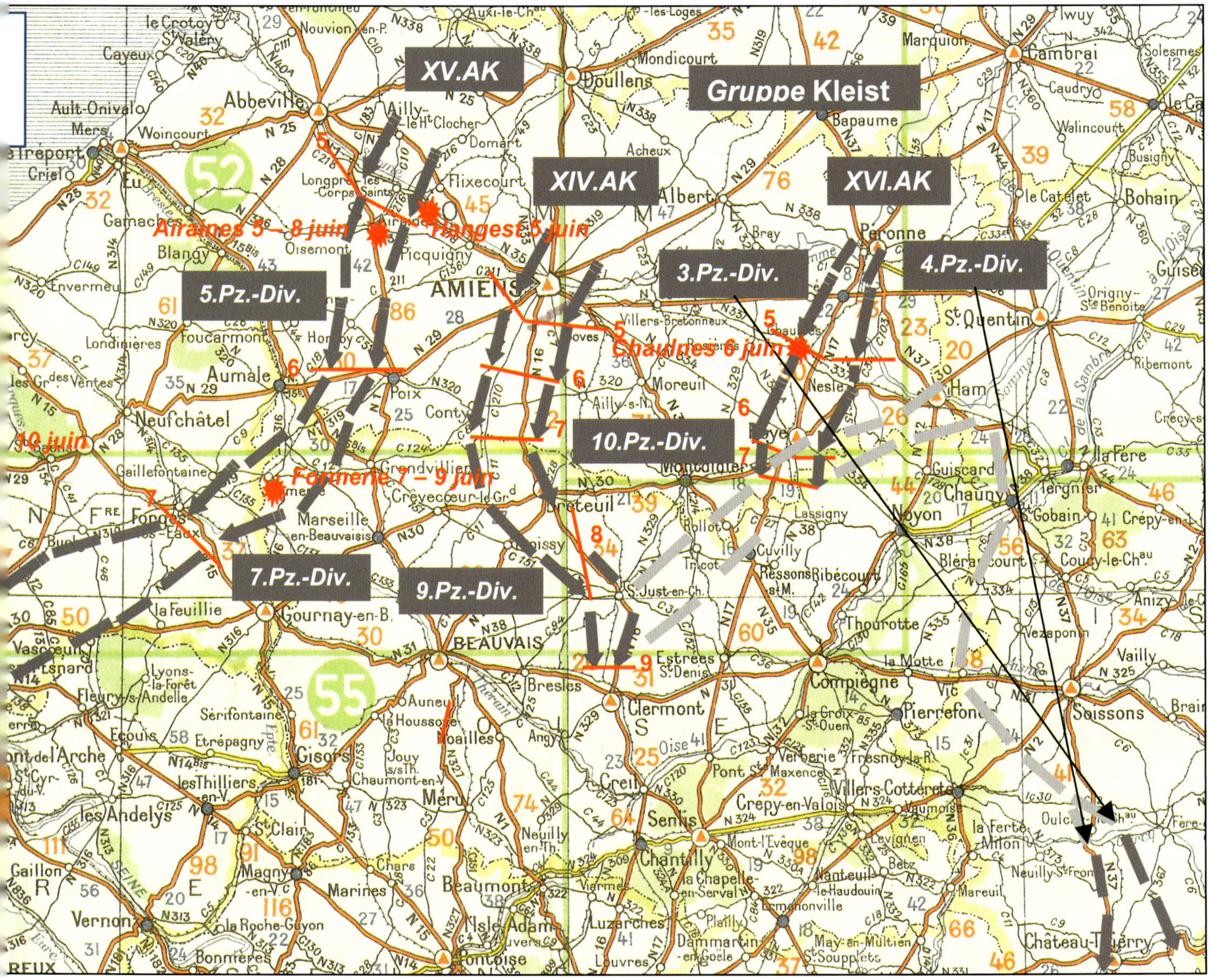
XV.AK
Gruppe Kleist
XIV.AK
XVI.AK
3.Pz.-Div.
4.Pz.-Div.
5.Pz.-Div.
10.Pz.-Div.
7.Pz.-Div.
9.Pz.-Div.
Airaines 5 – 8 juin
Hangest 5 juin
Chaulnes 6 juin
Formerie 7 – 9 juin
10 juin

PROGRESSION DES
PANZERDIVISIONEN
GRUPPE GUDERIAN
5 – 12 JUIN 1940
Gruppe Guderian
XXXIX.AK
XXXXI.AK
6.Pz.-Div.
8.Pz.-Div.
2.Pz.-Div.
1.Pz.-Div.

Rommel avec quelques-uns de ses officiers dans les ruines de Saint-Valéry-en-Caux. A l'arrière-plan, un Pz-Spähwagen Sd.Kfz 263 (Fu). (NARA.)

Le 2e RAM a subi des pertes importantes lors de son affrontement avec la *5.Pz.-Div.* près de Tôtes. On voit sur ce document deux AMD 178 et deux chars H détruits dans l'engagement. (coll. JYM.)

Dans Saint-Valéry-en-Caux, Rommel a la chance de capturer plusieurs généraux dont le général Ihler commandant le IXe CA et le général Fortune commandant la *51st Highland Division*. (NARA.)

Un groupe de chars PzKpfw 38(t) stationne dans Saint-Valéry-en-Caux qui est en grande partie sinistré et le centre de la ville devra être reconstruit. (NARA.)

La *Gruppe Kleist* à la peine

Progression laborieuse pour le *XIV.AK*

Le **5 juin** 1940, le *XIV.AK* de von Wietersheim s'engage depuis Amiens, la *9.Pz.-Div.* de von Hubicki à droite et la *10.Pz.-Div.* de Schaal à gauche, l'objectif étant d'atteindre Breteuil. Face à elles, la 16e DI du général Mordant.

La *9.Pz.-Div.* lance en avant le *Pz.-Rgt.33* avec l'ambition d'atteindre les hauteurs à l'ouest de Saint-Just-en-Chaussée mais, d'entrée, les *Panzer* se présentent dans un champ de mines où ils perdent plusieurs chars. Le régiment doit être ramené en arrière et, dans l'après-midi, il sera poussé derrière les deux *Pz.-Rgt.* de la *10.Pz.-Div.*

Les *Schützen* ne sont pas plus heureux car, dès le début de leur progression, le *Schütz.-Rgt.10* se trouve stoppé devant Dury tenu par le III/56e RI du commandant Rayneau. Bien qu'ayant mis en péril de dispositif français, il se retire finalement vers midi.

Une nouvelle attaque a lieu sur Dury vers 17 h 30 et, cette fois, les assaillants parviennent à prendre pied dans le village mais, au soir, les défenseurs retranchés dans la partie ouest continuent à s'opposer aux *Schützen*. Le *Schütz.-Rgt.11* a reçu mission de s'enfoncer à travers les organisations défensives françaises et de s'emparer d'Hébécourt et de Rumigny : après un succès initial, la poussée allemande est stoppée devant le bois Impérial.

La *10.Pz.-Div.* doit s'emparer de Saint-Fuscien et de Sains puis pousser sur Oresmaux et Grattepanche. La configuration du terrain favorise les assaillants qui peuvent engager leurs deux *Pz.-Rgt*, côte à côte, le *Pz.-Rgt.8* attaquant à l'ouest et le *Pz.-Rgt.7* à l'est de la route Amiens – Saint-Fuscien. Les défenseurs ont transformé les villages en hérissons mais les chars les dédaignent, laissant le soin à l'infanterie qui suit (*Inf.-Rgt.116*) de les réduire les uns après les autres. La violente poussée des *Panzer* induit rapidement des effets puisque les chars balayent devant eux l'artillerie française, notamment les batteries de 75 embossées pour faire de l'action antichar. Néanmoins, les pertes en chars sont élevées. En fin de matinée, les éléments de tête de la *10.Pz.-Div.* sont déjà au sud d'Oresmaux mais ils sont confrontés à un problème inattendu : il ne leur reste plus qu'un tiers de leurs munitions et la résistance des points d'appui rend tout ravitaillement impossible. Car contrairement à leurs prévisions, les Allemands n'ont pu réduire aucun des points d'appui et Cagny, Saint-Fuscien, Grattepanche, Saint-Saufflieu... tiennent toujours. Seule solution : organiser un ravitaillement par avion mais la remarquable organisation allemande va faillir et le ravitaillement ne pourra avoir lieu.

Dans l'après-midi, la *10.Pz.-Div.* parvient à s'emparer de Saint-Fuscien et des combats confus ont lieu dans Sains. La *Pz.-Brig.* est toujours déployée devant Oresmaux où elle est en butte vers 17 h à une contre-attaque menée par les chars R du 12e BCC : les chars français quoi qu'ayant des pertes parviennent à pénétrer dans Oresmaux et à y rester jusqu'à minuit. Il est vrai que cette action va bénéficier d'un heureux concours de circonstances : en effet, n'ayant pu faire ravitailler ses chars, Schaal leur donne l'ordre, à 19 h 30, de se replier sur leur base de départ : toute la zone d'attaque est donc évacuée.

Les affaires reprennent le **6 juin** au matin et d'emblée, la *9.Pz.-Div.* parvient à s'emparer des points d'appui de Cagny et de Sains. Par contre, Dury tient toujours : l'*Inf.-Rgt.57* qui la veille, a relevé le *Schüzt.-Rgt.10* doit être relevé à son tour par l'*Inf.-Rgt.116* mais le PA ne cède pas. La *Sch.-Brig.* a repris l'attaque du bois Impérial et, en fin de matinée, Hébécourt et Rumigny sont en partie encerclés.

Dans l'après-midi, les Allemands sont enfin maîtres de Dury vers 18 h alors que Rumigny tombe vers 15 h et Hébécourt vers 18 h 45. Seul Saint-Sauflieu tient toujours.

A la *10.Pz.-Div.*, Schaal, qui est conscient que la *Pz.-Brig.* a laissé la veille beaucoup de chars sur le terrain, décide d'engager en premier la *Sch.-Brig.* et l'*Inf.-Rgt. Grossdeutschland* – maintenu en réserve la veille - pour nettoyer les résistances qui continuent à tenir. En fin de matinée, le *Schütz.-Rgt.86* parvient à pénétrer dans Oresmaux mais ne peut s'y mainte-

1. Les deux *Pz.-Div.* engagées contre la 16e DI vont subir des pertes importantes lors des deux premières journées de l'offensive et de nombreuses carcasses de chars auprès desquelles s'élèvent souvent les tombes des équipages jonchent la plaine qui s'étend au sud d'Amiens. (coll. JYM.)

2. Les combats qui se sont déroulés près d'Amiens entre la chute de la ville et le début de l'offensive ont transformé Amiens en champ de ruines dont n'émerge que la cathédrale. (coll. JYM.)

3. L'infanterie accompagne les chars dans leur progression au travers des plaines picardes et c'est souvent elle qui doit nettoyer les « hérissons » qui vont s'avérer efficaces pendant... deux jours. (DR.)

1. Un canon automoteur sIG33 auf PzKpfw I de la *sIG.Kp.701* appuie l'avance allemande en direction de Le Bosquel, au sud d'Amiens. (coll. JYM.)

2. Talonnés par les éléments de tête de la *10.Pz.-Div.*, des chars R 35 du 12e BCC n'ont pu franchir l'Oise et ils se sont arrêtés à l'entrée de Longeau. (coll. P. Kerger.)

3. L'attaque du *XVI.AK* va se heurter à une très forte résistance et les deux *Pz.-Div.* vont perdre beaucoup de chars au cours des deux premiers jours de sa percée. On voit ici un char PzKpfw I de la *4.Pz.-Div.* qui a vraisemblablement sauté sur une mine. (coll. B. Vieillot.)

4. Le char B 1 bis Vauban du 28e BCC de la 1re DCRr a été abandonné dans Champlien lors de la contre-attaque malheureuse menée par la division cuirassée. (coll. JYM.)

nir alors que les autres points d'appui résistent toujours. La situation évolue cependant défavorablement dans l'après-midi et en soirée, les Allemands réussissent à être maîtres de la plupart des PA : Oresmaux est pris par le *Schütz.-Rgt.86* vers 20 h, de même qu'Esserteaux malgré une nouvelle contre-attaque du 12e BCC, Estrées est enlevé par l'*IRGD* vers 22 h 15.

Malgré ces succès tardifs, von Wietersheim qui ne peut se satisfaire de cette progression trop lente à son goût, envisage de faire relever la *10.Pz.-Div.* par une division d'infanterie. Schaal parvient à l'en dissuader en arguant que la résistance française est brisée et que l'attaque du 7 juin va permettre de passer à l'exploitation. Ce qu'ignore von Wietersheim, c'est que l'*AOK 6* envisage à son niveau de relever tout le *XIV.AK* et de l'engager derrière le *XVI.AK* ! Il faudra toute l'insistance de von Kleist pour que von Reichenau renonce à son projet...

Le **7 juin** au matin, les Allemands abordent la seconde position occupée par la 24e DI du général Voirin.

La *9.Pz.-Div.* entame son programme dès 4 h : ce sont à nouveau les deux régiments de *Schützen* qui doivent s'employer mais, malgré leur allant, ils ne parviennent pas à s'emparer de Le Bosquel et il faudra attendre 20 h pour que la localité soit enfin aux mains des Allemands. Cet échec apparent va cependant se transformer en succès car, en soirée, une mauvaise interprétation des ordres transmis par la XIe CA amène un retrait intempestif du 29e DI (de la 24e RI). Les Allemands ne mettent pas longtemps à comprendre qu'il y a un vide devant eux, ce qui leur permet de pousser immédiatement jusqu'à la ligne Monsures – Fransures qui était leur objectif du lendemain. La *9.Pz.-Div.* a pris la tête du mouvement...

En effet, la *10.Pz.-Div.* entend bien forcer les passages sur la Noye mais elle se trouve assez rapidement bloquée par les tirs de l'artillerie française et ne peut dépasser la route Esserteaux – Ailly-sur-Noye. Schaal se décide alors à engager l'*IRGD* sur Ailly-sur-Noye pour forcer le passage. Des combats très violents ont lieu aux bois de Berny et de Perdriamont et, en fin de matinée, le *Schütz.-Rgt.86* a dépassé l'est de Flers et l'*IRGD* et le *Pz.-Rgt.7* se trouvent au sud du bois de Berny mais ils vont encore piétiner une grande partie de l'après-midi. Ce qui ne fait pas l'affaire de von Kleist qui exige que la *10.Pz.-Div.* force enfin les défenses françaises et s'empare encore de Breteuil le soir même ! Schaal et von Wietersheim auront beaucoup de mal à convaincre von Kleist de l'impossibilité de mener cette opération d'autant que l'*IRGD* n'a pu s'emparer des passages sur la Noye.

De guerre lasse, von Kleist fixe au lendemain la rupture du front français qui va intervenir sans que les Allemands aient beaucoup à s'employer car, dans la nuit, Voirin donne l'ordre à sa division de se replier, y compris les PA qui tiennent encore. L'horizon s'éclaire pour la *10.Pz.-Div.* ...

Le **8 juin**, la *9.Pz.-Div.*, qui a bénéficié dans la nuit du repli français, passe dès 8 h 30 à l'exploitation et elle va enregistrer une progression sensible au cours de la journée puisqu'au soir, après avoir brisé de faibles résistances à Domeliers et au bois du Gard, elle se trouve sur la ligne Catillon - Saint-Just-en-Chaussée.

A la *10.Pz.-Div.*, le hasard fait bien les choses car le *I./Schütz.-Rgt.86,* qui n'a pas été touché par l'ordre de report de l'attaque à 9 h, s'engage dès 6 h ... et il tombe dans le vide ! Aussitôt, Schaal, qui a compris que les Français s'étaient repliés, lance la *Pz.-Aufkl.Abt.90* sur L'Hortoy avec mission d'aller former une tête de pont à Breteuil et de lancer des reconnaissances vers Saint-Just-en-Chaussée.

1

2

Dès lors, la progression prend des allures de poursuite et dès 13 h 45, la *Sch.-Brig.* pénètre dans Breteuil alors que la *Pz.-Aufkl.Abt.90* atteint Saint-Just-en-Chaussée dès 16 h 35. Le détachement de reconnaissance se prépare à pousser plus au sud lorsqu'arrive une nouvelle instruction du *XIV.AK* : les deux *Panzerdivisionen* doivent s'organiser sur place, face au NE pour s'opposer aux tentatives de percée vers l'Oise des troupes françaises en plein repli.

Au matin du **9 juin**, le *XIV.AK* apprend qu'il va être relevé dans sa mission de barrage par la *13.Inf.-Div.(mot.),* ce qui doit lui permettre de poursuivre sa marche vers l'Oise et d'en forcer les passages.

Il va devoir au préalable s'employer quelque peu car, devant lui, il y a les restes de la 1re DCRr : des engagements ont lieu à Saint-Just-en-Chaussée et à Clermont mais c'est surtout à Lieuvillers que se déroule l'action la plus dramatique : le 34e BCC du commandant Aleyrangues, qui vient juste d'être rattaché à la 1re DCRr, se fait anéantir lors d'une vaine contre-attaque sur des positions tenues par la *Pz.-Aufkl.Abt.90.*

Dans l'après-midi, les deux *Panzerdivisionen* sont à peu de distance de l'Oise lorsque, vers 19 h, Schaal reçoit l'ordre de s'arrêter pour laisser passer la *87.Inf.-Div.*

C'est le prélude à une instruction plus générale car, le **10 juin**, vers 10 h, von Kleist informe les deux divisions qu'elles sont retirées de leur créneau et qu'elles doivent laisser la place au *XXXX.AK* du *General* Stumme.

Le **12 juin,** vers 9 h 30, le *XIV.AK* est informé qu'il doit faire mouvement et emprunter l'itinéraire suivi par le *XIV.AK* pour franchir également la Marne à Château-Thierry. Le franchissement est prévu pour le 13 juin à 7 h ...

Ainsi que pour le *XVI.AK*

Le *XVI.AK* de Hoepner doit s'élancer de la tête de pont de Péronne, la *3.Pz.-Div.* de Stumpff s'engageant en premier (avec la *33.Inf.-Div.* de Sentzenich qui opère sur sa gauche) alors que la *4.Pz.-Div.* de Stever doit rester initialement sur ses positions. La défense française est fournie par la 19e DI du général Lenclud et la 29e DI du général Gérodias, qui se sont également déployées dans les villages et y ont organisé des hérissons.

Le **5 juin**, à 4 h, la *3.Pz.-Div.* s'enfonce dans le dispositif français et négligeant là encore les villages, elle fonce sur Chaulnes, détruisant au passage plusieurs batteries d'artillerie. A 8 h 25, la *Pz.-Brig.* est déjà sur la ligne Chilly – Hallu. Progression rapide donc mais les points d'appui français ne sont pas tombés et ils opposent une résistance farouche aux assaillants, que ce soit à Fay, à Soyécourt, à Foucaucourt, à Estrées... En fin de matinée, Chaulnes est encerclé mais tient toujours.

Devant cette avance impressionnante, Hoepner décide à 7 h 20 d'engager la *4.Pz.-Div.* pour soutenir l'attaque de la *33.Inf.-Div.* en direction de Licourt, puis, vers 10 h, il ordonne à Stever de se déployer entre la *3.Pz.-Div.* et la *33.Inf.-Div.* : les grandes plaines de Picardie sont en effet favorables au déploiement des chars, ce qui donne certainement plus de puissance à l'attaque.

Au cours de l'après-midi, l'action se déroule essentiellement devant les points d'appui encerclés, les *Panzer* évitant de s'engager plus avant tant que l'infanterie n'est pas en mesure de les suivre. Une contre-attaque, menée par le 1er BCC, se heurte à la *5.Pz.-Brig.* devant Etalon et les deux antagonistes se séparent, accusant l'un et l'autre des pertes en blindés et en hommes. Le 1er BCC se replie sur Liancourt alors que les Allemands campent sur leurs positions de sorte qu'au soir, la *5.Pz.-Brig.* (*3.Pz.-Div.*) se trouve sur les hauteurs d'Etalon alors que la *4.Pz.-Brig.* (*4.Pz.-Div.*) est déployée devant Hyencourt-le-Grand et Omiécourt.

Hoepner est sans doute plus confiant dans ses possibilités que Schaal car les deux *Panzerdivisionen* peuvent être ravitaillées sur leurs positions au cours de la nuit.

Le **6 juin**, alors que les PA de première ligne n'ont pas encore été pris, la *3.Pz.-Div.* réussit à s'emparer de Chaulnes vers 8 h 30.

Vers 6 h, la *4.Pz.-Div.* s'élance en direction de Hyencourt-le-Grand et, dès 8 h, le *Schütz.-Rgt.33* s'empare d'Omiécourt.

Dans la matinée, la 1re DCR, reconstituée du général Welvert, lance une contre-attaque mal préparée en direction de Roye pour dégager certains points d'appui de la 29e DI. Attaqués par la *Luftwaffe* et pris à partie par des canons antichars, les chars B du 28e BCC subissent des pertes et ils doivent se rejeter sur leur base de départ, près de Champien, sans avoir pesé sur la bataille. Une tentative de repli menée au cours de l'après-midi amènera encore la perte de plusieurs engins. Au soir de cette journée calamiteuse, le 28e BCC n'a plus que huit chars alors que le 25e BCC a laissé quatorze chars R dans l'opération.

La situation va singulièrement s'améliorer dans l'après-midi car, arrivés à la limite de leur résistance, les différents villages vont céder les uns après les autres : Fresnes tombe à 14 h 30, Epenancourt, Misery et Liancourt en fin d'après-midi. Par contre, Foucaucourt tient toujours.

Les deux *Panzerdivisionen* progressent côte à côte et, vers 16 h 30, elles atteignent la ligne Fouquescourt – Fransart – Hattencourt – Etalon avec l'intention de déborder Roye de part et d'autre. Au soir, les deux divisions ont réussi à former des têtes de pont sur l'Avre, la *3.Pz.-Div.* à Saint-Aurin et la *4.Pz.-Div.* à Verpillières.

Le **7 juin**, l'objectif initial du *XVI.AK* est de s'emparer de Roye. Ce sera chose faite vers 7 h 25 mais ce

3

4

Roye est aux mains des Allemands : les convois se succèdent dans la ville qui a beaucoup souffert des bombardements allemands. (DR.)

sera la seule satisfaction de la matinée car la progression des *3.* et *4.Pz.-Div.* ne se fait que très lentement. La situation ne s'améliore guère dans l'après-midi d'autant qu'une nouvelle division française, la 47e DI du général Mendras, vient d'être jetée face aux *Panzer*. La *3.Pz.-Div.* doit s'employer pour nettoyer les villages d'Armancourt et de Dancourt-Popincourt sans pouvoir réellement s'en emparer alors que la *4.Pz.-Div.* devra se battre une grande partie de l'après-midi devant Crapeaumesnil avant de pouvoir occuper le village vers 22 h.

Toutes ces difficultés incitent Hoepner à envisager la relève des *Panzerdivisionen* par de l'infanterie et, au soir, il ordonne une suspension de l'attaque... avant de revenir sur son instruction après en avoir débattu avec von Kleist.

Il faut croire que les états d'âme de Hoepner ont convaincu le commandement car, le **8 juin** à 7 h 30, c'est von Reichenau en personne qui lui téléphone et lui demande de ne pas engager l'attaque : le *XVI.AK.* va quitter le secteur pour être redéployé à l'autre aile du front d'attaque de la *Heeresgruppe B*, à la limite de la *6.Armee* de von Reichenau et de la *9.Armee* de Strauss. A 8 h, les unités sont informées du changement de programme. A 21 h, le *IV.AK* du *General* von Schwedler prend possession du secteur occupé par le *XVI.AK*.

Le lendemain, **9 juin**, vers 9 h, les unités du *XVI.AK* quittent le secteur et prennent la direction de Saint-Quentin.

Les unités du *XVI.AK* ne vont cependant pas avoir le temps de trop se reposer car, le **10 juin** à 14 h 30, une nouvelle instruction de la *6.Armee* leur prescrit de gagner la ligne Ham – Vendeuil pour 22 h. Soixante kilomètres à faire sur des itinéraires encombrés.

Le **11 juin** à 12 h, Hoepner reçoit l'ordre de s'engager derrière le *XVIII.AK* du *General* von Speck qui a atteint la Marne entre Château-Thierry et Mont-Saint-Père la veille au soir et se prépare à franchir la rivière dans l'après-midi. A 17 h 25, von Kleist précise le programme des deux divisions : la *3.Pz.-Div.* franchira la Marne à Château-Thierry et la *4.Pz.-Div.* à Mont-Saint-Père. Cela oblige le *XVIII.AK* à dégager les itinéraires dès le lendemain à 4 h.

Le *XVI.AK* se met en route pendant la nuit pour gagner la Marne et poursuivre vers Montmirail et Sézanne.

Le **12 juin**, dès 9 h 30 la *Kampfgruppe* Breith de la *4.Pz.-Div.* passe sur l'autre rive à Mont-Saint-Père et aussitôt, elle prend la direction du sud : dès 16 h 15, elle est sur les hauteurs de Montlevon et, à 19 h 20, elle est déjà à L'Echelle-le-Franc, à moins de cinq kilomètres de Montmirail.

La *3.Pz.-Div.* doit attendre jusqu'à 12 h 15 que le pont de circonstance de Château-Thierry soit terminé avant de pouvoir s'engager. Aussitôt, la *Pz.-Aufkl.Abt.3* s'engage sur l'autre rive et refoulant devant elle les éléments épars de la 238e DLI, elle atteint Viffort dès 15 h 45 et à 21 h 30, elle établit une tête de pont sur le Petit Morin à Celle.

Le *XVI.AK* a réussi sa reconversion...

La *Gruppe Guderian* en route pour la Marne

Alors que les *Panzerdivisionen* de Hoth et de Kleist sont déjà engagées dans de durs combats, les six divisions de la *Gruppe Guderian* bénéficient d'un délai supplémentaire avant de s'engager. Elles quittent le nord le 3 juin pour gagner leur nouvelle zone de déploiement, à quelque distance de l'Aisne, où elles arrivent le 6 juin. En effet, contrairement à ce qui s'est passé sur la Somme, le franchissement de la rivière doit d'abord être assuré par les *Infanterie-Divisionen*, les *Panzerdivisionen* ne s'engageant que lorsque des têtes de pont auront été conquises et des ponts construits sur l'Aisne et le canal parallèle, de part et d'autre de Rethel. La *1.Pz.-Div.* va donc

Des pièces antichars automotrices blindées aident à la progression à l'Ouest. Il s'agit d'une pièce antichar tchèque de 47 mm montée sur châssis de Panzer I, un *4,7 cm Pak (t) auf PzKpfw. I Ausf. B*, plus simplement appelé *Panzerjäger I*. Celui appartient à la Panzerjäger-Abteilung 521. (Profil Thierry Vallet.)

12 juin 1940 – 11 h 30 : Le *General* Stever commandant la *4.Pz.-Div.* assiste au franchissement de la Marne à Mont-Saint-Père par le *Pz.-Rgt.36.* (NARA.)

Pour sa part, la *3.Pz.-Div.* traverse la Marne près de Château-Thierry. (NARA.)

Début juin 1940 : Un char PzKfw du *Pz.-Rgt.1* de la *1.Pz.-Div.* traverse le pont de Marquion, entre Arras et Cambrai, lors du transfert de la *1.Pz.-Div.* vers l'Aisne. (NARA.)

stationner près de La Neuville-aux-Tourneurs alors que la *2.Pz.-Div.* se déploie dans la région Rozoy – Brunehamel. La *6.Pz.-Div.* gagne pour sa part les environs de Signy-l'Abbaye et la *8.Pz.-Div.*, ceux de Charleville.

Le 9 juin à l'aube, les *2.* et *6.Armee* déclenchent leur attaque sur les positions françaises établies par la 4e Armée le long de l'Aisne avec l'intention avouée d'ouvrir huit points de passage aux *Panzer*...

Le *XXXIX.AK* s'ouvre la route de Châlons-sur-Marne

Le **9 juin** 1940, dès le début de l'attaque sur l'Aisne, la *1.Pz.-Div.* reçoit l'ordre de se mettre en marche en direction de Rethel afin de se tenir prête à exploiter dès que les passages sur l'Aisne et le canal seront ouverts aux *Panzer*.

Malheureusement pour Guderian, l'attaque menée par les *Infanterie-Divisionen* ne se passe pas au mieux et, si des têtes de pont peuvent être facilement conquises dans la région de Château-Porcien, elles restent sous le feu de l'artillerie française, ce qui ne permet pas d'établir des ponts de circonstance. A **Rethel**, la situation est plus incertaine car les résistances dans partie sud de la ville ne sont pas brisées alors que plus à l'est, sur le front de la 14e DI, l'opération a complètement tourné au fiasco.

Finalement, un seul pont peut être réalisé à Barby, non loin de l'écluse de Nanteuil mais, bien qu'il soit terminé vers 17 h, il n'est pas utilisable car les accès n'ont pas été aménagés. Un autre passage est en passe d'être ouvert dans Château-Porcien mais il faut au préalable rétablir le passage sur l'Aisne qui se scinde en deux et sur le canal, soit trois ponts. Tout cela ne fait pas les affaires de Guderian qui ne peut dès lors engager toutes ses divisions en même temps aussi, décide-t-il de donner la priorité au *XXXIX.AK* en général et à la *1.Pz.-Div.* en particulier.

Il engage donc aussitôt la *1.Pz.Div.* vers Château-Porcien (*Pz.-Rgt.1*) et vers Barby (*Pz.-Rgt.2*) mais, suite à une erreur d'orientation, le *Pz.-Rgt.2* se dirige également vers Château-Porcien. A 18 h 50, les premiers chars de la *1.Pz.-Div.* s'apprêtent à franchir l'Aisne et, vers 20 h 45, le *Pz.-Rgt.1* est déjà entièrement sur l'autre rive. Trop tard cependant pour appuyer l'attaque de la *17.Inf.-Div.* qui se propose d'élargir la tête de pont et celle-ci-est reportée au lendemain. A minuit, la *1.Pz.-Div.* a déjà sur l'autre rive, le *Pz.-Rgt.1*, un tiers du *Pz.-Rgt.2*, la *I./AR.73* et la *1./schw.Pz.-Jäg.Abt.8*. Les choses sérieuses vont pouvoir commencer...

La *2.Pz.-Div.* reçoit également l'ordre de se mettre en mouvement vers 8 h 15 mais ses deux *Kampfgruppen* (von Vaerts et von Prittwitz) ne doivent pas dépasser la ligne Sevigny – Seraincourt. Ce n'est qu'à 18 h que Vieiel reçoit l'ordre de se tenir prêt à faire mouvement. Vers 22 h, les éléments de tête de

1. L'échec partiel de l'attaque des *Infanterie-Divisionen* ne va pas permettre à la *Gruppe Guderian* de disposer des huit points de passage qu'elle souhaitait et l'essentiel du trafic va se faire par les ponts de Château-Porcien et de Barby où l'existence d'une écluse facilite la réalisation d'un pont au-dessus du canal. (coll. JYM.)

2. Un char PzKpfw IV s'est immobilisé devant le pont sur l'Aisne, sans doute victime d'un ennui mécanique. (coll. JYM.)

3. Des Demag D 7 du *Schütz.-Rgt.1* progressent aux environs de Juniville parmi les carcasses des chars du 10e BCC. (Coll. B. Vieillot.)

la *Pz.-Brig.* commencent à franchir l'Aisne sur le fragile pont d'Herpy et, vers minuit, une partie du *Pz.-Rgt.4* se déploie dans la tête de pont d'Avançon d'où il se porte vers Saint-Loup.

Le **10 juin** au matin, alors que la *Pz.-Brig.* de la *1.Pz.-Div.* est prête à s'engager, la *Sch.-Brig.* n'a pu faire passer sur l'autre rive que le *III./Schütz.-Rgt.1*. Lorsque l'attaque démarre à 5 h 30, Krüger se décide à accompagner les *Panzer* avec le seul bataillon dont il dispose. Vers 6 h 45, les *Panzer* atteignent déjà Tagnon et ils se répandent dans les plaines champenoises particulièrement propices au déploiement des chars. En fin de matinée, le *Pz.-Rgt.1* atteint la Retourne à l'est de Neuflize et le *Pz.-Rgt.2* au nord d'Alincourt mais les deux régiments sont bloqués devant la rivière. Le *Pz.-Pi.Btl.37* va cependant débloquer la situation en s'emparant de Neuflize.

A la *2.Pz.-Div.*, l'attaque démarre vers Saint-Loup-en-Champagne qui est encerclé dès 6 h 45 mais aucune troupe d'infanterie ne suit : la *Sch.-Brig.* n'a pas encore passé l'Aisne mais, plus inquiétant, les divisions d'infanterie n'ont pas cru devoir avancer dans le sillage des chars. Le *Pz.-Rgt.4* poursuit donc sa progression vers Roizy, talonné par le *Pz.-Rgt.3* qui a franchi l'Aisne vers 5 h 30. Il se trouve alors stoppé car les ponts sur la Retourne sont détruits et il ne dispose pas des moyens de franchir la rivière. Vers 10 h 20, le *Pz.-Rgt.4* réussit à s'emparer de Roizy avec le concours du *Schütz.-Rgt.2* qui a enfin rejoint les *Panzer* alors que le *Pz.-Rgt.3* est engagé devant Houdilcourt.

En début d'après-midi, la *1.Pz.-Div.* vient d'encercler Perthes et poursuit vers Juniville lorsqu'elle est soudain attaquée par une forte contre-attaque à base de blindés. Kirchner vient de se heurter au groupement de contre-attaque du général Buisson qui comprend en théorie la 3e DCR, la 7e DLM et la 3e DIM et se propose de dégager Perthes. L'opération aurait dû démarrer au matin mais, une fois de plus, les difficultés de mise en place ont retardé le démarrage, la 3e DIM ne rejoignant même pas le groupement. Finalement, la 7e DLM s'engage la première vers 13 h 30, le 10e BCC (R 35), qui lui est subordonné, s'avançant vers Juniville. Il subit malheureusement de lourdes pertes et doit se replier.

La 3e DCR peut enfin s'engager vers 17 h mais les Allemands ont eu le temps de s'organiser et ce sont les chars B du 41e BCC qui vont faire les frais de l'opération. Une première attaque est brisée par les canons antichars allemands et les chars se retirent, non sans avoir permis l'évacuation des défenseurs de Perthes. Une seconde attaque, menée vers 19 h

1

Ci-dessus : Guderian parcourt inlassablement le champ de bataille dans son véhicule semi-chenillé SdKfz 251 équipé d'une antenne radio. (DR.)

2

3

vers la ferme Pommery, ne connaît pas plus de succès et trois chars sont encore perdus dans l'affaire.

Au soir, le groupement Buisson se replie sur sa base de départ.

Le **11 juin** au matin, la *1.Pz.-Div.* repart dès 7 h et le premier objectif à enlever est La Neuville-en-Tourne-à-Fuy tenu par des éléments de la 7e DLM et du 152e RI (14e DI). Malgré une belle résistance, les défenseurs doivent se replier dès 10 h vers la Suippe où ils ne restent pas. A 11 h 30, un nouveau repli jusqu'à l'Arnes est opéré. Au cours de l'après-midi, les éléments de tête de la *1.Pz.-Div.* se heurtent à Betheniville à une résistance sérieuse qui ne tombe qu'après que des éléments de la division aient pu franchir la Suippe à Pont-Faverger et prendre les défenseurs de flanc. Nouvelle perte de temps à Saint-Hilaire-le-Petit dont le pont est détruit, ce qui explique qu'au soir, la *1.Pz.-Div.* se trouve toujours sur la Suippe, entre Bétheniville et Saint-Martin.

La *2.Pz.-Div.* démarre son attaque à 7 h et, très vite, elle parvient à Saint-Etienne-sur-Suippe dont le pont est détruit : elle va devoir attendre jusqu'à 13 h que le passage soit enfin praticable. L'après-midi se passe en accrochages (à Lavanne ou à Saint-Masmes) qui retardent la progression de sorte que la *2.Pz.-Div.* ne se trouve au soir que dans la région de Nauroy. Conscient de la lenteur de la progression, Veiel décide d'envoyer vers 17 h 30 une *Vorausabteilung* en direction de Châlons-sur-Marne.

Le **12 juin** 1940 est une journée pluvieuse. La *1.Pz.-Div.*, qui a commencé sa journée dès 3 h 30, progresse désormais à travers le camp de Mourmelon où elle se heurte dès 7 h 30 à des éléments épars de la 3e DIM, de la 7e DLM et la 3e DCR. Après de violents combats, elle parvient à pénétrer dans Jonchéry-sur-Suippe mais se trouve bloquée devant Mourmelon. Tandis que la *29.Inf.-Div.(mot.)* doit repousser une tentative de percée menée par les chars B du 41e BCC (3e DCR) près du Haricot de Vadenay, Kirchner lance alors en avant la *Pz.-Aufkl. Abt.4* qui parvient à contourner Suippes. Peu après, la *1.Pz.-Div.* atteint Bussy-le-Château dont elle s'empare après avoir dû se battre contre des éléments de la 3e DIM.

La *2.Pz.-Div.* se remet en route vers 3 h 30 mais, d'emblée, elle est confrontée à des difficultés de circulation (avec la *29.Inf.-Div.(mot.)* notamment) qui lui font perdre le bénéfice de son démarrage matinal. Pour sa part, la *Vorausabteilung* qui s'élance depuis Mourmelon-le-Petit ne démarre qu'à 7 h 35 mais elle peut progresser rapidement le long de la Marne et, dès la fin de la matinée, elle entre à Châlons-sur-

4

5

4. Les convois de la *1.Pz.-Div.* éprouvent quelque peine à se faufiler dans la Neuville-en-Tourne-à-Fuy dont toutes les entrées ont été barricadées. (coll. JYM.)

5. Un char R du 10e BCC s'est fait détruire près de Bétheniville lors de la progression de la *1.Pz.-Div.* sur la rive gauche de la Suippe. (coll. P. Kerger.)

6. Des chars de la *1.Pz.-Div.* progressent dans les environs de Saint-Hilaire-le-Grand : les plaines de Champagne sont favorables au déploiement des *Panzer*. (NARA.)

6

Marne et s'empare du pont sur la Marne. Aussitôt, Veiel lance toute la *2.Pz.-Div.* en direction de Châlons-sur-Marne. Malheureusement pour les Allemands, le pont dont ils venaient de s'emparer vole en éclats vers 14 h 45, entraînant dans sa chute plusieurs engins allemands qui tentaient de traverser la Marne. Affaire certes regrettable mais qui ne porte guère préjudice pour la suite des opérations : l'objectif est désormais Vitry-le-François.

Le *XXXXI.AK* dans les plaines de Champagne

Le **9 juin**, alors que le *XXXIX.AK* commence ses traversées de l'Aisne, le *XXXXI.AK* se trouve toujours sur la ligne Liart – Charleville d'où il ne bouge pas de la journée. Le **10 juin** vers 1 h, Reinhardt reçoit l'ordre de se tenir prêt à faire mouvement derrière le *XXXIX.AK* ... dès que celui-ci aura dégagé les itinéraires. Ce n'est certainement pas encore le cas et le *XXXXI.AK* reste sur ses positions toute la matinée. Ce n'est en effet qu'en début d'après-midi que lui parvient enfin l'ordre de marcher de la ligne Signy-l'Abbaye – Launois-sur-Vence en direction de Taizy – Barby – Rethel. A 16 h 30, les *6.* et *8.Pz.-Div.* se mettent en route et Guderian leur fixe comme objectif la région de Machault à atteindre encore le jour même. Un objectif sans doute trop ambitieux car des difficultés de franchissement de l'Aisne dus à des dégradations des ponts vont ralentir les deux *Panzerdivisionen*, notamment la *8.Pz.-Div.*, de sorte que, vers minuit, la *6.Pz.-Div.*, qui est la plus avancée des deux divisions ne se trouve que sur la route Rethel – Tagnon.

Le **11 juin** au matin, la *6.Pz.-Div.* s'élance de la route Rethel – Tagnon et, dès 8 h, elle est déjà dans la région de Leffincourt. La *Kampfgruppe von Esebeck* se fait accrocher peu après au carrefour de Mazagran tenu par le 18e RI (36e DI) alors que la *Kampfgruppe von Ravenstein* passe à l'attaque en direction de Machault qui était l'objectif fixé par Guderian pour la veille au soir.

La *Kampfgruppe* n'ira guère plus loin au cours de l'après-midi et, au soir, elle se trouvera à cheval sur la route Machault – Saint-Etienne-à-Arnes. Von Ravenstein blessé sera remplacé par l'*Oberst* Koll. L'autre *Kampfgruppe*, celle de von Esebeck, se trouve vers 15 h près de Semide où elle est bloquée jusque vers 21 h. Retard d'autant plus fâcheux que Reinhardt avait bien l'intention de franchir la Py dans la journée. Malheureusement, les deux divisions du *XXXXI.AK*, épuisées par une journée de marches et de combats ne sont pas en mesure de répondre aux attentes de leur chef.

La *8.Pz.-Div.* notamment a dû s'employer pour refaire son retard : elle est partie de plus loin puisque sa première opération de la journée consiste à franchir l'Aisne à Taizy. Elle va dès lors progresser assez vite puisque la *Kampfgruppe Neumann-Silkow* parvient devant Machault en même temps que la *6.Pz.-Div.* Neumann-Silkow ne laisse à personne le soin de s'emparer de Machault mais une première attaque échoue et il faudra attendre l'intervention de la *Pz.-Abt.67* pour que les défenseurs du 35e RI (14e DI) cessent enfin le combat.

Le **12 juin**, vers 6 h, von Esebeck est en mesure d'annoncer qu'il est enfin maître de Semide et qu'il reprend sa progression vers la Py. La *Kampfgruppe Koll* l'y a précédé puisque, dès 10 h, elle a pu former une tête de pont à Somme-Py.

La *8.Pz.-Div.* s'engage à l'aube et elle doit presqu'aussitôt s'employer pour nettoyer le village de Conteuvre tenu par la 39e GRDI.

Dans le courant de l'après-midi, les deux *Panzerdivisionen*, avançant de concert, se présentent devant Souain et Suippes. C'est alors qu'elles doivent faire face à une contre-attaque blindée menée par la 3e Cie du 67e BCC équipée de chars D 1 quelque peu dépassés. Un instant surpris, les Allemands se ressaisissent et ils repoussent les blindés français qui laissent plusieurs engins sur le terrain.

Vers 18 h, la *8.Pz.-Div.* s'empare de Souain et, à la tombée de la nuit, la *6.Pz.-Div.* de Tahure. Les deux *Panzerdivisionen* ne pousseront pas plus loin pour cette journée.

1. Le char B « Vougeot » du 41e BCC de la 3e DCR a été détruit au Haricot de Vadenay et une partie de son équipage a été tué. A noter la mitrailleuse Reibel MAC 31 E utilisée dans le faisceau portant un casque mle 35. (coll. JYM.)

2. Château-Porcien constitue un des points de passage les plus utilisés lors du franchissement de l'Aisne. (coll. JYM.)

Le 67e BCC connaît en ce 12 juin son premier engagement et ses premières pertes à l'image de ce char D 1 abandonné dans un champ. (DR.)

Image impressionnante, en couleur, des engins de la *7.Panzer-Division* en liberté dans un paysage particulièrement favorable à son déploiement. (Coll. Heimdal.)

L'un des engins de cette division, un *Pz.Kpfw 38 (t)*, qui l'équipe massivement, celui-ci appartient à la 2e compagnie du *Panzer-Regiment 25*. (Profil Thierry Vallet.)

8 La poursuite (13 – 20 juin 1940)

Des officiers de la *7.Pz.-Div.* discutent tranquillement devant une colonne de véhicules appartenant à la *Pz.-Aufkl.Abt.37*, à Equeurdreville, dans les faubourgs de Cherbourg en attendant la reddition de la place et du port. (NARA.)

Le 13 juin au matin, la partie est jouée : la Seine et la Marne, les dernières lignes sur lesquelles Weygand comptait se rétablir, sont déjà franchies par les avant-gardes allemandes et il n'y a plus une seule unité en mesure de ralentir la poussée allemande. Désormais, la bataille va se transformer en une course poursuite entre l'armée française qui essaie de sauver ce qui peut l'être et la *Wehrmacht* dont l'objectif est d'anéantir les dernières troupes qui lui sont opposées. Dans cet affrontement tragique, les *Panzerdivisionen* vont encore jouer un rôle essentiel.

Hoth s'empare des ports de guerre

Après la chute de Saint-Valéry-en-Caux et la capture de milliers de prisonniers français et britanniques, le *XV.AK* s'autorise le **13 juin** une journée de repos qui lui permet de se réorganiser et de remettre en état armes et matériels. La pause sera cependant de courte durée pour la *7.Pz.-Div.* car, dès le début de la matinée, Rommel est informé de sa nouvelle mission : s'emparer du Havre. A 11 h 45, il lance sur la ville un détachement formé de la *Pz.-Aufkl.Abt.37* et du *Kradschtz.-Btl.7* qui sont les plus proches de la ville mais, pour une fois, ce n'est pas lui qui va gagner la course : à 13 h 54, six minutes avant que son détachement n'arrive au Havre, la *Brigade Sänger* annonce qu'elle vient de pénétrer dans la ville. A 17 h 30, la *Pz.-Aukl.Abt.7* reçoit l'ordre de revenir à Fécamp.

Des chars PzKpfw III de la *5.Pz.-Div.* traversent Brest, au milieu des badauds. (DR.)

Les **14 juin** et **15 juin** sont également des journées de repos pour les deux divisions qui apprennent cependant qu'elles vont être relevées par la *57.Inf.-Div.* Celle-ci se présente le 15 juin dans la matinée et, dans le courant de l'après-midi, les deux *Panzerdivisionen* prennent connaissance de leur mission pour le lendemain : franchir la Seine et s'emparer de Cherbourg

Le **16 juin**, la *7.Pz.-Div.* se met en route vers 4 h et, dès 13 h, elle est au sud-ouest de Rouen. Elle franchit la Seine à Poses, à dix-huit kilomètres au SE de Rouen et se dirige vers Louviers.

La *5.Pz.-Div.* démarre également vers 4 h en direction de Rouen et, malgré des retards dus à des chevauchements d'itinéraires, elle se trouve vers 10 h dans sa zone de stationnement à l'est de Rouen. Ce n'est en effet qu'à 16 h qu'elle reçoit l'autorisation de franchir la Seine par le pont de Courcelles pour gagner la région au nord d'Evreux.

Au matin du **17 juin**, la *7.Pz.-Div.* se remet en route avant l'aube en direction de Laigle où les éléments de tête parviennent vers 7 h. Une heure plus tard, Rommel ordonne à la *Pz.-Aufkl.Abt.37* de foncer sur Sées, suivie par les *Marschgruppen* de la division qui arrivent à Sées dès 13 h 30.

Au cours de l'après-midi, un accrochage vite réglé a lieu à Boucé et un autre près de Saint-Brice, puis les avant-gardes allemandes atteignent Montreuil vers 17 h. A 19 h 20, la *7.Pz.-Div.* est à Trinchebray et la *Pz.-Aufkl.Abt.37,* qui a poursuivi sa marche malgré la tombée du jour, se trouve vers 23 h à La Haye-du-Puits. Cherbourg n'est plus qu'à une portée de canon mais les avant-gardes de la *7.Pz.-Div.* se heurtent alors au premier des barrages établis par la Marine pour interdire l'accès à Cherbourg. Plusieurs engins sont détruits et Rommel qui se trouve auprès de son avant-garde estime plus prudent de rompre le contact et de reporter l'attaque au lendemain.

De son côté, la *5.Pz.-Div.* se met en route vers 6 h avec un objectif ambitieux : atteindre Mayenne, à environ cent cinquante kilomètres plus à l'ouest. Lemelsen, qui ne veut pas perdre de temps à réduire des résistances françaises en chemin, place d'emblée ses *Panzer* en tête et laisse en arrière tout ce qui n'est pas nécessaire au combat. A 9 h 45, la *5.Pz.-Div.* se présente devant Mortagne qui est faiblement occupé et qui n'arrête pas longtemps les Allemands. En début d'après-midi, les avant-gardes de Lemelsen s'approchent déjà d'Alençon qui est atteint vers 16 h. Malheureusement, la *5.Pz.-Div.* perd du temps en raison de chevauchements d'itinéraires et Lemelsen n'a d'autre solution, pour atteindre l'objectif dans les délais, que de lancer une *Kampfgruppe* réduite. Mayenne est finalement atteint à 20 h et, deux heures plus tard, Lemelsen reçoit ses ordres pour le lendemain : atteindre Rennes avant de pousser sur Brest.

Le **18 juin** au matin, la *7.Pz.-Div.* est bien décidée à s'emparer de Cherbourg mais elle doit au préalable s'affranchir des défenses déployées devant le port par le VI/208ᵉ RI du commandant Feuardent avec l'aide de canonniers de la Marine.

Les opérations commencent par l'enlèvement de la résistance de Saint-Sauveur-de-Pierrepont commandée par l'ingénieur maritime Ramas – qui est tué dans l'affaire – puis par celle de la Croix-Blondel et la marche se poursuit vers le grand port de guerre : à 11 h 15, le *Schütz.-Rgt.6* est déjà aux Pieux et à 12 h 50, il arrive au passage à niveau de Le Pont : Cherbourg n'est plus qu'à quatre kilomètres mais il faut encore enlever la barricade de Martinvast tenu par l'aspirant Lévy. Or, les défenseurs prennent l'ascendant sur les assaillants et le *Schütz.-Rgt.6* doit rompre le combat. Succès qui risque bien d'être sans suite car, peu après, les défenseurs abandonnent la barricade et se replient. Les Allemands ne prennent pas conscience que la route de Cherbourg leur est ouverte et, vers 15 h, la position est réoccupée : elle va tenir jusqu'au lendemain.

En fait, Rommel n'a pas attendu la prise de la barricade pour continuer et, après avoir contourné l'obstacle, et à 17 h, il engage le *Schütz.-Rgt.6* à l'assaut de la ville et de ses forts. Conscient cependant que le morceau risque d'être difficile à enlever, Rommel profite de la soirée pour déployer toute son artillerie devant la ville et il reporte la prise de Cherbourg au lendemain.

A la *5.Pz.-Div.*, Lemelsen lance ses unités vers **Rennes** dès 7 h : la *Sch.-Brig.* avance au nord, la *Pz.-Brig.* au sud et les deux colonnes progressent sans rencontrer la moindre résistance, ce qui fait que vers 11 h 15, la *Pz.-Aufkl.Abt.8* entre déjà dans la ville et qu'à 14 h, elle l'a déjà traversée. Son passage n'est cependant pas passé inaperçu car, dans la ville, se trouve le général Altmeyer commandant la 10ᵉ Armée qui alerte aussitôt le Préfet maritime à Brest et l'informe qu'en l'absence de toutes résistances terrestres, les Allemands pourraient bien être à Brest dès 21 h. L'amiral Laborde prend aussitôt la décision de faire évacuer tous les navires qui se trouvent encore dans le port – dont le cuirassé « *Richelieu* » - vers le Maroc. Les prévisions pessimistes des officiers français ne vont pas se confirmer car la *5.Pz.-Div.*, qui a respecté ses horaires de marche, s'arrête sur les objectifs qu'elle avait fixés : à 20 h, le *Pz.-Rgt.31* atteint Loudéac alors que la *Sch.-Brig.* arrive vers 21 h dans la zone Plumaugat – Chapelle Blanche – Quedillac. L'attaque de Brest commencera demain à 7 h.

Le **19 juin** est une journée particulière pour le *XV.AK* puisqu'il va mettre à son tableau de chasse les deux plus grands ports français de l'Atlantique ... mais pas forcément avec les unités prévues !

Devant **Cherbourg**, Rommel préfère opter pour la diplomatie et il envoie des prisonniers porteurs de tracts exigeant la reddition de la place. En attendant, l'artillerie allemande se concentre sur le fort Central dont les tirs s'avèrent gênants. La matinée se passe sans que les défenseurs manifestent leur intention de se rendre, malgré la perte de la redoute des Couplets, aussi Rommel demande-t-il en fin de matinée une attaque de *Stukas* pour hâter la prise de décision. Aussitôt après, toute l'artillerie de la *7.Pz.-Div.* ouvre le feu sur la ville et les *Schütz.-Rgt.6* et *7.* reçoivent l'ordre de s'en emparer. Ils n'auront pas à s'employer car, peu après, un émissaire français vient offrir la capitulation de la place de la part de l'amiral Le Bigot. Reddition que ne cautionne pas son supérieur, l'amiral Abrial mais que pouvait-il faire d'autre ?

A la *5.Pz.-Div.,* la marche reprend vers 7 h par deux itinéraires, l'un par Morlaix, l'autre par Sizun et vers 13 h 30, la *Pz.-Brig.* se présente devant Landerneau qui est défendu. Cette résistance, qui va se prolonger jusqu'à 17 h, va porter préjudice à la *5.Pz.-Div.* car la troisième unité du *XV.AK*, la *2.Inf.-Div.(mot.),* qui a progressé par Lesneven et Plabennec, aborde **Brest** par le nord vers 16 h et elle envoie aussitôt des émissaires dans la ville pour en exiger la reddition. A 17 h 50, le préfet Traub accepte de livrer la ville et le port pour 19 h. Aussitôt, la *2.Inf.-Div.(mot.)* entre dans la ville, juste devant la *Pz.-Aufkl.Abt.8* !

Le **20 juin** est une journée de repos pour les unités du *XV.AK* : la *7.Pz.-Div.* stationne dans Cherbourg mais elle ne va pas s'y attarder car, en début d'après-midi, elle reçoit l'ordre de reprendre sa marche dès le lendemain et d'aller occuper Saint-Malo. La *5.Pz.-Div.* sera quant à elle relevée dès le lendemain par la *2.Inf.-Div.(mot.).*

1. Les *Kampfgruppen* des *3.* et *4.Pz.-Div.* dégringolent vers la Seine après leur franchissement de la Marne les 12 et 13 juin 1940. Ici, une colonne de chars PzKpfw III. (NARA.)

2. La *3.Pz.-Div.* traverse la Seine à Pont-sur-Seine sur un pont intact. Ce char PzKpfw III qui traverse la localité porte à l'arrière un drapeau à croix gammée pour éviter d'éventuelles méprises de la *Luftwaffe* qui, en raison de leur avance particulièrement rapide, a parfois quelques difficultés à situer les éléments de tête des unités. (NARA.)

3. Moment de pause dans Romilly-sur-Seine pour ce tankiste de la *4.Pz.-Div.*, assis à l'arrière de son PzKpfw II. (NARA.)

1

2

3

La *Gruppe Kleist* vers la vallée du Rhône

Le *XVI.AK* entre dans Dijon

Le **13 juin**, après avoir franchi la Marne, la *4.Pz.-Div.* se lance en direction de la Seine : dès 7 h 30, elle a dépassé le Petit Morin, près de Montmirail, et elle est à l'attaque sur Maclaunay. A 10 h, elle est maître de **Montmirail** et peut poursuivre sa route vers Sézanne.

La *3.Pz.-Div.* s'engage derrière la *4.Pz.-Div.* pour appuyer sa progression. Celle-ci se heurte à la 59e DLI du général Lascroux et aux chars R de la Brigade polonaise Maczek qui se propose de contre-attaquer mais, prise à partie par une attaque de *Stukas*, elle se disloque en partie et se replie au sud de l'Aube.

Dans l'après-midi, alors que *la 4.Pz.-Div.* est toujours aux prises avec les différentes unités de la 59e DLI, la *3.Pz.-Div.* reçoit la mission de foncer vers la Seine et de la franchir à Pont-sur-Seine. La *4.Pz.-Div.*, pour sa part, doit encore former une tête de pont à Romilly-sur-Seine le soir même : à 18 h, elle est déjà à Marcilly-sur-Seine et, peu après, les éléments de tête de la division parviennent à Romilly-sur-Seine où ils s'emparent de deux ponts intacts.

Au cours de la nuit, la *3.Pz.-Div.* s'empare des ponts de Pont-sur-Seine et de Neuilly-sur-Seine et cela autorise Hoepner, le **14 juin** au matin, à envisager une poursuite rapide vers le sud pour contourner Troyes dont la prise est confiée à la *13.Inf.-Div.(mot.)* qui suit la *4.Pz.-Div.*

Le Panzer III, char moyen, reste l'épine dorsale des *Panzer-Divisionen* en mai 1940. Mais seuls 349 Panzer III seront en ligne le 10 mai 1940. (Profil Thierry Vallet.)

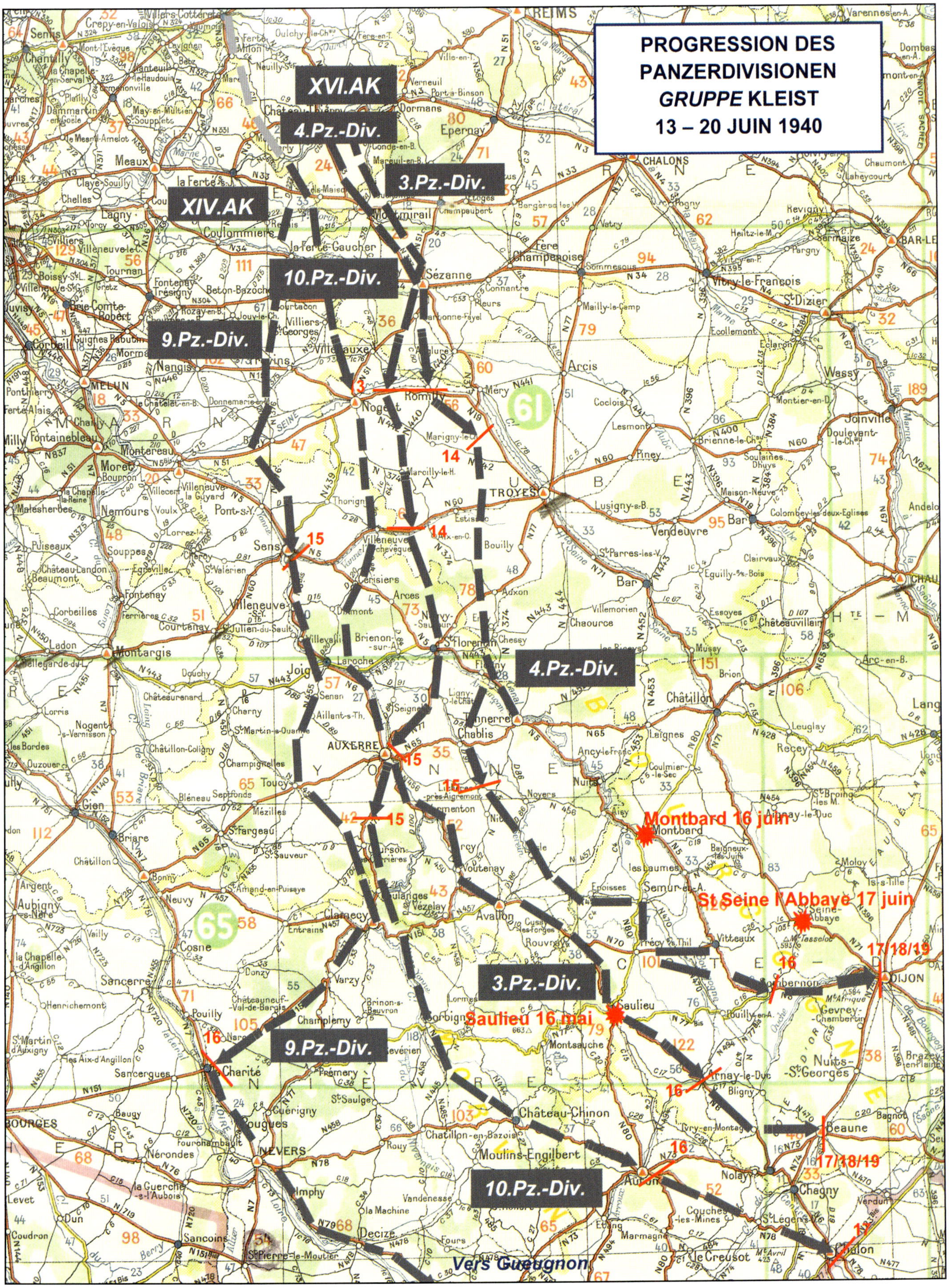
PROGRESSION DES
PANZERDIVISIONEN
GRUPPE KLEIST
13 – 20 JUIN 1940
XVI.AK
4.Pz.-Div.
3.Pz.-Div.
XIV.AK
10.Pz.-Div.
9.Pz.-Div.
4.Pz.-Div.
3.Pz.-Div.
9.Pz.-Div.
10.Pz.-Div.
Montbard 16 juin
St Seine l'Abbaye 17 juin
Saulieu 16 mai
17/18/19
17/18/19
Vers Gueugnon

En début d'après-midi, la *3.Pz.-Div.* doit s'engager aux environs de Ferreux contre des éléments du 47ᵉ GRDI (ex-64ᵉ GRDI) du lieutenant-colonel Mallet avant de poursuivre vers l'Armançon : à 18 h 45, elle est à Pâlis et, à 21 h, à Villemaur-sur-Vanne. La *4.Pz.-Div.* est nettement moins avancée car elle doit s'opposer à des tentatives de percée d'unités françaises en plein repli, ce qui l'oblige à s'engager dans des combats locaux qui la ralentissent. Hoepner décide en conséquence d'avancer la *13.Inf.-Div.(mot.)* entre les deux *Panzerdivisionen* pour prendre à son compte ces opérations de nettoyage. Ceci explique qu'à 21 h, la *4.Pz.-Div.* soit encore engagée dans des combats difficiles sur la ligne Saint-Mesmin – Maizières.

Au matin du **15 juin**, alors que la *4.Pz.-Div.* est toujours engluée dans des combats incertains autour de Romilly-sur-Seine, la journée de Hoepner commence cependant par une bonne nouvelle : la *3.Pz.-Div.* annonce à 8 h 35 qu'elle vient de s'emparer de Saint-Florentin et de franchir l'Armançon. Aussitôt, Hoepner lui donne l'ordre de foncer sur Auxerre avant que von Kleist ne lui fixe un objectif plus ambitieux encore : Dijon. A 19 h, la *3.Pz.-Div.* entre dans **Auxerre.**

Pour les hommes de Stever, l'arrivée de la *13.Inf.-Div.(mot.)* permet enfin une reprise de la marche en avant et la *4.Pz.-Div.* reçoit l'ordre de pousser en direction de Chablis. L'absence de véritables résistances lui permet de refaire une partie de son retard et, vers 17 h 30, la *Pz.-Aufkl.Abt.7* pénètre dans **Tonnerre** avant de poursuivre vers Cussy-les-Forges. Vers 20 h, la *Sch.-Br.* arrive devant Chablis qui est occupé : après un bref engagement, la ville est aux mains des Allemands vers 20 h 45 mais la progression ne s'arrête pas pour autant et la marche reprend vers Sauvigny-le-Bois.

Le **16 juin**, dès 3 h 30, la *3.Pz.-Div.* entre dans Avallon et elle poursuit sa route vers Saulieu où dans l'après-midi, elle va croiser la route des restes de la 3ᵉ DCR : l'affrontement qui va se dérouler à Saint-Didier et dans la ville va être particulièrement violent et les Allemands vont anéantir à **Saulieu** les derniers éléments combattants de la 3ᵉ DCR (42ᵉ BCC) mais aussi la totalité de ses trains de combat et son PC arrière qui tentaient d'échapper à l'encerclement. Après cet accrochage particulièrement sérieux qui a fait une centaine de morts (militaires et civils), la *3.Pz.-Div.* reprend sa progression, ce qui lui permet d'atteindre Arnay-le-Duc où elle se heurte à une nouvelle résistance organisée par le 311ᵉ RALP renforcé de trois chars H du 42ᵉ BCC de la 3ᵉ DCR. Finalement, la ville sera aux mains des Allemands vers 22 h 30.

1

2

3

1. Discussion animée au carrefour de la Belle Etoile, à l'ouest de Mesgrigny. (coll. JYM.)

2. Les convois de la *3.Pz.-Div.* entrent dans Auxerre au soir du 19 juin. Un char PzKpfw III remonte vers le boulevard périphérique alors qu'à l'arrière-plan, un tracteur semi-chenillé Km 8 tractant un canon de 8,8 cm Flak 18 se dirige vers Toucy. (NARA.)

3. Le centre de Toucy, au sud d'Auxerre, a été en grande partie rasé par la *Luftwaffe*. On voit ici un véhicule SdKfz 222 de la *Pz.-Div.* – dont l'antenne-radio est en position basse - traversant la place Larousse dominée par la statue de Pierre Larousse. (NARA.)

Ce Panzer IV Ausführung D est alors le char le plus puissant de la Wehrmacht mais seuls 229 exemplaires en auront été produits avant mai 1940 et peu d'entre eux seront engagés. Ce char porte le marquage du *Pz.-Rgt.7,* un bison, *10. Pz.-Div.* (Profil Thierry Vallet.)

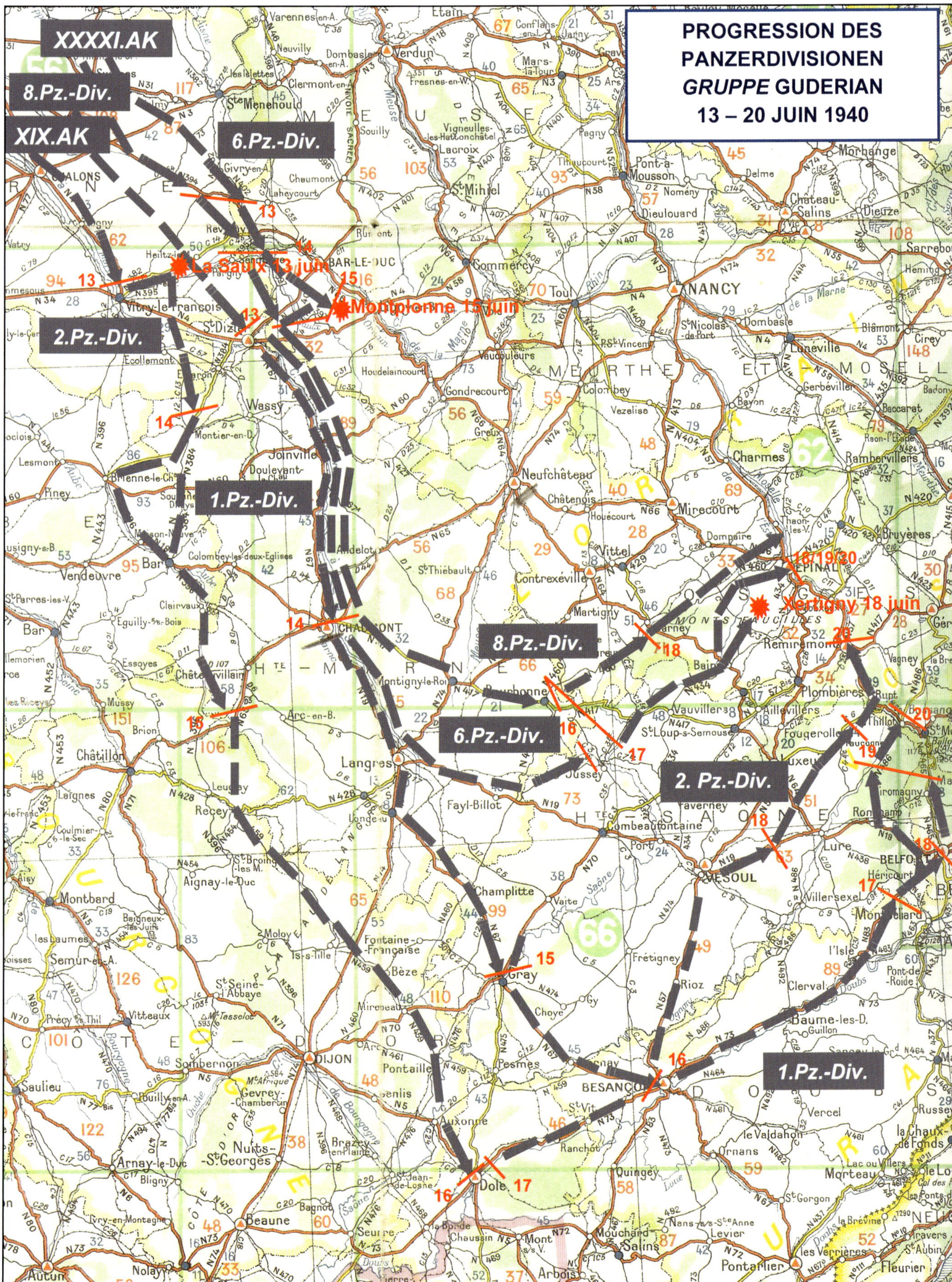
PROGRESSION DES
PANZERDIVISIONEN
GRUPPE GUDERIAN
13 – 20 JUIN 1940
XXXXI.AK
8.Pz.-Div.
XIX.AK
6.Pz.-Div.
2.Pz.-Div.
1.Pz.-Div.
8.Pz.-Div.
6.Pz.-Div.
2. Pz.-Div.
1.Pz.-Div.
La Saulx 13 juin
Montplonne 15 juin
Xertigny 18 juin

Un char PzKpfw II de la *3.Pz.-Div.* se faufile au milieu des épaves qui encombrent la RN 6 au centre de Saulieu. (coll. JYM.)

La *4.Pz.-Div.* reçoit pour la journée, l'ordre de pousser sur Sombernon, flanquée à sa gauche par la *13.Inf.-Div.(mot.)* qui avance sur Montbard, après avoir été relevée dans la région de Troyes par la *SS-Verfügungs-Division.* Vers 14 h, la division est déjà au sud-est de Semur-en-Auxois mais elle doit peu après s'engager près de Tourtry dans un accrochage local et perd un peu de temps. Vers 18 h, la *Pz.-Aufkl.Abt.7* atteint Sombernon alors qu'au même moment, la *Vorausabteilung* arrive à Vitteaux. Quand se lève le jour du **17 juin**, alors que les gros de la *3.Pz.-Div.* avancent en direction de Beaune, les éléments avancés de la *4.Pz.-Div.* qui s'apprêtent à fondre sur Dijon ont la surprise d'accueillir un parlementaire envoyé par le général Pagezy qui commande la 8e RM et vient négocier la reddition de **Dijon**. Stever va fixer un ultimatum aux défenseurs, ce qui paradoxalement va le ralentir car il va devoir attendre jusqu'en début d'après-midi, le retour du parlementaire. Délai déploré par Hoepner et qui va permettre au plus gros des troupes françaises d'évacuer la ville avant que les Allemands ne s'en emparent. Ce n'est en effet qu'à 14 h 30 que les Allemands pénètrent enfin dans la ville et aussitôt, ils entreprennent de la sécuriser.

A 15 h 45, les éléments de tête de la *3.Pz.-Div.* entrent dans **Beaune**.

Pendant ce temps, la *13.Inf.-Div.(mot.)* qui a dû s'employer à Montbard pour repousser une attaque menée par la brigade polonaise Maczek qui tentait de forcer le passage, va tomber à Saint-Seine-l'Abbaye sur un amoncellement de troupes appartenant notamment à la 3e DIM et elle va les anéantir ou les capturer, mettant ainsi un terme au repli des hommes de Bertin-Boussu.

Le **18 juin**, la *3.Pz.-Div.* vaque à quelques occupations en allant occuper des ponts à Pagny-le-Château et à Verdun-sur-le-Doubs, ce dernier permettant d'un seul jet, de franchir la Saône et le Doubs. Dès midi, la division reçoit l'ordre de former une tête de pont à Verdun-sur-le-Doubs et d'envoyer des

Ci-dessus : le général Pagezy a envoyé le capitaine de Bary négocier à Sombernon avec le *General* Stever la reddition de Dijon. Les Allemands lui ont bandé les yeux pour lui faire traverser leurs positions. (coll. P. Kerger.)

Le *General* Hoepner se rend aussitôt dans la ville. On le voit ici s'entretenant avec des officiers de la *4.Pz.-Div.* sur la place d'Armes, devant l'hôtel de ville. (coll. P. Kerger.)

reconnaissances vers Arbois et Mouchard. Pour le reste de la division, l'après-midi est consacrée à un peu de repos.

Pour la *4.Pz.-Div.*, le programme est encore moins chargé car elle bénéficie d'un *Ruhetag* (jour de repos) à Dijon plus ou moins respecté car un certain nombre d'éléments de la division sont encore en marche vers la capitale de la Bourgogne.

La journée du **19 juin** n'est pas beaucoup plus active pour les divisions du *XVI.AK* et les deux *Panzerdivisionen* ainsi que les deux divisions d'infanterie qui lui sont rattachées se contentent de pousser des reconnaissances dans les environs dans l'attente de nouvelles instructions.

Au cours de la journée du **20 juin**, toujours très peu d'activité pour les deux *Panzerdivisionen*, la seule à s'occuper étant la *4.Pz.-Div.* qui gagne la zone au nord de Macon. Pourtant, en soirée, Hoepner est informé que le *XVI.AK* quitte la *Panzergruppe Kleist* pour être rattaché à la *12.Armee* du *General* List avec une mission toute particulière : s'engager le plus rapidement possible en direction de Grenoble et de Chambéry. L'objectif est de pousser dans le dos des troupes françaises qui résistent face aux Italiens sur la frontière des Alpes pour ouvrir à ceux-ci la route de Grenoble et de Chambéry. Aussitôt Hoepner prend ses dispositions pour s'engager dès le lendemain matin : la *3.Pz.-Div.* doit se déployer dans la zone Bourgoin – Lyon – Pont-de-Cheruy alors que la *4.Pz.-Div.* a pour objectif la zone Vienne – Saint-Jean – Lyon.

Le *XVI.AK* va encore connaître quelques heures difficiles.

Le *XIV.AK* s'empare de Lyon

Au matin du **13 juin**, le *XIV.AK* est encore très en retrait : la *10.Pz.-Div.*, qui marche en tête, stationne près de Villers-Cotterets ne reçoit que vers 11 h, l'ordre de s'avancer vers la Ferté-Milon avec pour objectif de franchir la Marne à Nogent-L'Artaud où la *1.Geb.-Div.* a réussi à former une tête de pont. La *9.Pz.-Div.* empruntera ensuite les mêmes itinéraires que la *10.Pz.-Div.* En fait, les hommes de Schaal vont se trouver empêtrés dans les convois des divisions d'infanterie qui ne veulent rien céder aux *Panzer*, ce qui fait que, vers 17 h, la *Pz.-Brig.* est seulement en train de ravitailler au sud de Villers-Cotterets et ce n'est que vers 20 h 15 que les premiers éléments parviendront à franchir la Marne à Saulchery.

Le **14 juin**, la progression se poursuit laborieusement, ce qui n'empêche pas la *Pz.-Aufkl.Abt.90* d'atteindre la Seine vers midi. Malheureusement, les autres éléments de la *10.Pz.-Div.* sont encore à quelque distance du fleuve alors que la *9.Pz.-Div.* en est seulement à se diriger vers Coulommiers. Autre difficulté à prévoir : il n'y a apparemment plus de ponts intacts dans la zone de franchissement, ce qui veut dire qu'il va falloir conquérir des têtes de ponts et construire des ponts de circonstance, d'où de nouveaux retards à craindre.

En soirée, la *Pz-Aufkl.Abt.90* et le *Schütz.-Rgt.69* parviennent à franchir la Seine sur des *Floss-Säcken* à Noyen et à y établir une tête de pont. L'effort est beau mais le *Schütz.-Rgt.86* aura plus de chance car il franchira le fleuve peu après sur le pont intact de Nogent-sur-Seine. Voilà qui ouvre de meilleures perspectives à von Wietersheim qui décide de détourner toute la *10.Pz.-Div.* sur Nogent-sur-Seine.

Le **15 juin**, la *10.Pz.-Div.*, qui a franchi la Seine dès 5 h 30 avance sans rencontrer de grandes résistances en deux *Marschkolonnen* en direction de l'Yonne, son objectif étant Joigny. La *Pz.-Aufkl.Abt.90*, qui est chargée d'y établir une tête de pont, va cependant se heurter à une difficulté imprévue : alors qu'elle atteint Chigy, elle doit s'arrêter… faute de carburant ! Elle ne pourra repartir que vers 16 h…

En soirée, après être un instant entrée dans Auxerre occupé par la *3.Pz.-Div.*, la *10.Pz.-Div.* qui progresse à nouveau avec l'*Inf.-Rgt. Grossdeutschland* infléchit sa route en direction de Clamecy.

La *9.Pz.-Div.* doit franchir la Seine à Noyen mais il faut attendre qu'au préalable soit construit un pont de circonstance. La *Pz.-Aufkl.Abt.9*, qui démarre dès 9 h, parvient à s'emparer du pont sur la Vanne, à Malay-le-Grand, au sud de Sens, vers 13 h 15. Elle aura moins de chance avec le pont de Sens qui est intact mais fortement défendu. Ce n'est qu'en soirée que la *9.Pz.-Div.* parviendra à s'emparer des ponts rail et route de Sens ainsi que du pont d'Etigny.

Le **16 juin** au matin, Hubicki qui ne craint plus de grosses résistances devant la *9.Pz.-Div.*, lance ses unités sur trois itinéraires en direction de la Loire. Dès 6 h, la colonne de droite se présente devant Clamecy mais elle va devoir s'employer car la ville est tenue par des éléments en retraite et elle va perdre là une partie de la matinée. Le reste de la journée se déroule plus favorablement car la *Pz.-Aufkl.Abt.9*, qui a reçu l'ordre de se détourner sur **La Charité-sur-Loire**, atteint déjà la ville vers 18 h et elle s'empare dans un train abandonné… de toutes les archives du GQG français ! De son côté, le *Pz.-Rgt.33* entre dans Montargis dès 17 h.

La *10.Pz.-Div.* n'a guère de soucis au cours de sa progression et, en fin de matinée, elle se trouve avec le *IRGD*, à l'ouest de Clamecy. En fin d'après-midi, la *Pz.-Aufkl.Abt.90* se présente devant **Château-Chinon** alors que la *Sch.-Br.* arrive à Autun où elle brise vers 19 h 45 une brève résistance organisée par des étudiants de l'Ecole Militaire Préparatoire (EMP).

Le **17 juin**, la *9.Pz.-Div.* reçoit l'ordre d'avancer sur Nevers mais elle se heurte à une difficulté imprévue : elle n'a plus d'essence ! En conséquence, Hubicki décide de concentrer toute l'essence disponible dans les véhicules d'un bataillon du *Schütz.-Rgt.11*. Celui-ci parvient dès 6 h devant **Nevers** et, s'il assiste impuissant à la destruction des ponts de Fourchambault (sur lequel le *Spähtrupp* engagé est pulvérisé lors de l'explosion) et du pont-rail de Nevers, il parvient à s'emparer vers 10 h du pont-route défendu par des éléments du 54e Bataillon régional.

Beaucoup d'animation à Joigny dont le pont imparfaitement détruit permet aux colonnes de la *10.Pz.-Div.* de franchir l'Yonne sans grandes difficultés. (NARA.)

Dans l'après-midi, la *9.Pz.-Div.* parvient à former des têtes de pont à Gueugnon et à Toulon-sur-Arroux alors que l'*IRGD* s'empare sans combat du **Creusot** et de ses usines vers 15 h 45. Il n'en va pas de même à Buxy où l'*IRGD* doit s'employer jusqu'à 20 h, ce qui ne l'empêche pas de programmer la prise de Tournus avant la nuit.

La *10.Pz.-Div.* doit progresser pour former au cours de la journée, des têtes de pont sur la Saône à Tournus et à Châlon-sur-Saône. Arrêtée vers 10 h à Saint-Léger-sur-Dheune, la division ne peut venir à bout de cette résistance qu'à 17 h mais ce succès lui ouvre la route de Châlon-sur-Saône qui vient d'être évacué : à 21 h 15, la *Pz.-Aufkl.Abt.90* pénètre dans la ville.

Le **18 juin**, la *9.Pz.-Div.* reçoit l'ordre de conquérir des têtes de pont sur l'Allier : le *I./Schütz.-Rgt.10* parvient à s'emparer du pont-rail de Moulins mais le pont-route saute alors qu'il était en partie engagé dessus. Le *Schütz.-Rgt.11* parvient de son côté à prendre intacts les ponts de Le Veurdre et de Le Rivage.

La *10.Pz.-Div.* enregistre dès le début de la matinée la prise de Tournus sans combat après une courte négociation menée par la *Pz.-Aufkl.Abt.90*. En début d'après-midi, **Macon** tombe également sans aucun combat. Le reste de l'après-midi est consacré à l'occupation par les détachements d'avant-garde de diverses localités : l'*IRGD* occupe Louhans, le *Schütz.-Rgt.69*, Lons-le-Saunier et la *Pz.Aufkl.Abt.90*, St Claude.

Au lever du jour, le **19 juin**, la *9.Pz.-Div.* se remet en marche pour gagner la ligne Moulins – Digoin. Le *Schütz.-Rgt.10,* qui a pu s'emparer de plusieurs ponts intacts avance assez rapidement et, à 10 h 15, il entre dans **Vichy**. La *Pz.-Aufkl.Abt.9* n'est pas moins rapide car, pratiquement au même moment, elle entre dans Roanne dont le pont est également intact.

Ci-dessus : un véhicule semi-chenillé Demag D 7 portant un canon antiaérien de 3,7 cm Flak assure la sécurité du pont de Roanne dont l'accès a été obstrué en partie par des barricades. (DR.)

Ci-dessous : une colonne de chars PzKpfw III de la *10.Pz.-Div.* traverse Tournus. L'attitude décontractée des tankistes s'explique par le fait que la ville a été nettoyée préalablement par la *Pz.-Aufkl.Abt.90*. (coll. JYM.)

La *10.Pz.-Div.* a reçu pour mission de s'emparer de Lyon et Schaal a formé deux colonnes progressant de part et d'autre du Rhône cependant que la *Pz.Aufkl.Abt.90,* rameutée de Saint-Claude doit s'emparer d'Ambérieu-en-Bugey. La division ne rencontre guère de problèmes lors de sa progression si l'on excepte la prise d'un barrage de route près de Les Chères par l'*IRGD* et, vers midi, la *Sch.-Br.* atteint déjà Bourg-en-Bresse.

Ce sont cependant les hommes du *IRGD* qui entrent les premiers dans Lyon vers 16 h, sans juger utile d'aviser quiconque de sa progression. Ceci explique que Schaal dont les unités sont encore à quelque distance de l'objectif mette en place son dispositif pour s'emparer de la ville. Ce n'est finalement que peu après 19 h que le *Pz.-Rgt.7*, après s'être débarrassé des dernières résistances sur les hauteurs de Lyon, peut enfin pénétrer dans l'ancienne capitale des Gaules. Aussitôt, la *Pz.-Br.* traverse la ville pour aller sécuriser l'entrée sud, sur la route de Vienne.

Le **20 juin**, la campagne se termine assez tranquillement pour la *9.Pz.-Div.* : le *Schütz.-Rgt.10* s'empare de Thiers dans la soirée alors que le *SS.-Rgt « Leibstandarte AH »* arrive à Clermont-Ferrand. Dans la soirée, von Kleist est informé que sa *Panzergruppe* se voit amputée du *XVI.AK*, du *IRGD* et *SS-Rgt LSAH* qui héritent d'une mission particulière alors que le *XIV.AK* doit gagner la côte atlantique.

La *Panzergruppe Kleist* en a fini avec la bataille de France...

La *Gruppe Guderian* encercle les armées de l'Est

Après avoir marché jusqu'au 12 juin au soir en direction de la Marne, la *Panzergruppe Guderian* reçoit l'ordre de longer la Marne et de se porter en direction de Saint-Dizier en vue de prendre à revers les troupes qui stationnent encore dans la région de Verdun. Ce programme somme toute peu ambitieux va évoluer au cours des jours suivants pour déboucher sur l'encerclement total des Armées de l'Est en atteignant la frontière suisse : Guderian va faire encore mieux qu'à Dunkerque.

1. Un char PzKpfw IV de la *10.Pz.-Div.* entre dans Lyon : on distingue le bison symbolisant le *Pz.-Rgt.7* sur le flanc de la tourelle. (coll. P. Kerger.)

2. Encombrement de véhicules Place des Brotteaux à Lyon, avec notamment un transport de troupes semi-chenillé SdKfz 251 appartenant à l'un des deux régiments de Schützen de la *10.Pz.-Div.* (coll. S. Pivot.)

Le *XXXXI.AK* atteint la Moselle

S'élançant depuis la région Souain – Tahure, le *XXXXI.AK* de Reinhardt doit progresser en direction de la forêt d'Argonne, sur la gauche du *XXXIX.AK*.

Le **13 juin** 1940, la *6.Pz.-Div.*, qui s'élance la première, est de nouveau confrontée dès le matin aux chars D 1 du 67e BCC qui tentent de se replier et, au terme de plusieurs accrochages, de nouveaux engins français restent sur le terrain. En fin de matinée, l'*OKH* décide de faire infléchir les *Panzerdivisionen* vers le sud et la plus concernée est la *6.Pz.-Div.* déjà fortement engagée dans des combats difficiles. Au cours de l'après-midi, elle parvient à se dégager mais, après avoir infléchi sa route, elle se trouve peu après bloquée devant Nettancourt qu'elle ne parvient pas à enlever.

La *8.Pz.-Div.*, qui progresse vers la route Châlons-sur-Marne – Sainte-Ménehould, doit d'emblée enlever une résistance organisée par la 6e DIC à Tilloy-et-Bellay puis elle perd du temps à se battre contre la 3e DINA, ce qui fait qu'en soirée, elle reçoit l'ordre de laisser passer les *3.* et *23.Inf.-Div.* (*XIII.AK*) chargées de l'effort principal sur le canal de la Marne au Rhin et d'aller, le lendemain, former une tête de pont sur la Meuse près de Saint-Mihiel pour s'emparer ensuite de Verdun par l'arrière.

Le **14 juin** au matin, la *6.Pz.-Div.* parvient enfin à briser la résistance de Nettancourt mais une nouvelle désillusion attend Kempf : alors qu'elles sont empê-

Le char D 1 « 94 » du 67e BCC abandonné le long d'une route de Champagne. (coll. JYM.)

trées sur les itinéraires des divisions d'infanterie, les deux divisions du *XXXXI.AK* reçoivent l'ordre de pivoter complètement vers le sud pour suivre le *XXXIX.AK* en échelon refusé. A 11 h, les deux divisions suspendent leur attaque pour amorcer leur conversion vers le sud mais elles doivent cependant attendre que l'infanterie ait conquis des têtes de pont sur le canal de la Marne au Rhin avant de pouvoir le franchir.

Dans l'après-midi, la *6.Pz.-Div.* parvient, avec l'aide de l'infanterie, à former une tête de pont à Contrisson alors que la *8.Pz.-Div.* en fait de même à Sermaize. Petite satisfaction pour Reinhardt : le lendemain, les *Infanterie-Divisionen,* qui ont également reçu l'ordre de pivoter vers le sud, sont informées qu'elles doivent laisser passer les *Panzer*.

Le **15 juin**, les deux *Panzerdivisionen* démarrent des têtes de pont conquises la veille mais elles se heurtent aussitôt à de nouvelles résistances. La *6.Pz.-Div.* est en effet au contact de positions solidement tenues dans la zone boisée au sud de Bar-le-Duc : elle se bat tout d'abord à Combles avant d'arriver, en fin de matinée, devant le petit village de Montplonne. Elle va alors devoir livrer un combat particulièrement difficile face à des éléments de la 1re DIC. Pendant toute l'après-midi, les combats font rage devant le village mais, au soir, Kempf est obligé de replier ses éléments au contact sans avoir pu briser la résistance française.

La *8.Pz.-Div.*, après un démarrage difficile en raison des embouteillages, se trouve bloquée sur la ligne Saudrupt – Haironville. Après s'être débarrassée de quelques résistances, elle est à nouveau arrêtée à Brillon, ce qui fait qu'au soir, elle ne se trouve que sur la ligne Cousances-les-Forges – Brauvillers.

Ces retards ne sont pas du goût de Guderian qui ordonne au soir aux deux divisions de rompre le combat et d'emprunter dès le lendemain l'itinéraire utilisé par la *1.Pz.-Div.*, en progressant de part et d'autre de la Marne.

Le **16 juin**, les deux divisions entament leur progression mais les difficultés ne sont pas terminées pour autant : la *6.Pz.-Div.*, qui démarre depuis Brillon, perd plusieurs heures à Saudrupt en l'absence d'un pont pour franchir la Saulx et ce n'est qu'à 13 h, qu'elle parvient enfin à Saint-Dizier. Vers 16 h, les éléments de tête de la division sont à Chaumont et Kempf décide de lancer en avant un détachement chargé d'aller créer avant la nuit une tête de pont sur la Saône à Jussey. C'est la *Pz.-Aufkl.Abt.57* qui hérite de la mission et elle va presque s'en acquitter puisqu'à 23 h, lorsqu'elle s'arrête, elle n'est qu'à vingt kilomètres de son objectif.

La *8.Pz.-Div.* doit quant à elle s'engager dans des combats d'arrière-garde, notamment à Osne-le-Val et à Poissons, ce qui explique que, vers midi, elle ne se trouve qu'aux environs de Rimaucourt. L'après-

La *6.Pz.-Div.* a laissé plusieurs de ses engins à l'entrée de Montplonne, du fait de la résistance acharnée que lui a opposé la 1re DIC. (DR.)

midi va heureusement être plus favorable puisqu'après avoir balayé quelques résistances isolées, elle parvient en soirée à Bourbonne-les-Bains, au terme d'une progression de près de cent vingt kilomètres !

Le **17 juin**, alors que la *20.Inf.-Div.(mot.)* doit s'engager une partie de la nuit et de la matinée pour enlever Vesoul, la *6.Pz.-Div.* s'octroie une matinée de repos d'autant que le pont de Jussey est détruit. Il lui faut cependant s'employer dans l'après-midi pour briser une résistance improvisée par le 70e RIF à Raincourt et ce n'est finalement que vers 19 h 30 que les Allemands s'affranchissent enfin de cet obstacle pourtant peu important.

La *8.Pz.-Div.* passe une journée assez calme qui lui permet de se remettre en ordre dans la zone Blondefontaine – Bourbonne-les-Bains. Ce n'est pas un luxe car Guderian fixe Epinal comme objectif du lendemain au *XXXXI.AK*.

Au matin du **18 juin**, la *6.Pz.-Div.*, qui a hérité de la mission de prendre Epinal, se remet en marche en direction de la vieille place forte : Kempf lance la *Kampfgruppe Koll* vers Xertigny et la *Kampfgruppe Esebeck* vers Bains-les-Bains. Celle-ci se présente dès 6 h 30 devant la ville qui est faiblement défendue et, dès 7 h 30, elle est aux mains des Allemands. La progression se poursuit par Grémifontaine mais von Esebeck va se heurter à plusieurs petites résistances mises en place par le 23e GRCA et en fin de matinée, il est bloqué devant Rasey. Au même moment, la *Kampfgruppe Koll* se présente devant Xertigny qui est défendu par le 23e GRCA et quelques artilleurs du 26e RA. Des combats violents ont lieu une partie de la journée et ce n'est que vers 19 h que Koll peut enfin annoncer la prise de Xertigny. Il sera de ce fait précédé à Epinal par von Esebeck qui, après avoir débordé la résistance de Rasey, a pu pousser jusqu'à la ville et y pénétrer vers 22 h 45, presqu'en même temps que le 46e GRDI chargé de la défendre...

La *8.Pz.-Div.* a, en cette journée, un rôle plus effacé que la *6.Pz.-Div.* puisque sa mission consiste à couvrir le flanc gauche du *XXXXI.AK* contre des incursions venant de la région de Vesoul. Elle remonte donc vers la Moselle sans rencontrer de véritables résistances.

Le **19 juin**, Kempf est bien décidé à en finir avec **Epinal** et, à 7 h 30, chars et *Schützen* se lancent à l'assaut des positions tenues sur l'autre rive de la Moselle par les cavaliers du 46e GRDI. La bataille va durer toute la matinée et ce n'est que vers 12 h 45 que von Esebeck peut enfin annoncer la prise de la ville et surtout d'un pont intact. Pendant ce temps, Koll, toujours très en retard, se signale en fin de matinée par l'exécution de huit soldats français à Dounoux, accusés d'avoir tiré sur des ambulances (1). Au cours de l'après-midi, la *6.Pz.-Div.* s'affaire à nettoyer Epinal où des résistances isolées se manifestent encore et à rassembler les milliers de prisonniers qu'elle a capturés.

La *8.Pz.-Div.*, qui progresse en quatre *Kampfgruppen,* démarre sa journée dès 6 h. Il est vrai que son objectif du jour est la Moselle à hauteur de Châtel-sur-Moselle et il est d'autant plus urgent à atteindre que les *Infanterie-Divisionen* qui déferlent depuis la ligne Maginot pourraient bien atteindre la Moselle avant les *Panzer*. Dès le départ, la *8.Pz.-Div.* perd du temps à Darney où elle doit s'affranchir d'une résistance organisée par le 51e GRDI. La résistance est cependant vite enlevée et, dès 11 h, les éléments de tête de la division sont à Dompaire. Cette progression, somme toute rapide, amène Reinhardt à changer ses plans et la *8.Pz.-Div.* ne doit plus se contenter d'atteindre Châtel : elle doit y former une tête de pont. Un détachement se lance alors vers l'objectif

1. Un char PzKpfw 35(t) de la *1./Pz.-Abt.65* de la *6.Pz.-Div.* a été détruit le long de la Moselle à Epinal. (coll. JYM.)

2. Un canon d'assaut Stu G III de la *StuG-Bttr. 665* qui accompagne la *6.Pz.-Div.* circule derrière la gare d'Epinal et il croise des engins de la *6.Pz.-Div.* stationnés le long du trottoir. (coll. JYM.)

mais, malgré sa célérité, lorsqu'il arrive à Châtel vers 12 h 45, c'est pour voir le pont sauter devant lui ! Neumann-Silkow qui vient d'arriver sur place ordonne à deux compagnies du *Kradschtz.-Btl.8* de franchir la rivière et d'aller conquérir une tête de pont sur l'autre rive. L'opération démarre vers 18 h 50 après un violent bombardement d'artillerie et l'intervention de six *Stukas* mais elle est brisée par le feu des défenseurs. La *8.Pz.-Div.* ne conquerra pas de tête de pont sur la Moselle...

Le **20 juin**, la *6.Pz.-Div.* passe une journée assez calme dans Epinal - même si la ville est toujours sous le feu des forts implantés au nord-est de la ville – car les instructions du *XXXXI.AK* prévoient de ne plus pousser plus loin vers l'est. Il en va de même à la *8.Pz.-Div.* qui, après son échec de la veille, passe également une journée tranquille, se contentant d'effectuer des tirs d'artillerie sur des unités françaises en retraite.

(1) Affirmation malheureusement exacte quoique les circonstances peuvent l'expliquer en partie.

1. Vitry-le-François : plusieurs engins de la *2.Pz.-Div.* stationnent au cœur de la ville que la *Luftwaffe* a pratiquement rasée (de gauche à droite : un PzKpfw III, un PzKpfw II, un PzKpfw I Befehlswagen et à nouveau un PzKpfw II). (coll.P.Kerger.)

2. Un char PzKpfw IV de la *2.Pz.-Div.* fonce vers Vitry-le-François près de La Chaussée-sur-Marne. (coll.JYM.)

Le *XXXIX.AK* vers les cols des Vosges

Le **13 juin 1940**, les instructions de Schmidt, qui commande le *XXXIX.AK,* trahissent le changement d'orientation adopté par les *Panzerdivisionen :* la *1.Pz.-Div.* doit former une tête de pont sur le canal de la Marne au Rhin à Etrépy et la *2.Pz.-Div.* à Vitry-le-François. La *29.Inf.-Div.(mot.)* progressera entre les *Panzerdivisionen*.

La *1.Pz.-Div.* démarre vers 5 h en direction de Poix et les éléments d'avant-garde doivent d'entrée s'employer pour balayer des éléments épars de la 3e DIM du côté de Vanault-les-Dames puis ils continuent leur route vers la Saulx où le dispositif présente une sérieuse brèche. En effet, la 3e DINA du général Mast, qui doit occuper le secteur, est seulement en train de débarquer et elle est engagée avant d'avoir pu s'installer. De violents combats ont lieu sur la Saulx et sur le canal de la Marne au Rhin mais les défenseurs ne peuvent empêcher les hommes de Kirchner de s'emparer du pont d'Etrépy intact.

Cette prise permet à la *1.Pz.-Div.* de se déverser sur l'autre rive du canal et de foncer sur Saint-Dizier où l'avant-garde, emmenée par l'*Oberstleutnant* Balck, parvient vers 18 h. La ville n'est que peu défendue mais la faible résistance opposée à Balck suffit à faire reculer ce dernier qui décide de reporter la prise de la ville au lendemain.

La *2.Pz.-Div.* a une tâche un peu plus facile car les unités françaises en repli se sont retranchées derrière la Marne et la route qui la longe n'est donc pas réellement tenue. Cela permet à la *2.Pz.-Div.*, qui a démarré vers 4 h, de se trouver vers midi à moins de huit kilomètres de Vitry-le-François. Sa progression va alors s'avérer moins facile car elle se heurte à une première résistance à Couvrot avant de devoir se battre pour entrer dans Vitry-le-François. A 16 h 30, elle annonce qu'elle est maître de la partie nord de la ville mais les ponts sont détruits et elle ne parvient pas à former une tête de pont sur la rive gauche de la Marne.

Le **14 juin** au matin, la *1.Pz.-Div.* entre dans **Saint-Dizier** que ses défenseurs ont évacué pendant la nuit. Ce n'est qu'à 14 h 30 que la division se remet en marche avec Langres comme objectif. Après avoir brisé une faible résistance à Joinville, Balck se trouve vers 23 h devant Chaumont où il pénètre sans rencontrer de réelle opposition.

Tout comme la *1.Pz.-Div.*, la *2.Pz.-Div.* s'empare dans la matinée de son objectif de la veille, à savoir **Vitry-le-François** mais la destruction des ponts et les délais nécessaires à la construction de ponts de circonstance incitent Guderian à réorienter la *2.Pz.-Div.* vers le pont d'Etrépy que la *1.Pz.-Div.* a déjà dégagé.

Aussitôt, la *2.Pz.-Div.*, accompagnée de la *29.Inf.-Div.(mot.)* qui a dû s'employer sérieusement pour venir à bout des résistances sur le canal, s'oriente vers Montier-en-Der.

Le **15 juin**, la *1.Pz.-Div.* se met en route dès 3 h 15 et, à 6 h 30, elle est déjà devant **Langres** qui est plus ou moins défendu. La ville tombe cependant rapidement aux mains des Allemands suite à une négociation isolée. A midi, la marche reprend en direction de Besançon et dès 15 h 30, les éléments de tête de la division arrivent déjà devant Gray. Le pont sur la Saône saute à leur arrivée et des éléments du groupement Duluc, constitué hâtivement pour être jeté devant des *Panzer,* parviennent à endiguer l'attaque pendant quelques heures : ce n'est en effet que vers 20 h que la ville tombe aux mains des Allemands.

La *2.Pz.-Div.* après avoir dépassé Montier-en-Der, où des événements confus ont eu lieu pendant la nuit, arrive dès 11 h devant Bar-sur-Aube mais le pont sur la Bar est détruit. Par chance, les Allemands

Saint-Dizier tombe aux mains de la *1.Pz.-Div.* le 14 juin au matin. Un char PzKpfw II longe la place de l'hôtel de ville encombrée de différents véhicules. (coll. JYM.)

Simultanément, la *Pz.-Brig.* a poussé en direction d'Auxonne où elle parvient vers 19 h 15. La ville est défendue par le 23e GRCA et le combat va durer jusqu'à 21 h 20 avant que les Allemands ne soient maîtres de la vieille forteresse.

Le 17 juin, la *1.Pz.-Div.* s'emploie au cours de la matinée à sécuriser Besançon et à remettre de l'ordre dans ses unités et ce n'est que dans l'après-midi qu'elle se remet en marche vers Montbéliard par trois itinéraires. Krüger, qui progresse sur la route la plus directe, se trouve déjà à Baumes-les-Dames à 17 h 50 et, deux heures plus tard, il n'est plus qu'à quinze kilomètres de Montbéliard alors que la *Pz.-Aufkl.Abt.4* est à moins de cinq kilomètres d'Héricourt. Cette progression relativement rapide incite Kirchner à faire preuve de plus d'ambition : alors que la nuit est déjà tombée, la *1.Pz.-Div.* est autorisée à

découvrent un pont intact à Fontaine qui permet à la poursuite de reprendre. La progression va cependant se faire assez lentement, d'une part parce que Veiel a jugé prudent de laisser une des deux *Kampfgruppen* à Bar-sur-Aube pour sécuriser la ville et d'autre part, en raison de destructions, d'embouteillages et de faibles résistances qui suffisent cependant à ralentir la marche. Au soir, la *Kampfgruppe von Prittwitz* se trouve près de Louesme, au sud de Montigny-sur-Aube.

Le **16 juin**, alors que le jour n'est pas encore levé, la *1.Pz.-Div.* parvient à s'emparer d'un pont intact à Quitteur, malgré la résistance opposée par des éléments en repli depuis la ligne Maginot. En début d'après-midi, la *Kampfgruppe Balck* prend la direction de **Besançon** où elle parvient vers 17 h. La vieille place forte n'est que peu défendue et, dès 18 h 45, les chars allemands sont dans la ville mais, comme les ponts sont détruits, la poursuite de la progression doit être reportée au lendemain.

La *2.Pz.-Div.* progresse beaucoup plus facilement que la veille, ce qui autorise Veiel à fixer à la *Pz.-Aufkl.Abt.5*, Dôle comme objectif. Alors que la *29.Inf.-Div.(mot.)* parvient dans la matinée à franchir la Saône à Pontailler-sur-Saône, la *Pz.-Aufkl.Abt.5* est déjà vers 15 h à Lamarche et elle poursuit vers Dôle dont elle s'empare vers 21 h 15.

Le pont non détruit de Quitteur ouvre à la *1.Pz.–Div.* la route de Besançon. On voit ici un char PzKpfw III franchir la Saône après que les *Schützen* aient nettoyé la rive droite de la rivière. (NARA.)

Une colonne de la *1.Pz.-Div.* en tête de laquelle avance un char PzKpfw IV longe la vieille forteresse de Langres. (coll. JYM.)

Des chars de la *1.Pz.-Div.* font une halte à l'entrée de Besançon au terme de leur rapide progression depuis la Saône. A gauche, un char PzKpfw IV. (coll. B. Vieillot.)

Un canon de 37 cm Pak 36 habilement camouflé de la *Pz.-Jäg.Abt.38* appuie la progression du *Schütz.-Rgt.2* dans Remiremont. (coll. P. Kerger.)

A l'entrée de Dôle, un char PzKpfw IV de la *2.Pz.-Div.* passe à côté du char FT mitrailleuse qui appuyait les défenseurs de la ville. (coll. P. Kerger.)

poursuivre en direction de Belfort, sans s'arrêter à Montbéliard.

La *2.Pz.-Div.* perd la matinée à se remettre en ordre, ce qui fait que la *29.Inf.-Div.(mot.)*, par un raid incisif, parvient vers midi à s'emparer de **Pontarlier** qui constituait l'objectif de la *Pz.-Aufkl.Abt.5*. La division ne va pas faire preuve de beaucoup plus d'activité au cours de l'après-midi, se contentant de stationner près d'Auxonne.

Le **18 juin**, vers 7 h, les chars de la *1.Pz.-Div.* pénètrent dans **Belfort** dont une partie des forts a été désarmée. Seuls quelques artilleurs surpris par cette irruption essaient de résister tant que bien que mal mais ils ne peuvent empêcher les Allemands de se répandre dans la ville et de s'emparer des vieux forts de la ceinture intérieure (Hatry, Basses Perches, Hautes Perches). Au cours de l'après-midi, les Allemands obtiennent la reddition de la citadelle vers 15 h 30.

La défense se cristallise alors autour du fort de Roppe qui est encerclé et ne joue qu'un rôle mineur dans les combats. Il cessera le combat le 21 juin 1940 à 7 h.

La *2.Pz.-Div.* sort enfin de son inaction et elle entreprend de remonter vers le nord pour gagner les environs de Besançon. Au cours de l'après-midi, elle apprend qu'elle doit se diriger vers Villersexel où elle arrive en fin de soirée.

Le **19 juin**, la *1.Pz.-Div.* quitte déjà Belfort pour gagner la ligne de crête par les cols de Croix et de Servance avant de basculer en direction du Thillot. Dès la fin de la matinée, les éléments de tête de la division abordent la résistance organisée au col des Croix alors qu'en début d'après-midi, ils s'emparent du fort de Giromagny dont l'action a été des plus limitée. L'attaque des cols débute au cours de l'après-midi et les Allemands, qui veulent éviter des pertes inutiles, soumettent les deux points d'appui à un violent bombardement qui cause des pertes aux défenseurs et atteint quelque peu leur moral. En fin d'après-midi, les deux cols sont aux mains des Allemands.

A la *2.Pz.-Div.*, on est à nouveau prêt à participer à la curée et la division reçoit l'ordre de s'emparer de Remiremont en contournant Luxeuil. La progression se déroule sans problème jusqu'à Faucogney où la *Pz.-Brig.* se heurte vers 11 h 30 à une sérieuse résistance : le défilé est en effet tenu par des éléments du 69e RIF appuyés par des chars R du 16e BCC. A 12 h 40, von Prittwitz passe à l'attaque mais il lui faudra s'employer jusqu'à 16 h 35 avant de pouvoir s'élancer vers le col des Fourches où les rescapés de Faucogney se sont réorganisés. La route est coupée et les Allemands doivent se détourner vers la Rosière où la *Kampfgruppe von Prittwitz* reçoit à 22 h l'ordre de se reposer sur place.

Il est vrai que la *Kampfgruppe von Vaerst* a pu progresser par Lépange où elle passe à 19 h 20 et dès 20 h, elle se trouve devant Remiremont où elle se heurte à une forte résistance. Estimant hasardeux d'attaquer la ville dans l'obscurité, Veiel reporte l'opération au lendemain.

Le **20 juin**, au petit matin, la *1.Pz.-Div.* dégringole par les cols dont elle s'est emparée, sur Le Thillot

Un canon automoteur sIG 33 auf PzKpfw I de la *sIG Kp 702* traverse le faubourg de France, suivi par un convoi de véhicules de toutes sortes, en direction du fort Hatry qu'il va écraser de son feu. (coll. JYM.)

L'*Oberstleutnant* Koppenburg, qui commande le *Pz.-Rgt.1,* s'entretient avec ses officiers devant un char PzKpfw IV, avant l'entrée dans Belfort. (NARA.)

Un char PzKpfw IV du *Pz.-Rgt.1 (1.Pz.-Div.)* participe avec son canon de 7,5 cm au bombardement du col de Servance. (NARA.)

Le fort de Longchamp est le dernier fort de la ceinture d'Epinal à capituler. On voit ici un char PzKpfw 35(t) devant l'abri de Saint-Adrien qui appartient au centre de résistance de Longchamp. (coll. JYM.)

où, dans la nuit, une formidable explosion a sinistré une grande partie de la ville : les *Schützen* pénètrent dans la localité sans rencontrer de réelle résistance et, aussitôt, ils entreprennent la construction d'un pont de bateaux pour passer la Moselle. Les éléments de tête de la *Kampfgruppe Krüger* n'attendent pas aussi longtemps pour s'élancer vers La Bresse et, après avoir franchi la rivière à gué, ils se lancent sur la route de Cornimont. A 17 h, une première résistance est enlevée à Le Ménil et, une heure plus tard, les Allemands sont à Cornimont. La *1.Pz.-Div.* n'ira pas plus loin car elle a atteint la limite fixée par Guderian.

La *2.Pz.-Div*. reprend dès le matin l'attaque sur Remiremont et elle parvient rapidement à s'emparer du pont détruit après négociation avec ses défenseurs. A 11 h 45, toute résistance a cessé dans **Remiremont**. Au cours de l'après-midi, la division sécurise le secteur et s'empare notamment des forts de Rupt-sur-Moselle et du Parmont, plus ou moins occupés et pas réellement défendus ainsi que du col du Mont des Fourches et de Seux.

En chenilles libres... 9

Dans les jours qui suivent l'armistice, la *7.Pz.-Div.* organise un grand défilé dans Bordeaux en présence du General Hoth. On voit ici le passage des engins de la *Pz.-Aufkl.Abt.37*. (NARA.)

Le *XV.AK* le long de la côte Atlantique

La *7.Pz.-Div.* se remet en marche le 21 juin dès 5 h en direction de Saint-Malo où elle arrive vers 11 h. Sans y perdre du temps, Rommel ordonne à ses unités de poursuivre vers Rennes. Vers 19 h, la *7.Pz.-Div.* arrive aux environs de **Rennes** et elle passe là la journée du 22 et la matinée du 23. C'est là que Rommel apprend qu'il ne relève plus de la *4.Armee* de von Kluge.

En fin de matinée, la *7.Pz.-Div.* repart vers le sud, en direction d'Ancenis sur la Loire.

Le 24 juin, la progression se poursuit : à 9h30, la *Pz.-Aufkl.Abt.37* est déjà Niort, à 11 h 45, elle est à Saint-Jean-d'Angély et elle arrive à 19 h 30 à **Saintes**. L'annonce de l'armistice ne lui permettra pas d'aller plus loin

De son côté, la *5.Pz.-Div.* ne s'éloignera guère de Brest au cours des derniers jours de la campagne, la seule opération notable étant l'envoi vers Quimper du *Schütz.-Rgt.13*.

Le *XIV.AK* vers l'Ouest

Le 21 juin, la *9.Pz.-Div.* laisse sa place au *SS.-Rgt LSSAH* : elle se met en route pour Montargis et, le 22 vers midi, elle reçoit l'ordre de gagner la région d'Orléans. Le 23 au matin, elle doit lancer ses éléments les plus rapides vers Montrichard où elle parvient vers 18 h. Elle doit alors se déployer le long de la nouvelle ligne de démarcation fixée la veille, entre Angoulême et Chauvigny. C'est là qu'elle termine sa campagne avant de recevoir l'ordre le 29 juin de regagner Wien, sa ville de garnison.

La *10.Pz.-Div.* quitte Lyon le 21 juin au matin pour atteindre, au cours de la nuit, les environs de Joigny. Le 22 juin, la division reçoit l'ordre de gagner en trois jours la région de Parthenay – Poitiers. Au soir du 22, les éléments de tête sont aux environs de Châteaudun alors que la *Pz.-Br.* se trouve encore dans la région Saint-Florentin – Auxerre. Le 23 juin, la progression se poursuit vers Chinon et la division passe la Loire à Saumur. Le 24 juin au matin, la *10.Pz.-Div.* reçoit l'ordre de gagner Cognac où ses éléments de tête arrivent vers midi. La *10.Pz.-Div.* en finira là avec sa campagne.

Le *XVI.AK* à l'assaut des Alpes

Le 21 juin, le *XVI.AK* prend la direction des Alpes avec, comme objectifs, Grenoble pour la *4.Pz.-Div.*, Chambéry pour la *3.Pz.-Div.* et Albertville pour la

Les convois de la *10.Pz.-Div.* traversent Tours dont le pont détruit a été remis en état. (DR.)

13.Inf.-Div.(mot.). En début d'après-midi, suite à des divergences de vues avec la *16.Armee*, Hoepner modifie ces instructions et il oriente la *4.Pz.-Div.* vers Valence, la *3.Pz.-Div.* vers Grenoble et la *13.Inf.-Div.(mot.)* vers Chambéry – Annecy. Pendant le reste de la journée, les trois divisions se mettent en place, la *4.Pz.-Div.* ayant déjà ses éléments de tête non loin de Vienne après avoir totalement traversé Lyon.

Le 22 juin, alors que la *4.Pz.-Div.* a déjà dépassé Vienne et Saint-Jean, les deux autres divisions poursuivent leur mise en place vers Grenoble et Chambéry. A 11 h, elles apprennent que le déclenchement de l'attaque est fixé pour le lendemain. Au soir, la *3.Pz.-Div.* est déjà au-delà de La Tour-du-Pin et elle s'avance vers Les Abrets alors que la *13.Inf.-Div.(mot.)* est déjà à Ruffieux. Quant à la *4.Pz.-Div.*, elle se trouve devant Romans-sur-Isère et Saint-Vallier.

Le 23 juin, l'attaque démarre comme prévu : la *13.Inf.-Div.(mot.)* est bloquée devant Fort-L'Ecluse mais, en longeant le lac du Bourget où elle doit affronter plusieurs résistances, elle progresse vers Aix-les-Bains. La *3.Pz.-Div.* se trouve très rapidement au contact de la ligne de défense de l'Armée des Alpes : la *Kampfgruppe Kleemann* est bloquée par la destruction du pont de Pont-de-Beauvoisin et ce n'est qu'en soirée, qu'elle parviendra à s'emparer du point d'appui. La *Kampfgruppe von Funck* dépasse Moirans mais elle se trouve arrêtée devant Voreppe.

La *4.Pz.-Div.* est arrêtée devant les ponts de Romans-sur-Isère et Stever tente une négociation avec les défenseurs. N'ayant obtenu aucune réponse et ne voulant pas consentir des pertes inutiles, Stever, en accord avec Hoepner, décide de ne pas pousser plus loin. Seule la *Kampfgruppe Schmid-Dankward,* formée par une unité de renforcement de la *4.Pz.-Div.*, qui avance par la rive droite du Rhône, vient se frotter à la 1re Brigade de Spahis du colonel Jouffrault à Saint-Vallier.

Le 24 juin, la *13.Inf.-Div.(mot.)* parvient à s'emparer du point d'appui de Saint-Genix dont le pont est détruit et le franchissement du Guiers doit se faire en canots pneumatiques. La division poussera ensuite jusqu'à Rochefort et au col de Crusille.

Pour la *3.Pz.-Div.*, la dernière journée de la campagne va être particulièrement difficile : la *Kampfgruppe Kleemann* parvient à s'emparer des Echelles au cours de la matinée mais la *Kampfgruppe von Junck* est toujours bloquée devant Voreppe et le bouchon ne sautera pas malgré quelques succès locaux.

De son côté, la *4.Pz.-Div.* ne se montre pas très active et c'est encore la *Kampfgruppe Schmid-Dankward* qui continue le combat avec la 1re BS dans la région de Sarras. Celle-ci tient jusque 22 h avant de se replier. A 23 h, l'armistice devant intervenir à 0 h 35, la 1re BS reçoit l'ordre de reprendre ses positions sur base d'une information selon laquelle la ligne de démarcation sera déterminée par l'emplacement des troupes au moment du cessez-le-feu. Engagée dès le 10 mai, la 1re BS a été une des premières au feu, le 24 juin 1940, elle est la dernière unité constituée à se battre. Les Spahis ont été au bout de leur devoir...

La bataille des Alpes se termine là pour le *XVI.AK.*

Le *XXXIX.AK* arrêté par la *1.Armee*

Le 21 juin, la *1.Pz.-Div.* s'avance vers Cornimont et La Bresse et, vers 16 h, elle se trouve avec ses avant-gardes à la lisière sud de Gérardmer.

La *2.Pz.-Div.* repart dès 5 h 30 en direction d'Aydoilles et du Tholy mais, vers 15 h, la division reçoit l'ordre de ne pas dépasser la ligne Gérardmer – Bruyères – Grandvillers car, en face, se présentent les éléments de la *1.Armee* qui dégringolent vers le sud depuis la ligne Maginot.

Le 22 juin, la *Schütz.-Brig.* est envoyée vers Bruyères avec ordre de ne pas dépasser la localité : elle atteint Bruyères à 11 h 30 et reçoit l'ordre de se mettre au repos dans la région de Lépanges.

Au matin du 23 juin, la *2.Pz.-Div.* reçoit l'ordre de dégager de la ligne de la Moselle pour laisser la place aux divisions d'infanterie.

Le *XXXXI.AK* décroche...

Pour Reinhardt, il faut encore régler le problème des forts de Longchamp et de Dogneville et la *6.Pz.-Div.* se propose de lancer l'attaque le 21 juin à 14 h. Un bombardement intempestif du PC provoque quelques désagréments et l'attaque doit être repoussée à 16 h. Or, entre-temps, un régiment d'infanterie de la *189.Inf.-Div.* est parvenu sur l'arrière des forts et il empêche toute préparation d'artillerie. Kempf se résout donc à lancer l'attaque sans préparation à 16 h 50 : moins d'une heure plus tard, le *Schütz.-Rgt.4* est devant le fort de Dogneville et, à 18 h 10, il obtient sa reddition.

Le fort de Longchamp est plus difficile à enlever et les Allemands optent pour la négociation en fixant un ultimatum à son commandant : l'ouvrage devra être livré pour le 22 à 14 h, sous peine d'être sévèrement bombardé. A l'heure dite, les défenseurs se rendent. En soirée, la *6.Pz.-Div.* reçoit l'ordre de redescendre sur Besançon et, le 23 juin, elle gagne une zone de stationnement aux environs de Gray.

Le 21 juin, la *8.Pz.-Div.* se trouve comme la veille sur la ligne Thaon – Châtel-sur-Moselle – Portieux – Dompaire et elle assiste à l'arrivée dans sa zone des unités de la *16.Armee*. Le lendemain, elle reçoit l'ordre de gagner la région de Domèvre, avant le lendemain, de poursuivre vers la région de Dompaire puis Combeau-Fontaine où elle termine sa campagne à l'Ouest.

Pour conclure :

Les *Panzerdivisionen* ont joué un rôle particulièrement important dans la victoire allemande de mai-juin 1940, tant en raison de l'effet de surprise induit par le plan von Manstein que par la rigueur de leur organisation.

Les Allemands possédaient au 10 mai 1940, dix *Panzerdivisionen* de composition sensiblement identique, les plus lourdes à deux *Pz.-Rgt.*, les divisions légères transformées à un *Pz.-Rgt.* et une *Abt.* et une seule n'ayant qu'un seul *Pz.-Rgt.*

Ces *Pz.-Div.* sont généralement groupées par deux, si on excepte le *XIX.AK* de Guderian qui, durant *Fall Gelb*, étant le plus exposé, dispose de trois *Pz.-Div.*, la *10.Pz.-Div.* assurant la flanc-garde de la progression des *1.* et *2.Pz.-Div.* De ce fait, la *9.Pz.-Div.* (la plus faible des dix) se trouve seule mais il est vrai qu'elle doit opérer en Hollande). Du côté français, on ne trouve cette configuration en paire qu'au sein du Corps de Cavalerie qui regroupe les 2e et 3e DLM.

Durant *Fall Rot*, tirant les enseignements de la première partie de la campagne, les Allemands constituent cinq *AK* comprenant chacun deux *Pz.-Div.* et une *Inf.-Div.(mot.)*, ce qui constitue une force de combat particulièrement impressionnante (qu'on retrouve fugitivement du côté français – et encore sur le papier – lors de la mise en place le 10 juin du groupement Buisson qui alignera la 3e DCR, la 7e DLM et la 3e DIM, cette dernière ne rejoignant cependant pas).

La composition des *Panzerdivisionen* n'est pas très différente de celle des DCR françaises mais les *Pz.-Div.* vont s'avérer beaucoup plus performantes que leurs rivales.

En ce qui concerne les chars, sans vouloir se livrer à une comparaison des matériels, notons que les *Pz.-Div.* disposent initialement de quatre types de chars dont les châssis sont également utilisés pour décliner des variantes spécifiques (transports de munitions, chars de commandements, chasseurs de chars, canons d'assaut). La récupération du matériel tchèque portera le nombre de modèles différents à six alors que du côté français, on trouve dix modèles principaux (portant le nom de char ou d'automitrailleuse) : FT, AMR (33 et 35), ACG, H (35 et 39), R (35 et 40), Somua S 35, FCM 36, D 1, D 2 et B 1 bis. Cela a évidemment une incidence sur la maintenance du matériel, notamment en campagne lorsqu'il s'agit de se procurer des pièces de rechange. On soulignera par ailleurs la fiabilité des engins allemands qui ont parcouru des centaines de kilomètres durant la campagne sans connaître les incidents qui vont pénaliser les déplacements des BCC français dont beaucoup de chars seront perdus sur panne ! Il est utile aussi de rappeler que celui des adversaires qui avance bénéficie d'un avantage énorme sur celui qui recule : le ravitaillement lui est fourni en première ligne et il peut alterner les pleins d'essence entre les unités, d'autant que la mise en service de bidons spécifiques (les « Jerrycans ») offre une souplesse qu'on ne trouve pas du côté français : le ravitaillement se fait uniquement par bidons et pompes et les unités de ravitaillement se gardent le plus souvent d'aller sur la ligne de front pour éviter de se faire surprendre par une attaque. Ce sont donc les chars qui doivent rompre le combat pour aller ravitailler, opération rendue souvent délicate par le fait que les chars allemands talonnent les unités françaises. Au cours de la seconde partie de la campagne, beaucoup de chars français s'arrêteront, faute de carburant, les unités de ravitaillement ayant été dispersées au hasard des accrochages. Autre avantage dont bénéficie l'assaillant : il peut récupérer le matériel détruit ou en panne et le remettre en état, récupérant au besoin les pièces encore utilisables sur les chars détruits. Ainsi, à la veille de *Fall Rot*, alors que la première partie de la campagne avait sensiblement amenuisé l'effectif des *Pz.-Rgt.*, la dotation était revenue à pratiquement 80% de la dotation initiale. Du côté français, tout char immobilisé est un char perdu, soit qu'il soit détruit, soit qu'on le saborde ou soit qu'on l'abandonne. Le matériel ainsi laissé en état sera quelquefois récupéré par les Allemands, notamment le Somua S 35 (et également l'AMD 178).

Les chars allemands sont panachés au sein des unités, ce qui permet de disposer du matériel adapté en fonction de la mission envisagée. Du côté français, les matériels sont regroupés en bataillons dont l'emploi n'est pas nécessairement simultané, ce qui amène à utiliser les chars qu'on a sous la main à contre-emploi (par exemple, la 1re DCR utilisée pour aller à la chasse aux parachutistes...).

Contrairement aux chars français, les chars allemands disposent de moyens radio performants et leur progression est assistée par la présence permanente d'un avion de reconnaissance (Fi.156 ou HS 126) qui les informe en permanence de l'évolution de la situation sur le champ de bataille et leur donne une vitesse de réaction que n'a pas l'adversaire.

L'intervention préalable de la *Luftwaffe* pour détruire tous les nids de résistance qui pourraient entraver la marche des *Pz.-Div.* – notamment durant *Fall Rot* où la *Luftwaffe* attaquera systématiquement les villes et villages qui se trouvent sur l'axe de progression des *Pz.-Div.* – constitue un autre facteur qui explique la facilité avec laquelle les Allemands vont s'enfoncer dans le dispositif français.

La seule – courte – période durant laquelle la supériorité des *Panzer* a pu être contestée, c'est au début

Sarras : des Spahis de la 1re BS ont été capturés dans Sarras et ils semblent faire l'objet d'un interrogatoire. (coll. P. Kerger.)

de *Fall Rot* lorsque les « hérissons » préconisés par Weygand ont gêné la progression des chars allemands et leur ont causé des pertes non négligeables. Malheureusement, faute de troupes susceptibles de contre-attaquer, ces succès locaux sont restés sans suite.

De fait, à leurs qualités intrinsèques, les *Pz.-Div.* ont pu ajouter un avantage substantiel non prévu quoique subodoré : l'indigence du plan d'opération français.

En alignant les divisions françaises sur la Meuse, Gamelin a tablé sur la capacité des unités à bloquer l'ennemi le long de la rivière mais il n'a en aucun cas prévu une variante pour le cas où la ligne de résistance serait percée. De ce fait, après trois jours de marche et deux jours de combat au cours desquels elles se sont affranchies des contre-attaques françaises désordonnées, les *Pz.-Div.* se sont retrouvées seules ou presque sur les arrières des armées alliées et elles ont pu ainsi parcourir des étapes conséquentes sans rencontrer d'autre résistance que celle des unités jetées hâtivement devant elles et le plus souvent balayées avant d'avoir pu s'organiser. Le combat des Horaces et des Curiaces...

Quelles que soient les uchronies et les analyses a posteriori qu'on puisse faire, il suffit de lire les JMO et les récits des combattants pour comprendre qu'après le premier choc qui a pulvérisé les troupes sur la Meuse, l'armée française totalement désorganisée n'a plus les moyens de s'opposer au déferlement allemand : unités disloquées, colonnes de ravitaillement anéanties, troupes en repli désordonné au milieu de colonnes de réfugiés, moyens de commandement inexistants, tout ça alors qu'il n'existe plus aucun plan ni aucune réserve. L'irruption des *Panzer* a brisé la colonne vertébrale de l'armée française et l'a paralysée...

Il restera cependant toujours une question : que se serait-il passé si, après avoir forcé les passages de la Meuse, les *Panzerdivisionen* s'étaient heurtées à la 7e Armée du général Giraud que Gamelin, au lieu de l'envoyer en Hollande, aurait maintenue en réserve derrière les unités de première ligne. On ne le saura jamais...

Photo exceptionnelle montrant les émissaires français négociant par-dessus le pont détruit de Romans avec des officiers de la *4.Pz.-Div.* (coll. JYM.)

L'auteur tient à remercier P. Kerger, S. Pivot et B. Veillot pour leur contribution à l'illustration de cette étude.

Achevé d'imprimer par Edipro (92 Levallois-Perret) le 12 juin 2012
pour le compte des Editions Heimdal, Georges Bernage, éditeur